COM OS DOIS PÉS NO MUNDO

Viagens inusitadas como você nunca viu

MARCELO LESSA

EV PUBLICAÇÕES

Direção editorial: Eduardo Viegas Meirelles Villela
Coordenação editorial: Ana Carolina Santin Guerra
Edição: Ricardo Bonacorci
Revisão: Rosa Elisa M. Barone
Projeto gráfico, capa e diagramação de miolo: Samuca Andrade

Dados Internacionais de Catalogação na Publicação (CIP)
Bibliotecária Juliana Farias Motta CRB7– 5880

L638c Lessa, Marcelo

Com os dois pés no mundo: viagens inusitadas como você nunca viu / Marcelo Lessa. — São Paulo: EV Publicações, 2026.

304 p.; 17 cm x 24 cm .

ISBN: 978-65-87369-55-6

1. Lessa, Marcelo – Descrição e viagens. 2. Viagens ao redor do mundo.3. Turismo. I. Título:

CDD 910.41

Índice para catálogo sistemático:

1. Lessa, Marcelo – Descrição e viagens
2. Viagens ao redor do mundo
3. Turismo

Caso deseje adquirir lotes de exemplares do livro, entre em contato pelo e-mail eduvillela@evpublicacoes.com.br ou pelo WhatsApp (11) 96851-1515. Para atendimento ao cliente, utilize, por gentileza, os mesmos contatos acima.

COM OS DOIS PÉS NO MUNDO

Viagens inusitadas como você nunca viu

MARCELO LESSA

VOLUME I (1978 – 2013)

EV PUBLICAÇÕES

Dedicatória

Para Beatriz, minha mãe, que me transmitiu o DNA do gosto pelas viagens, por querer sempre conhecer o desconhecido, viajar pelo mundo todo, enxergar e apreciar coisas que a maioria das pessoas não vê. Para completar, ainda me ajudou tanto ao longo destes anos, principalmente a encontrar passagens aéreas mais baratas, viabilizando um número maior de viagens.

Não posso deixar de mencionar Mônica, minha esposa, que sempre incentivou minhas viagens e entendeu o quão importante elas eram (e ainda são) para mim. E meus filhos, Fernanda e Rodrigo, que aprenderam a aceitar e a conviver com minhas ausências, além de tomarem o gosto pelas viagens.

Agradecimentos

Gostaria de agradecer ao Guilherme Canever, que me ajudou em todo o processo para a publicação deste livro. Primeiro, ele me inspirou quando achei seu blog. Depois, foram várias interações, seja nos encontrando para falar de viagens, seja nas três viagens que fizemos juntos. Seus seis livros sobre viagens foram uma fonte importante para a escrita da minha obra. Agradeço também pela gentileza de ter escrito o prefácio de *Com os dois pés no mundo*.

Outra pessoa emblemática foi Fabrício Chicca, que teve a ideia e me motivou para que eu escrevesse este livro, criou meu blog e me ajudou várias vezes com ideias e correções de texto. Além disso, virou mais um companheiro de viagem.

E, por fim, deixo aqui um agradecimento especial aos meus companheiros de viagem, que me aturaram durante todos estes anos. Eles são mencionados ao longo do livro. Viajar junto não é fácil, quanto mais nessas viagens que fiz e ainda faço. Então, posso dizer que tive sorte de ter tantas boas companhias para as minhas aventuras.

Prefácio

Guilherme Canever [1]

Conheci o Marcelo pela internet há uns 15 anos, de uma maneira meio inusitada para o nosso estilo mais analógico, numa época em que as redes sociais ainda engatinhavam. Eu tinha um blog de viagens onde relatava minha volta ao mundo e ele foi a única pessoa a comentar no post que escrevi sobre o Iêmen. Assim, começou uma grande amizade marcada por muitas viagens – nada convencionais – que fizemos juntos.

Em certo momento, ele confidenciou que eu estava realizando o sonho dele: uma longa viagem por terra, algo com que ele se identificava profundamente. Fui conhecendo melhor esse viajante curioso, e, quando voltei ao Brasil, ele veio à Curitiba duas vezes. Nessas ocasiões, tivemos imersões em conversas sobre viagens e memórias inesquecíveis.

[1] **Guilherme Canever** é viajante profissional e autor de obras como *Uma Viagem pelos Países que Não Existem, Destinos Invisíveis e De Istambul a Nova Délhi,* entre outros livros.

Descobri que aquele cara que "invejava" meu período sabático já havia viajado muito, mas muito mesmo. Marcelo pertence a uma geração anterior à minha, e, por isso, era inevitável eu comparar o que estava fazendo com as experiências que ele já acumulava. Eu mal dava meus primeiros passos – literalmente, ainda aprendendo a andar – e ele já estava saindo para morar fora no seu primeiro intercâmbio. Antes de eu pegar meu terceiro voo, ele já passava longos períodos na Ásia. Eu ainda sonhava com a Disney, enquanto ele explorava o Oriente Médio e a África.

E tudo isso em uma época muito mais burocrática, quase "obscura", para viajar. Uma simples viagem à Europa exigia vistos e várias moedas. Imagine, então, chegar a uma ilha tailandesa, fazer *trekking* nos Himalaias ou pegar um ônibus no Egito sem o auxílio de um guia de viagem?

Marcelo sempre lidou com essas aventuras de forma leve, mostrando sua personalidade e a maneira única como encarava o mundo e os desafios. Apesar de algumas viagens longas, ele conseguiu conciliar trabalho, estudo e viagens de maneira admirável. Mais surpreendente ainda foi a "dupla personalidade" que desenvolveu e escondeu por décadas. Quem olhava para aquele funcionário concursado da Petrobras, o pai de família responsável, o empreendedor no mercado imobiliário e o executivo do McDonald's, jamais imaginaria que ali também existia o Marcelo mochileiro. Nem mesmo os amigos da praia e do futevôlei em Ipanema poderiam imaginar as aventuras, as histórias e as roubadas em que ele se meteu pelos quatro cantos do mundo.

Como nem todos os segredos precisam ser guardados, ele nos presenteia com o primeiro volume de *Com os dois pés no mundo*. Neste livro, conhecemos algumas de suas viagens mais "diferentes". Para muitos amigos e conhecidos, é a revelação de um novo Marcelo. Para os viajantes mais jovens, é a descoberta de um mundo de viagens completamente diferente do atual, desconectado, inesperado e sempre com uma boa dose de frio na barriga.

Como era de se esperar, as simples viagens de férias e o turismo convencional ficaram justificadamente de fora dessas páginas. E as grandes aventuras e os incontáveis países visitados na última década e meia? Esses relatos estarão no volume 2. Espero que o autor aprecie a experiência de unificar o Marcelo do Brasil com o Marcelo viajante. Todos nós sairemos ganhando. E certamente novos livros virão!

Sumário

Apresentação

Para começarmos esta viagem, quero contar um pouco de mim. Sou Engenheiro Civil, especializado em estruturas pela Universidade Federal do Rio de Janeiro (UFRJ). Minha carreira teve início no setor público e depois de muitos anos trabalhei em diferentes empresas do setor privado. Desde bem jovem, dedico muito do meu tempo livre e férias às viagens pelos lugares mais inusitados do mundo. Nas páginas de *Com os dois pés no mundo*, pretendo contar um pouco das minhas experiências de viagem e, de certo modo, contribuir com aqueles que também são ou querem ser viajantes. Neste primeiro volume, destaco parte das minhas experiências: aquelas que ocorreram nas décadas de 1980, 1990 e 2000.

Não tenho nenhuma pretensão de escrever um guia, tampouco uma história da minha vida. Quero apenas escrever sobre as viagens mais longas, diferentes e que considero mais interessantes. Sobre esses lugares, tentarei dar um toque pessoal. Vou colocar algumas fotos pessoais que mostram, por exemplo, o modo de se vestir naqueles anos. Impossível não nos divertirmos com o vestuário, principalmente as sungas minúsculas daquela época.

As primeiras viagens foram feitas em um período em que os guias de viagens eram raros, a internet não passava de ficção e muitas coisas eram desconhecidas para a maioria dos viajantes. Sair do Brasil rumo à Ásia era considerada uma aventura das mais radicais, mesmo se fosse para visitar Tóquio, Bangkok e Hong Kong. Hoje seria motivo de risada. Algumas outras dificuldades também desapareceram: vistos para os principais países europeus (período Pré–União Europeia), necessidade de trocar dinheiro em todos os países europeus (agora temos o Euro como moeda) e a própria infraestrutura turística era bem tímida. Lembro bem da tão comentada invasão dos japoneses aos locais mais turísticos, tirando fotos de tudo. Hoje, são os chineses que promovem essas invasões, apesar de serem facilmente confundidos, por nós ocidentais, com os japoneses.

Minha última visita à Paris foi um choque de realidade. Estávamos lá em dezembro de 2017, no início do inverno, e demoramos três horas para visitar a Torre Eiffel. Depois, pegamos uma fila de uma hora debaixo de chuva, somente para entrar na Catedral de Notre Dame. Hoje em dia, podemos comprar ingressos com antecedência e com hora marcada para a maioria das atrações na Europa, para não corrermos o risco de dar com a cara na porta. Simplesmente, mudou a maneira de planejar a viagem.

Naquela época, não tão distante da era pré–internet, era possível chegar facilmente a uma cidade e procurar um lugar para se hospedar. Hoje em dia, se por um lado é muito mais fácil reservar um quarto antecipadamente, usando algum aplicativo, por outro ficou muito mais difícil mudar de planos no meio da viagem, pois se corre o risco de não encontrar um quarto disponível.

Também conto algumas histórias absolutamente pessoais, que espero sejam minimamente divertidas ou interessantes. Para a apresentação dos relatos, optei por seguir a cronologia em que as viagens foram realizadas. Ao mesmo tempo, e com o objetivo de levar o leitor e a leitora a sentirem um pouco dos momentos que vivenciei, inseri parte do cotidiano das viagens conforme contado no blog que eu escrevia na época. Ali estão as delícias e os perrengues das viagens! Integram os relatos aspectos que fazem parte das viagens como a organização da bagagem, os cuidados nos contatos com a população local, aspectos referentes à documentação, dentre outros.

Os relatos de minhas viagens estão dispostos em dois volumes. No primeiro, compartilho com cada um e cada uma de vocês as viagens que ocorreram entre os anos 1978 e 2013, período que inclui a realização de dois intercâmbios. No segundo volume, estão os relatos referentes às viagens que ocorreram a partir de 2014.

Desejo boa leitura e ótimas viagens!

1. Como tudo começou

Tudo começou quando eu tinha entre seis e sete anos de idade. Ganhei de presente três ônibus pequenos, além de vários carrinhos tipo matchbox. Lá em casa tinha uma colcha na minha cama com uns bordados em linhas paralelas, que às vezes faziam curvas, que pareciam ruas para mim. Perfeitas para minhas brincadeiras com os carros e ônibus, simulando o trânsito da cidade. Era minha brincadeira preferida.

Quando eu saia na rua, ficava olhando os ônibus que passavam em Ipanema, bairro onde passei minha infância. Ficava imaginando onde e como seria cada destino que estava escrito na frente dos ônibus: Jacaré, Central, Usina, Grajaú etc. Quando eu ia à casa da minha avó, que ficava no Leme, via os ônibus de lá, e os destinos eram outros: Triagem, Gávea etc. Na minha brincadeira em cima daquela colcha, a parte preferida era simular um ponto e estacionar os ônibus em fila.

Minha mãe trabalhava naquela época, final dos anos 1960 e início dos anos 1970, como vendedora em uma empresa de cosméticos e tinha para seu auxílio um guia de ônibus da cidade do Rio de Janeiro. Nas muitas horas vagas que eu tinha, e nas poucas horas vagas que ela tinha, eu pegava o guia emprestado. Corria para o meu quarto a fim de me deliciar com um mundo novo que se abria para mim. Isto mesmo: o guia trazia todas as linhas de ônibus do Rio de Janeiro, com suas origens e destinos, assim como o trajeto de cada uma. Dessa forma, comecei meu primeiro planejamento turístico imaginando como seria uma tarde de passeio de ônibus pela cidade. Só faltava um detalhe: não poderia fazer isso sozinho. Eu tinha oito anos e precisava de companhia.

A pobre da Lina foi a escolhida. Ela trabalhava lá em casa de segunda de manhã até sábado na hora do almoço. Consegui convencê–la de me acompanhar no meu "passeio turístico", uma vez por mês, sempre no sábado à tarde. Não foi muito difícil, já que eu era o caçula de três filhos. E tinha que haver alguma vantagem em ser o caçula, até a Lina me protegia. Além disso, meus pais nunca levaram a sério esses meus passeios. Nem podiam. Mas pelo menos deram autorização para as aventuras.

Desta forma, meu primeiro passeio foi com destino ao Grajaú. Esse passeio não era tão simples: não bastava ir ao Grajaú e voltar na mesma linha, era preciso ir do Grajaú para outro destino que eu não conhecia, e de lá sim voltar para casa. Dessa, forma poderia conhecer dois destinos na mesma tarde, além dos trajetos. Eu era muito curioso. Quando eu cheguei ao Grajaú, dei uma volta na praça onde ficava o ponto final daquela linha, e logo procurei o local onde pegaria o próximo ônibus. Não importava mais quantos e quais bairros do Rio eu conhecia. Aos 8 anos, eu era fascinado pelos ônibus e minha atenção voltava–se exclusivamente para eles. Sempre dizia que meu sonho era ser motorista de ônibus.

Mais de 20 anos depois, no meio de uma sessão de terapia, descobri que a fascinação não era pelos ônibus e sim por conhecer lugares novos, mesmo que sem nenhum apelo turístico. Era pura curiosidade de saber como eles eram, como as pessoas eram, como elas se vestiam, como elas falavam, como era a arquitetura, quais eram os costumes, o que se comia e o que se fazia. Tivesse eu faltado a essa sessão de terapia, talvez a ficha nunca tivesse caído.

Posso dizer que foi um autoaprendizado para ler mapas e me localizar. Isso me ajudou a vida toda. Quando chego a uma nova cidade, a primeira coisa que faço é ver o mapa, localizar as principais avenidas e os principais pontos de referência. Após fazer isso, me localizo, entendendo onde estou e para onde vou. Dali em diante fica bem mais fácil me locomover e preparar um roteiro mais lógico, que maximize o tempo.

Hoje, eu digo que prefiro ir para um país da África que não conheço do que ir pela quarta vez para Nova Iorque. Sei que não parece muito comum, mas é a pura verdade. E não é porque prefira a África, e sim porque prefiro ver um destino novo, a repetir um já visitado qualquer que seja ele. Aliás, quando falava sobre isso, sempre usava Angola como exemplo de onde ir ao invés do genérico "um país da África". Contudo, visitei Angola há alguns anos. Agora preciso trocar de local para especificar minha vontade de conhecer lugares novos.

Quando me dei conta, já conhecia 48 países. Foi aí que comecei a contabilizar os locais visitados: já fui a mais de 100 nações reconhecidas pela Organização das Nações Unidas (ONU), embora meu objetivo não fosse ultrapassar a marca centenária. Contudo, sem pressa ou pressão, alcancei esse feito naturalmente.

Certa vez, encontrei em Cuba um experiente viajante gaúcho que estava de partida para a Jamaica, ou Ilhas Cayman, ou outro lugar qualquer. Perguntei se ele não tinha um roteiro definido. Ele me respondeu que o objetivo dele era visitar todos os países do mundo. Iria ao aeroporto para pegar o primeiro voo rumo a um país que ainda não havia visitado. Naquela época, ele tinha uma lista com 150 países. Humilhante? Claro que não! Senti que não estávamos na mesma sintonia. Viajar e conhecer novos países, para mim não seria uma obrigação, uma estatística ou uma obsessão.

Existe uma organização chamada *The Traveler's Century Club* que, a partir das distâncias geográficas e das diferenças culturais, religiosas e étnicas, lista os países e lugares por ela credenciados como válidos para a contabilidade dos viajantes. Fernando de Noronha, Tibete, Sicília, Palestina são exemplos de países e lugares que eles consideram credenciados para tal contabilidade. Segundo as regras da *The Traveler's Century Club*, se o avião para em um local para abastecimento, podemos considerá–lo como lugar visitado, mesmo que não saiamos da aeronave. Por esse critério polêmico, eu poderia marcar mais quatro países na minha lista. Desta forma, minha contagem chegaria a 170, o que me permitiria entrar no Club. Porém, não é essa a minha intenção.

2. Estados Unidos

Na prática, tudo começou com uma visita de uma amiga da minha mãe, lá pelos idos de 1977. Eu tinha acabado de fazer 15 anos. Nem passava pela minha cabeça que eu pudesse ter o vírus da viagem dentro de mim. Pela educação que havia recebido, em uma passada rápida pela sala, fui cumprimentar a visita. Não pude deixar de notar o assunto da conversa delas. A amiga da minha mãe tinha um filho que estava fazendo intercâmbio nos Estados Unidos (EUA), morando com uma família americana. Aquele assunto me interessou. Fiquei rondando a sala para ouvir mais detalhes das histórias que ela contava. Só sei que, após a visita ir embora, minha mãe me olhou e perguntou se eu também queria fazer intercâmbio. Era óbvio que ela já sabia a resposta, mas perguntou só para ver os meus olhos brilhando. A resposta dela foi curta e grossa: "Vai atrás da viagem, que eu pago. Não vou mover uma palha para te ajudar. Agora só depende de você".

Eu tinha 15 anos e tinha conseguido tudo de modo muito fácil, quase de mão beijada! Subitamente me vi obrigado a correr atrás de algo que até então não sabia que desejava. Hoje, não consigo definir com detalhes o que tinha me atraído, mas o certo é que me lembro que não consegui dormir naquela noite. Só pensava em como seria minha vida em outro país, com outra família. Imaginava apenas o lado positivo, é claro. Não me preocupei com nada que representasse qualquer coisa negativa, as incertezas, a distância de tudo e de todos.

Nos dias que se seguiram fui atrás do meu sonho. Consegui exatamente o mesmo programa que o filho da amiga da minha mãe: um intercâmbio que só mandava estudantes para a Califórnia. Os outros programas mandavam para qualquer estado dos EUA, menos a Califórnia, pois era mais caro. Eu nem sabia disso, só soube quando já estava lá. Aliás, nem me lembro da amiga da minha mãe, só do episódio.

Nunca me esqueci da data da viagem: dia 26 de janeiro de 1978. Era uma quinta–feira e eu passei o dia na praia com meus amigos, era minha despedida. Enquanto eu estava na praia, minha mãe fazia minhas malas e chorava. Lembro–me dela no aeroporto, segurando o choro. Depois soube que, quando embarquei, ela sentiu como se estivessem arrancando um pedaço dela. E eu nem aí. Éramos um grupo de 25 estudantes. Embarcamos juntos e cada um ficaria com uma família diferente na Califórnia. Fiquei distraído conhecendo os outros integrantes do grupo, pegando endereços etc. E no avião, quando todos dormiram, eu comecei a sentir algo estranho.

Chegamos a Los Angeles na sexta–feira à tarde. Nos reunimos à espera das famílias, que foram chegando aos poucos. Fui sentindo algo estranho, como aquelas pessoas que eu tinha acabado de conhecer estivessem me abandonando. A minha família – os Welle – foi uma das últimas a chegar. A pick–up dos Welle era de cabine simples, com uma espécie de trailler atrás. Assim, íamos apertados na frente. George e Carol eram os pais, Tony e Jason os filhos. E eu, sendo bombardeado de perguntas, sem entender praticamente nada. Cheguei a passar mal. Fui me deitar na parte de trás, que tinha duas camas. Nem vi o caminho para a cidade em que moraria pelos próximos seis meses.

No dia seguinte, um sábado, tomei um choque de realidade ao acordar. George (meu "pai americano") tinha ido levar Tony (meu "irmão americano" mais velho, de 11 anos) ao boys scout (Grupo de Escoteiros). Jason (meu "irmão americano" mais novo, de 4 anos) estava brincando na sala, de costas para a televisão, e Carol (minha "mãe americana"), para minha surpresa, estava fazendo uma faxina completa na casa. Logo descobri que durante a semana podia ocorrer um terremoto, pratos podiam virar no tapete, enfim, toda e qualquer bagunça que alguém fizesse só iria ser arrumada no sábado. Aí, não haveria Cristo para fazer Carol se desconcentrar do trabalho. Acho que nem em caso de incêndio ela pararia sua faxina semanal.

Como não havia nada a fazer, resolvi dar uma volta pela rua. Era janeiro, inverno no hemisfério norte, e fazia um frio de uns oito graus.

Para mim era novidade. Valencia[2], local em que eu estava morando, ficava 30 milhas ao norte de Los Angeles, bem perto do Deserto de Mojave. No bairro onde morávamos não havia qualquer pedestre nas ruas. Eu simplesmente comecei a me perguntar o que estava fazendo ali, que raio de ideia eu tinha tido de fazer aquele intercâmbio. E era tarde demais para desistir. Foi a melhor coisa que podia ter me acontecido, pois aprendi uma lição da maneira mais dolorida.

Meus perrengues só estavam começando. Meu primeiro dia de aula foi até pior. Carol me levou até a *Saugus High School*, que ficava em outra cidade. Me largou lá com uma bicicleta, me apresentou para a diretora e disse que nos veríamos no final do dia em casa. A diretora me fez escolher as matérias que eu iria cursar naquele semestre e chamou um aluno para me conduzir para a minha primeira aula. Física! Eu mal conseguia entender o básico da língua e, ainda assim, me largaram em uma aula de Física. Aquilo era "tailandês" para mim. Na hora do almoço, notei no pátio da escola uma enorme faixa de boas-vindas para mim. E, claro, eu virei notícia. Todos vinham me fazer várias perguntas. As poucas pessoas e as frases que eu conseguia entender questionavam a existência de Natal, roupas, televisão e outras curiosidades, vistas como "esquisitices" no Brasil. Bem típico do americano médio. Mais duas aulas à tarde e, depois, hora de voltar para casa de bicicleta.

Eu era sempre o primeiro a chegar em casa. Nesse primeiro dia de escola, tive uma sensação esquisita ao retornar para minha nova casa. Meu almoço tinha sido um sanduíche de salada de ovo e um mini saquinho de salgadinho. Muito pouco para um adolescente de 15 anos. Cheguei em casa faminto. Imediatamente ataquei a geladeira. Fazia isso todos os dias, até que lá pela segunda semana me chamaram a atenção, pois dava para perceber o tamanho do estrago.

Outra coisa que me agradava era brincar com o Nepper, o dálmata da família. Foi a única vez na minha vida que eu tive um cachorro em casa,

[2] Valencia é uma cidade em Santa Clarita, situada no Condado de Los Angeles, na Califórnia (EUA).

vivi um caso de amor com ele por seis meses, exceto no dia que Tony se esqueceu de deixá–lo no jardim antes de ir para a escola. Quando cheguei da escola senti o cheiro de cadáver em casa: era o Nepper, que não tinha aguentado esperar e tinha ido ao "banheiro na sala". O coitado sabia o que tinha feito, e estava escondido debaixo da cama do George e da Carol. Mas, claro, a culpa não era dele.

Aliás, logo descobri que Tony tinha nascido para desafiar a lei e a ordem em todos os lugares por onde passava. Tudo o que ele fazia dava errado, quebrava tudo, mentia descaradamente para os pais, enfim, um exemplo de como não ser. O atenuante, nesse caso, era que quase sempre havia um lado cômico nas palhaçadas que ele fazia. Ele realmente gostava e confiava em mim. O garoto me fazia de confidente e eu ficava sabendo de muitas das molecagens e lambanças dele. Lembro do dia em que cheguei em casa e vi uma cobra enrolada dentro de uma caixa. Ele contou para os pais que a cobra tinha aparecido no jardim, o que não era incomum, já que morávamos perto do deserto. Os pais então o mandaram soltar a cobra no dia seguinte. À noite ele me contou que tinha trocado um presente que ganhou das avós pela cobra com um amigo. E que não podia simplesmente "jogá–la fora". Inacreditavelmente, no dia seguinte, ele enrolou a cobra, que não era venenosa, no pescoço e levou–a de bicicleta a uma loja que comprava cobras pelo tamanho. "Pelo menos eu consegui um trocado por ela" me disse na volta para casa. Se me contassem, eu não acreditaria. Esse foi apenas um pequeno exemplo de como funcionava a mente do Tony.

Voltando à época da minha chegada, realmente senti muita saudade nos primeiros dias, e minha situação foi agravada pelo fato de eu ter ficado mais de um mês sem receber uma única carta. A cidade era tão pequena e o carteiro conhecia todo mundo, portanto sabia que não havia ninguém chamado Marcelo naquela casa. Mais de um mês depois é que tivemos a ideia de ir ao correio avisar que eu estava morando com os Welle. A partir daí eu comecei a receber as tão esperadas cartas do Brasil, de meus familiares e amigos. As cartas que deveriam ter sido entregues no primeiro mês, retornaram e só as recebi no Brasil, na minha volta, seis meses depois.

Além das cartas e dos telefonemas relâmpagos semanais, minha outra forma de comunicação eram as fitas cassetes. Eu gravava as fitas, colocando emoção na minha voz, e vice–versa, recebia as que minha família gravava. Era muito bom recebê–las. Ainda hoje eu guardo essas fitas, mas confesso que nunca mais as ouvi. Agora, inclusive, vai ser difícil achar onde ouvi–las.

Um dos motivos que levaram a família Welle a se candidatar para me receber era a oportunidade de fazer um test drive com um adolescente antes do Tony virar um. Mas como ele tinha apenas 11 anos e o Jason quatro, os programas familiares eram bem família, tipo pic–nic no parque, visitar as avós, comer no Del Taco etc. O George tinha acabado de tirar seu brevê, e todo sábado ele queria voar por uma ou duas horas. Eu era sempre o escolhido como sua companhia. Só tinha um probleminha: eu enjoava todas as vezes. Era um sacrifício voar; enquanto todos ansiavam pela chegada do sábado, para mim era o pior dia da semana. Chegou a um ponto que implorei para não participar mais. O George concordou, pois dava para ver meu sofrimento intenso.

Meu refresco durou até a Copa do Mundo de 1978. Como todos sabem, se ainda hoje os Estados Unidos não são o país do futebol, naquela época eram menos ainda. Um canal mexicano transmitia um jogo por rodada, e o resto era puro mistério. Os jornais não davam nem os resultados. Até que eu descobri que no ginásio de basquete dos Los Angeles Lakers eles transmitiam alguns jogos ao vivo em um telão, e a galera pagava um ingresso caro para ver. Vale destacar que o termo galera era usado como sinônimo de latinos.

No período em que estive na casa da família Welle, George sofreu um infarto e ficou em recuperação, sem trabalhar. Nessa ocasião, eu pedi a ele que me levasse ao ginásio para ver três jogos. Ele concordou, mas pediu que na volta eu fosse dar uma "voadinha" com ele. Sem escolha, concordei. E lá fomos nós, eu feliz por uma tarde de futebol, e ele feliz por voltar a voar, com uma companhia, já que o Tony detestava voar e sempre inventava as maiores desculpas para fugir de situações que eram verdadeiras "roubadas".

Para resumir, em três jogos, ocorreu apenas um gol. Dois empates em 0 X 0, um deles Brasil X Espanha. George, que não entendia nada de futebol, estava a ponto de cometer harakiri[3] de tão entediado que estava, só não cometeu porque iríamos voar depois. E fomos. O aeroporto ficava longe de Valencia e, como em outras vezes, nós sobrevoávamos atrações de Los Angeles como a Disneylândia, a praia etc. Mas, dessa vez, ele resolveu sobrevoar a nossa casa e, quando estávamos sobrevoando Valencia, eu comecei a passar mal; estava tão mal que ele resolveu pousar em um aeroporto que estava fechado, pois não daria tempo para voltar ao aeroporto de San Fernando, o mais próximo que estava aberto. Não deu nem tempo de chegar a um banheiro: vomitei no hall do aeroporto. Ele quis morrer, pois se sentiu obrigado a achar um jeito de limpar tudo. Se para mim foi uma lição de civilidade, para ele foi a gota d'água. Ele me disse: "Avião com você nunca mais!". Ao mesmo tempo que dava pena dele, eu estava feliz em encerrar esta carreira de copiloto.

Meu relacionamento com George era cheio de altos e baixos. Eu era uma boa companhia para ele, já que com o Tony, que ainda era uma criança, não dava para levar uma conversa mais articulada. Nós dois conversávamos bastante, e isso era bom para mim também. O problema começava quando eu tinha de me adaptar a todas as regras da casa. Isso implicava ajudar na jardinagem, catar cocô de cachorro, comer a mesma quantidade de comida que as outras crianças, fazer passeios familiares em todos os finais de semana etc. Com o passar do tempo, à medida que eu ia me entediando dessas rotinas, ia fazendo amizades na escola; meus novos amigos me chamavam para sair com eles, ir a festas, à praia, a shows etc., situação que culminou em conflitos. Chegou ao ponto de eu me revoltar e decidir que ia passar um final de semana fora, na casa de um dos brasileiros do grupo de intercâmbio. Eles realmente não gostaram e troco veio no final de semana seguinte.

[3] Ritual suicida japonês tradicional que fazia parte do código de honra dos samurais (Bushido).

Eu tinha tudo planejado: um show do Kiss na sexta, festa no sábado e ida à praia com a galera de brasileiros no domingo. Final de semana perfeito. Mas quando cheguei da escola na sexta–feira, todo animado, o Tony me deu a notícia em primeira mão. George queria ir a San Diego para visitar seu irmão, que era pescador profissional. Rapidamente Tony inventou que estava doente, fingiu passar mal e escapou da roubada. Eu ainda tentei argumentar, mas meu cartaz estava muito baixo, eu tinha gastado minha munição na semana anterior. Fui de Valencia até San Diego em silêncio, quase cinco horas de carro, só eu e o George. Nada de papo. Chegando lá na sexta–feira, bem tarde, ainda tive que fazer um pouco de sala com a família do seu irmão. O pior ainda estava por vir.

Sábado, 5 horas da manhã, o George me acorda. "Vamos sair cedo, pois é a melhor hora para a pescaria e o local fica longe". Foi uma hora e meia de lancha até chegarmos perto de umas ilhas em alto mar, já em território mexicano. A pescaria consistia em colocar iscas em forma de peixe de metal do tamanho de uma mão aberta e fazer a lancha andar devagar. Dessa forma, com o reflexo da luz solar, a isca parecia um peixe de verdade nadando. Em alto mar, com o mar batido[4], e a lancha andando devagar para mim foi fatal. Em meia hora, eu vomitei o café da manhã. Deu aquele alívio, mas logo depois fiquei enjoado de novo. Passei mais meia hora muito enjoado até que vomitei pela segunda vez. Mais um pequeno alívio e mais uma sessão de enjoo. Isso se repetiu até que ao meio–dia me vi ajoelhado, pedindo pelo amor de Deus para que voltássemos. Eles, que não tinham pescado nenhum peixe até aquele momento, disseram que eu tinha que aguentar. Já tinha vomitado cinco vezes. Só sei que saímos de lá às seis da tarde, com o isopor cheio de peixes enormes, os dois felizes da vida e eu com a contagem atingido nove. Esse fato ocorreu há mais de 40 anos e ainda hoje posso afirmar que aquele foi o dia em que mais sofri fisicamente na minha vida. No dia seguinte, antes de voltarmos para casa, George levou o irmão dele para voar. Quando ele fez menção de me convidar, eu dei uma rosnada, e ele logo entendeu o espírito da coisa, desistiu e me disse

[4] Mar batido é a expressão utilizada para dizer que o mar está agitado ou bravo.

para esperar no estacionamento do aeroporto.

Algumas semanas depois, o clima na casa de minha família americana piorou. Antes de acontecer qualquer coisa, Tony me confidenciou que os pais dele queriam me mandar de volta para o Brasil mais cedo. Dito e feito. O George me chamou para uma conversa e disse que seria melhor para todos se eu antecipasse minha volta. O que atrapalhou o plano foi o infarto dele, que o fez ficar em casa de repouso por um bom tempo após a temporada no hospital. Nesse período, nós conversávamos bastante e fiz bastante companhia para ele. Eu realmente não desgostava dele, pelo contrário, eu apreciava sua companhia. O problema era a Carol, que era absolutamente fria, sistemática e prática. Ela passou a não ver mais nenhuma vantagem em me ter em casa, e quis se desfazer de mim o mais rápido possível.

No final da temporada do George em casa, ele sugeriu que eu ficasse até o final dos seis meses, até porque no último mês nós iríamos acampar nas montanhas, enfim passar umas férias típicas em família. Até o Jason, que constantemente me ignorava passou a gostar mais da minha companhia. Ele teve um problema de saúde: fez uma cirurgia nos testículos. Quando fui visitá-lo no hospital ele até chorou comigo. Enfim, foram seis meses bem movimentados.

Voltando ao primeiro dia de aula, me convidaram a participar da classe chamada ASB – *Association Student Body*. Nada mais era do que uma associação de alunos, que eram eleitos por voto direto e que controlavam várias atividades na escola. Exemplos: organizávamos viagens de ski, jogos de basquete, visitas ao Planetário e a outros lugares de interesse. Organizávamos festas, eventos tipo 1º de abril, jogos no ginásio etc. Ainda controlávamos uma área de alimentação, onde fazíamos e vendíamos pipoca, chocolate e refrigerante. Dá para imaginar o quanto isso me fez ficar popular, além do fato de eu ter sido o primeiro estudante de intercâmbio daquela escola?

Eu contei isso porque o instrutor dessa classe simplesmente me convidou para ficar mais seis meses em Valencia, desta vez na casa dele. Foi uma das decisões mais difíceis que eu já tomei e confesso que não tinha maturidade suficiente para tomar a melhor decisão. Decidi que voltaria para casa. Poucos dias após minha chegada no Brasil, ficou claríssimo para mim que eu deveria ter continuado nos Estados Unidos, pois seria um complemento à experiência iniciada. Eu estava com saudade do Brasil, da minha família, dos meus amigos, da praia etc. Mas, poucos dias após minha volta, vi que todos estavam no mesmo lugar, fazendo as mesmas coisas, falando sobre os mesmos assuntos, e só eu tinha mudado. Não teria feito a menor diferença na minha vida no Brasil ter ficado mais seis meses nos EUA, não teria perdido nada de relevante em casa. Isso ficou de lição para mim, na verdade, foi uma ótima lição, que eu usaria no futuro.

Muitos anos depois, quando eu fui para a Bélgica fazer um MBA – *Master of Business Administration* – por dois anos, ter vivido essa experiência me ajudou muito. Consegui facilmente superar a saudade, a distância, e não me abalei em momento algum. Enquanto isso, vários de meus colegas passaram por momentos de profunda tristeza, depressão, alguns deles até abandonaram o curso no meio, por não aguentar a barra de ficar longe de tudo e de todos.

3. Europa – primeira vez

Minha primeira viagem para a Europa aconteceu em 1984. Eu tinha feito aquele intercâmbio nos EUA em 1978, e meus irmãos mais velhos não. Então, meus pais pensaram em compensar o fato de terem gastado muito com meu intercâmbio e mandaram meus irmãos para a Europa, alguns anos depois, em uma excursão. Nessa altura, minha mãe já trabalhava com turismo. Depois, não sei exatamente qual foi a lógica, mas eles resolveram também me mandar em uma excursão, com os sobrinhos da dona da agência e a filha de outra vendedora da mesma agência. Acho que podem ter sentido que eu também deveria conhecer a Europa.

Fizemos uma excursão de ônibus durante 30 dias, passando pelos principais destinos europeus. Começou em Madri, subimos pelo sul da França até chegarmos em Paris. Dali fomos para o norte, e atravessamos o Canal da Mancha de ferry boat. Eu me lembro bem da travessia: foi durante o inverno europeu e o Mar do Norte estava bem revolto. A travessia durou 75 minutos, mas foi o suficiente para eu vomitar até as tripas. Foi um sufoco.

Após alguns dias em Londres, atravessamos de volta, dessa vez para a Holanda. Foi uma travessia mais longa: durou quatro horas. Mas, o mar estava calmo e pude "sobreviver". Depois da Holanda, passamos pela Alemanha, Áustria, Itália e sul da França, até chegarmos a Barcelona. Por ter um guia exclusivo, acho que foi uma boa iniciação cultural. Visitamos as principais atrações turísticas e culturais das principais cidades europeias e, certamente, aprendemos muito sobre a história desses países.

Viajar de ônibus, para mim, tem suas vantagens. Eu adoro ver as paisagens, as cidades pequenas que cruzávamos, a vida como ela era nesses locais de passagem e pouco turísticos. Enquanto muitos dormiam no ônibus durantes os trajetos, eu ficava ligado em tudo. Gostei muito da experiência, mas já sabia que no futuro não iria querer viajar em grupos grandes com horários pré-determinados para tudo. Tem suas vantagens, pois uma excursão inclui hotel, transporte, ingressos, explicação etc. Mas, não existe o principal: liberdade para escolher o que visitar, ficar o tempo que quiser em cada lugar ou atração. Eu tinha, naquela época, 21 anos, e era muito novo ainda para ter certeza sobre tudo. Mas adorei viajar pela Europa, achei bem mais fascinante do que os Estados Unidos, principalmente pela parte cultural. Cada país tem uma cultura diferente, uma história diferente, hábitos diferentes. Enfim, para quem é curioso por natureza e gosta de mudanças, foi o local ideal para me inspirar a fazer novas viagens.

4. Tipos de viagem

As viagens podem ser feitas de diferentes formas: organizadas por agências, com roteiros e visitas pré–definidos ou, ainda, temáticas; organizadas pelo viajante, mas com itens também definidos; voltadas à realização de intercâmbios educacionais; definidas a partir dos interesses em explorar alguns territórios específicos. Há, também aquelas realizadas com maior liberdade, usualmente chamadas de "viagem de mochileiro", conforme relato aqui. Para cada tipo de viagem há, por certo, uma forma de organizar a bagagem.

Dizem que mochileiro é quem viaja com mochila nas costas. Eu discordo. É muito mais uma filosofia do que propriamente o tipo de bagagem. Eu já fiz viagens de mochila nas costas, mas não me considerando mochileiro. Assim como já arrastei mala de rodinha em viagens tipicamente de mochileiro. Parece clichê, mas realmente é fundamental para uma viagem você preparar sua bagagem e dar duas voltas no seu quarteirão, carregando tudo o que você vai levar durante a viagem. Esse exercício mostrará a necessidade de descartar o excesso de peso ou trocar o tamanho da mochila, deixar em casa aquele casacão extra, aqueles sapatos que você sabe que não vai usar na viagem, só está levando por precaução. Durante a viagem é mais difícil você descartar algo que sabe que vai precisar de novo quando voltar para casa.

Eu me recordo bem três situações em que vivenciei problemas com a bagagem. A primeira foi quando comecei a trabalhar na Petrobras, em 1985, logo após minha formatura em Engenharia Civil. Fizemos um ano de curso de Análise de Sistemas e após o curso, já em 1986, fomos orientados a tirar um mês de férias, antes de assumirmos nossos cargos nos diversos departamentos da empresa. Éramos sete amigos, todos homens, que decidiram passar um mês na Europa, com mochila nas costas. Como eu já tinha ido à Europa dois anos antes, em uma excursão, já conhecia o básico. Fiz um roteiro que me interessava, mas não escapei de repetir alguns lugares, como Roma, Paris e Londres. Durante a viagem, duas ou três vezes nós nos separamos; preferi ir à Bruxelas no lugar de Amsterdã (que eu já conhecia da minha primeira ida à Europa, e eles não), por exemplo

Quando chegamos a Roma, logo no início da viagem, descobri que haveria mais um participante no grupo. Era uma secretária de uma subsidiária da Petrobras, que ia nos encontrar em Roma em dois dias. Mas, como eu ia visitar meu padrinho em Milão, e o resto do grupo queria ir à Veneza, só iria encontrá–la em Genebra, dois ou três dias depois. Quase tudo deu certo, exceto pelo fato de que eles perderam a conexão em Milão, e eu cheguei a Genebra primeiro. Rapidamente descobri o albergue onde ficaríamos, deixei minhas mochilas lá, e retornei à estação de trem para esperar pelo grupo. Eu tinha uma mochila de tamanho médio nas costas, e outra menor na frente, e era o único do grupo que viajava com as duas mãos livres. É claro que não levei tudo o que eu queria, mas decidi que ia lavar minha roupa durante a viagem, para poder viajar daquele jeito, bem leve. Além da mochila principal, os outros sempre tinham alguma bolsa ou sacola a mais, fora os que levaram a tradicional mala.

Quando chegaram a Genebra, todos saíram do trem e vieram correndo me encontrar, contar como tinha sido a viagem à Veneza, os motivos que os levaram a perder a conexão em Milão e, claro, perguntar sobre o albergue. Quando avistei a tal secretária, e foi fácil, pois era a única mulher do grupo, tive que bater meu recorde de velocidade de raciocínio. Ela carregava quatro bolsas de viagem! Após me cumprimentar, a primeira coisa que ela fez foi pedir a minha ajuda para carregar algumas daquelas bolsas. Ora, naquele momento eu não estava carregando nada, e obviamente poderia ajudá–la sem maiores problemas. Mas, a questão não era essa, e sim que a partir daquele momento, eu iria ser o seu alvo TODOS os dias, pois era o único com as duas mãos livres.

Completamente contra meus princípios e instintos de cavalheirismo, eu simplesmente disse "não", na cara dela e dos outros, e justifiquei dizendo que quando fiz minhas malas antes de viajar, eu tinha decidido não levar vários itens, com o intuito de não ter que carregar muito peso, algo que claramente ela não tinha feito antes de embarcar. Todos ficaram chocados com a minha atitude, e logo se prontificaram a ajudá–la.

Durante a viagem, mantive minha posição e nem toquei mais no assunto. Já os demais, principalmente os responsáveis pela vinda dela, começaram a reclamar por ter que ajudá–la todos os dias. Ela também aparentava estar incomodada com a situação que, praticamente, obrigava outros a ajudarem no transporte de sua bagagem. Todos os dias dizia que ia despachar uma ou duas bolsas de volta para o Brasil. Mesmo assim, se ela realmente fizesse isso, ainda teria que carregar duas bolsas, portanto na prática ela não teria vantagem direta nenhuma em despachar nada, o que obviamente acabou não acontecendo. É claro que uns 10 a 12 dias antes do final da viagem, a paciência da turma acabou: deram para ela um ultimato, e ela simplesmente pegou o primeiro trem para Londres, onde morava o irmão do namorado. Nunca mais a vi.

A segunda situação foi quando eu estava no Marrocos, em 1990. Conheci um canadense em Fez que, entre outras histórias, me disse que havia viajado pela Índia e Nepal por seis meses, carregando uma pequena mochila. Como isso seria possível? Como eu estava planejando uma viagem de três meses pela Ásia para o ano seguinte achei interessante o assunto. Ele me disse que só carregava o que fosse imprescindível, que poderia lavar roupas no caminho, comprar roupas e sapatos, e nesses países tudo era barato, e assim por diante.

Quando saí de casa para essa minha viagem de três meses, em 1991, minha mochila pesava nove quilos somente – uma maravilha! E olha que levei um topsider que só usei uma vez na viagem, portanto nem precisava. Levei uma calça jeans, um par de tênis, um par de sandálias, três shorts, três camisetas, um moletom, cuecas, meias etc. Fui motivo de inveja dos meus companheiros. Mas, a bagagem cresceu e quando cheguei a Hong Kong, dois meses depois, eu carregava mais de 25 quilos de bagagem, resultado da compra de souvenires, camisetas e algumas lembrancinhas. Tive que despachar quase tudo de volta para casa, antes de continuar a viagem.

O terceiro e último episódio foi na minha viagem ao leste da África, em 2011. A viagem durou cinco semanas, e como eu tinha tido um problema no ombro, não queria carregar muito peso. Dessa forma, levei somente camisas e cuecas de lycra e tactel, para poder lavar e secar rapidamente. Minha mochila pesava oito quilos quando saí de casa, e sete quilos quando voltei, mesmo tendo feito algumas comprinhas; isso aconteceu porque deixei algumas roupas velhas por lá. A minha mochila "de mão" tinha mais três quilos, pesando, no total 11 quilos. O Leo, um grande amigo que foi comigo, levou uma mochila grande e claro, por ter espaço disponível, acabou carregando muitas coisas: sua mochila pesava 13 quilos. Além disso, ele carregava outra mochila de mão que pesava oito quilos; ou seja, ele tinha uma bagagem de 21 quilos para uma viagem de cinco semanas! Quase o dobro em relação ao peso da minha bagagem. Eu usei praticamente tudo o que eu levei; já ele, que levava vários itens de emergência e como "reserva", como calça jeans, tênis, várias camisas, não conseguiu usar tudo que carregava. Na minha última viagem, aconteceu de novo, eu tinha total de 12 quilos, e o Leo tinha 13 quilos, só na mochila maior, fora a menor, com mais sete quilos. Outra coisa que faço sempre é levar roupas que podem ser "esquecidas", assim vou diminuindo o peso da bagagem, e criando espaço para as inevitáveis comprinhas que são feitas ao longo da viagem. Algumas vezes eu voltei para casa de bermuda, e uma vez de chinelo, isto é, deixei meus jeans e meus tênis no último destino. Posso dizer que aprendi a organizar mochilas para viagem!

5. Ásia – primeira vez

Minha primeira viagem para a Ásia ocorreu em 1987, pouco depois daquela ida à Europa com meus colegas da Petrobras. Tirei um mês de férias, fiz um roteiro maluco, que passava rapidamente por vários países. O que me fez passar por essa correria, é que naquela época eu não tinha noção de que eu teria inúmeras oportunidades de viajar para o exterior. Queria ir o mais longe possível e conhecer o maior número de lugares e países. A viagem foi um verdadeiro "pinga–pinga". Viajei com o Marcos Sobral, que trabalhava comigo na Petrobras e que tinha ido à viagem para a Europa no ano anterior. Também veio conosco o Renato "Chacrete", que foi meu colega de universidade e que também trabalhava na Petrobras, mas em outro departamento. Desde então, comecei a arrumar amigos para minhas viagens.

A viagem começou por Los Angeles, onde fizemos uma parada. Aproveitei para visitar a minha "família americana", que eu não via fazia nove anos. Depois fomos para o Japão e visitamos Tóquio e outras cidades. Posso dizer que foi um choque, principalmente para quem nunca tinha ido para o Oriente. Meu amigo de infância, Renato Paladino, que trabalhava na Vale do Rio Doce e morava lá, nos ajudou bastante. Aquele mar de gente no centro da cidade contrastava com a tranquilidade e serenidade dos templos orientais. Ficamos uns três dias em Tóquio, o suficiente para visitar as principais atrações. Nas conversas com Renato, procuramos conhecer quais eram as suas impressões sobre a vida no Japão. Fico imaginando como Tóquio deve estar hoje, não consigo pensar em algo tão diferente do que eu vi naquela época. Mas, lá se vão mais de 30 anos, então deve ter mudado bastante.

Visitamos Nikko, uma cidade pequena, encantadora, a cerca de uma hora de Tóquio, uma joia de lugar! Um sem–número de templos no meio das montanhas, lago, vulcão, tudo lindíssimo e, posso dizer, um destino obrigatório para quem visita o Japão. De lá fomos para Kioto, que para mim foi a cidade mais bonita que visitei no Japão – realmente especial. Um conjunto de templos, cada um mais bonito do que o outro. Ainda visitamos Nara, que fica bem perto de Kioto. Depois, seguimos para Singapura. Tínhamos comprado o bilhete pela Singapore Airlines, na época considerada a melhor linha aérea do mundo. Ainda hoje está entre as melhores. Como tínhamos que fazer conexões por lá, aproveitamos uma das paradas para conhecer mais um lugar. Valeu à pena conhecer a cidade–estado, muitíssimo organizada. Singapura, sendo uma ilha, não tem para onde expandir, mesmo assim cresce sem parar, cada vez com projetos mais surpreendentes.

Apenas dois dias em Singapura, e já estávamos no avião de novo, dessa vez para Bangkok. Conseguimos visitar as melhores atrações da cidade. Totalmente diferentes do que já tínhamos visto até então, foi uma agradável surpresa. Bangkok já era uma metrópole, mas nem de longe o que é hoje. As atrações turísticas se mantiveram. Passamos um dia em Pataya Beach, uma praia especializada em turismo sexual; detestei o ambiente e a praia nem é tão bonita assim.

De novo fizemos uma visita rápida de apenas três dias na Tailândia. Depois, mais um voo, agora para Bali. Lá ficamos por quatro dias, com direito a um relax nas praias. Alugamos um carro e passeamos por toda a ilha, dando preferência às praias, claro. Naquela época, Bali já era bem turística, mas nada que se compare aos dias de hoje, e o fato de ser baixa estação ajudou bastante para conseguir hotéis, restaurantes e alugar um carro. A ilha é encantadora, faz jus a toda fama que tem. O que já atrapalhava na época era a insistência dos comerciantes locais que queriam vender todo o tipo de coisa para os turistas. Realmente incomodou bastante, mas fora esse detalhe, a viagem foi muito positiva.

Outro voo para Hong Kong. Assim como Singapura, Hong Kong já era bem desenvolvida naquela época. Adorei a cidade, aquela confusão da Nathan Road, o ferry atravessando a Victoria Harbour, a ilha, as vistas, a população sempre em um ritmo frenético. Enfim, uma eletricidade constante, que não se via em Singapura, um lugar muito mais pulsante. Anos depois, li o livro Taipan, sobre o desenvolvimento de Hong Kong, e logo depois Casa Nobre, cuja história também se passa em Hong Kong. Os livros são fantásticos, mas tendo estado lá antes, ajuda bastante na sua compreensão.

Como eu não sabia se iria voltar à Ásia de novo (tolinho!), pagamos 100 dólares, uma pequena fortuna na época, para fazer uma excursão de um dia até Cantão, na China. Como a China ainda era muito fechada, e Hong Kong ainda era uma colônia britânica, era difícil conseguir visto, assim optamos por contratar um tour. Essa alternativa nos deu a permissão de entrada no país por um dia. Era o que precisávamos e tudo valeu à pena. A China estava anos luz atrasada em relação ao que é hoje. Foi muito interessante. Cantão era quase uma vila de pescadores, valeu por conhecer um país que naquela época estava décadas atrás do Brasil. Que diferença de Cantão de hoje, com mais de 15 milhões de habitantes!

Para finalizar a viagem, quatro dias no Havaí, com muita praia e um fechamento com chave de ouro. Alugamos um jipe para rodar a ilha. Fomos até um hotel cinco estrelas, onde ficava a locadora. O Marcos e o Renato ficaram na recepção me esperando buscar o carro na garagem do hotel. Quando cheguei lá, eles me disseram que não havia mais jipe disponível, mas que me dariam um upgrade. Então, me ofereceram um Lincoln Continental, um carro que parecia uma banheira, superluxuoso. Quando passei na entrada do hotel para pegar o Marcos e o Renato, eu simplesmente não conseguia nem achar a buzina, não sabia como abrir a janela, e obviamente eles nem estavam olhando para a minha direção, pois estavam esperando a minha chegada em um jipe. Só sei que apertei um botão qualquer, e meu banco se deitou completamente. Foi uma verdadeira cena de filme pastelão. Rodamos pelas praias mais famosas: Pipeline, Sunset, Waimea. Infelizmente, o mar estava uma verdadeira lagoa, sem qualquer onda. Oahu, onde fica Honolulu, é um verdadeiro cartão postal, pena que tudo foi muito rápido. Aqui está um modelo de como não se deve viajar. A gente só aprende com o passar dos anos e com as experiências, não é mesmo?

O resumo é que tive um gostinho da Ásia, e isso me fez voltar lá inúmeras vezes, inclusive para quase todos os lugares que visitei nessa viagem (exceto Japão e Singapura).

6. Índia e Nepal

Em um livro como este, deve haver alguns motivos para incluir um capítulo sobre a Índia. E há. Era o ano de 1988, em plena Guerra Fria, e a Índia estava alinhada com a antiga URSS[5]. Isso significava que não havia um único item ocidental à venda no país. Sem falar que não havia lojas e as compras eram feitas na rua mesmo. O fato de viajar sem um guia de viagens do tipo Lonely Planet só fez a viagem ficar mais complexa e difícil. Naquela época, viajar para um destino como esse, pouco conhecido por aqui, era quase uma loteria, pois tínhamos apenas informações parciais e precárias sobre os locais.

Tudo começou quando minha mãe retornou de lá, onde esteve em um *Fun Trip*, que nada mais é do que uma viagem feita para agentes de viagens, com objetivo de proporcionar a eles maior experiência possível sobretudo porque, depois, eles naturalmente irão vender aquele destino com mais entusiasmo. Naquela época, minha mãe ainda não tinha uma agência de viagens, mas conseguia passagens mais baratas e tinha contato direto com operadoras de turismo que, por sua vez, tinham hotéis e passeios cadastrados para vender aos passageiros. E foi com esse entusiasmo que ela voltou de lá, falando mil maravilhas das atrações turísticas, dos hotéis

[5] URSS (União das Repúblicas Socialistas Soviéticas) foi formada após a Revolução Russa de 1917 e existiu de 1922 a 1991.

cinco estrelas, dos antigos palácios etc. Até mencionou que conheceu no aeroporto de Delhi um casal que estava viajando sozinho pela Índia, sem guias. Como era possível?

A decisão de ir para a Índia foi tomada na volta da minha mãe ao Brasil. Mas, encontrar companhia para a viagem foi outra história. Um dos companheiros da viagem à Ásia no ano anterior, o Renato Chacrete, já tinha demonstrado interesse nessa viagem e estava contando como certo. No chopp de final de ano com os colegas da Petrobras, a galera, como sempre, perguntava para onde seria a próxima viagem. Um dos presentes, o Álvaro, que tinha família em Portugal, contou que seu tio tinha colocado o Mercedes à disposição para ele, sua esposa e amigos e disse que havia três lugares disponíveis no carro, para uma viagem por Portugal, Espanha e sul da França. Houve uma disputa pelos três lugares. Como eu já tinha tomado a decisão de ir para a Índia, nem me preocupei em participar da discussão. Certamente seria uma viagem excelente, mas àquela altura minha cabeça só pensava na minha próxima ida para a Ásia. Eu fiquei calado, e alguém se lembrou de me perguntar quais eram meus planos, afinal de contas eu já tinha fama de adorar viagens e não era possível que eu não tivesse um plano. Quando mencionei o nome Índia, todos ficaram meio sem graça, e rapidamente trocaram de assunto. Até que o Khouri, um dos amigos, lá do outro lado da mesa fez um sinal para mim, me chamando para me sentar ao seu lado. Ele disse que estava dentro e queria ir. Assim, marcamos para outro dia nossa conversa sobre a viagem. Acabou fazendo toda a diferença, pois, infelizmente, meu grande amigo Renato Chacrete sofreu naquele ano um grave acidente de carro, que o tirou de circulação por um bom tempo. Ele ficou com várias sequelas e não pode mais viajar comigo. Muito triste! Desta forma, ficamos eu e o Khouri.

Por onde começar? Claro que pela operadora que tinha enviado minha mãe para lá. Fiz um roteiro básico, passando pelo tradicional: Delhi, Jaipur, Agra, Varanasi, de lá para o Nepal, de volta para Índia e, para finalizarmos, Mumbai, então chamada de Bombaim. Em todos estes lugares reservamos traslado do aeroporto, hotel e city tour. Tudo reservado. Incluí três dias na Caxemira e cinco dias nas Ilhas Maldivas, pois havia visto umas fotos de lá pouco tempo antes em uma revista. Porém, não tínhamos nenhuma informação do país, excetuando as fotos maravilhosas. Tudo pronto e reservado, inclusive as passagens domésticas de trem e avião para todo o roteiro. Um dia o Khouri me liga dizendo que iria visitar um casal que tinha acabado de chegar da Índia e tinha dicas para nos passar. Eles fizeram tudo por conta própria, e nos deram nomes dos hotéis onde ficaram em algumas dessas cidades. Foi o que bastou para cancelarmos todas as reservas de hotéis, traslados e city tours que havíamos feito. Fomos com a cara e a coragem.

Foram duas noites no avião, com uma longa parada em Londres, enfim chegamos a Delhi às 3h, sem traslado e nem hotel. Tive que começar minha experiência na Índia pechinchando com um motorista de táxi para nos levar ao hotel que o casal de amigos havia ficado. Era e não era um hotel. Era porque o prédio estava lá, de pé, e ali funcionava propriamente um hotel. E não era porque o dinheiro para finalizar a obra tinha provavelmente acabado no meio. Não havia elevador, corrimão nas escadas, qualquer revestimento nas paredes, nos pisos. Parecia que tinham invadido a obra antes do fim e resolvido inaugurar o hotel. E olha que estava bem movimentado. Na posição em que nos encontrávamos, não tínhamos nem escolha. Era ali mesmo que íamos ficar. Ficamos no sexto andar, portanto, tínhamos que subir e descer de escadas sempre.

De Delhi fomos de avião até Srinagar, capital da Caxemira. Havia muita tensão naquela região (até hoje ainda há), pois foi motivo de uma guerra entre a Índia e o Paquistão[6]. A maioria da população é muçulmana, e se considera mais paquistanesa do que indiana. Devo lembrar que antes da independência da Índia, toda aquela região era uma só colônia, englobando o que hoje é o Paquistão, a Índia e Bangladesh. Talvez por esse motivo, o exército indiano é considerado inimigo do povo. Durante nossa

[6] O conflito na Caxemira diz respeito à divisão, em 1947, do subcontinente indiano. Índia e Paquistão se tornaram independentes do Reino Unido e a região da Caxemira ficou dividida entre os dois países.

viagem, havia soldados por toda a parte. Alguns anos após a minha visita começaram a acontecer sequestros de turistas e, consequentemente, aquele destino ficou fora do alcance dos viajantes por um bom tempo. Até hoje é uma região muito tensa. Sorte nossa que conseguimos ir lá.

Já na chegada ao aeroporto ficamos tontos com o policiamento, com a quantidade de soldados, assim como a quantidade de pessoas oferecendo hospedagem nos house–boats, que são barcos que ficam ancorados às margens do Lago Baba Demb, no coração da cidade de Srinagar. Esses barcos, geralmente, contam com uma ou duas suítes, mais uma sala e uma varanda ao ar livre. A família dona do barco fica em uma casa humilde em terra firme. Aparentemente não havia outras opções, e assim escolhemos o nosso house–boat. Era bastante simples, mas confortável. O pacote incluía meia pensão, dessa forma tínhamos direito ao jantar, que era servido pelo filho do dono, que comia conosco na sala de jantar do barco. Foi meu primeiro contato com o mundo muçulmano e fiquei um tanto chocado com a cena dele comendo com a mão.

Depois de alguns dias em Delhi à base de frutas e biscoitos, aquela comida até que caiu super bem. Esqueci de dizer que antes da viagem, nos tocaram um terrorismo tão grande com relação à comida e à água da Índia, que ficamos apavorados com a perspectiva de passar muito mal. Dessa forma, sem o guia para saber aonde ir, passamos a comprar frutas no mercado, água mineral e alguns biscoitos indianos mesmo. Nada de Coca–Cola, apenas uma versão indiana da Fanta Laranja. Aliás, no final da viagem percebemos que gastamos mais dinheiro com água mineral do que em acomodação.

Na Caxemira, posso afirmar que vi paisagens lindíssimas. Aliás, quando retornei, e mostrava algumas fotos tiradas nas montanhas, as pessoas perguntavam se eram da Suíça, Canadá, ou outro destino de primeiro mundo. Viajamos dois dias por estradas que margeavam rios de água cristalina, tendo no fundo montanhas ainda cobertas com alguma neve; só lembrávamos que estávamos na Índia quando cruzávamos com algum veículo, ou passávamos por algum vilarejo. Tudo muito diferente! Apesar de ter sido uma das minhas primeiras viagens, ainda hoje a considero como uma das mais interessantes.

Voltamos para mais um dia em Delhi antes de embarcarmos em um trem noturno de primeira classe para Jaipur. O trem era realmente confortável. Tivemos de usar nossos casacos, pois o ar–condicionado era utilizado com todo o seu poder. Chegamos à Jaipur de manhã cedo, fomos logo para um hotel cinco estrelas a fim de pegar o voucher do próximo trem, que seria naquela mesma noite. Tínhamos o dia todo para conhecer Jaipur. Na recepção do hotel, enquanto esperávamos a agência de viagens abrir, peguei o jornal local para dar uma olhada e checar a previsão do tempo: mínima: 37 graus, máxima: 44 graus. Não era erro de digitação. Imagina o calor que já estava fazendo, às 7 da manhã. Contratamos um city tour de meio dia, pois não aguentaríamos passar todo o dia passeando naquele calor. Na cidade, capital do estado do Rajastão, chamada de Cidade Rosa, visitei o Hawa Mahal, o Palácio dos Ventos, o Forte Âmbar e outras atrações. Após o city tour, resolvemos voltar para o hotel e pagar uma taxa para usar as dependências do hotel, leia–se piscina e vestiários até a hora de ir para a estação de trem.

O relevante desse dia foi quando saímos para ir à estação. Nas ruas havia centenas ou milhares de pessoas dormindo em cima das charretes, embaixo das charretes, dentro de *tuk–tuks*[7], enfim, em qualquer lugar que parecesse possível acomodar um corpo, por mais desconfortável que fosse. Quando chegamos à estação, mais gente dormindo no chão. Quando entramos no saguão principal, parecia que a estação tinha sido alocada para refugiados ou desabrigados, vítimas de alguma enchente. Como era época de seca e não chovia havia alguns meses, logo percebi que aquelas pessoas simplesmente não tinham onde dormir. Quase não dava para andar pelo saguão, tal a quantidade de pessoas dormindo no chão. Impressionante e chocante!

---

[7] *Tuk–Tuk* é um veículo muito utilizado na Índia e consiste em um triciclo motorizado com cabine que pode transportar passageiros ou cargas.

A viagem de trem de Jaipur para Agra também merece registro. Apesar de termos comprado um bilhete de primeira classe, não havia nenhum vagão de primeira classe. Fomos colocados em um vagão de segunda, em uma cabine sem porta e com camas de madeira. Eram seis camas, três de cada lado. Havia duas pessoas dormindo nas camas de cima, as camas do meio estavam arriadas. Assim, sobraram as duas camas de baixo para nós. Tentei dormir durante a noite, mas foi difícil. Quando começou a clarear, notei que havia dois indianos sentados na beira da minha cama, e quatro na cama do Khouri. Aquilo me irritou muito, pois tínhamos pagado preço de primeira classe, o mínimo que merecíamos era um pouco de privacidade.

Sem perceber que estávamos vestindo roupas absolutamente ridículas aos olhos dos indianos – short e camiseta de corrida – e, para piorar, uma máscara de dormir levantada no meio da minha testa, saí para procurar o fiscal do vagão para reclamar da situação. Quando o encontrei e tentei argumentar, não sei se por conveniência, ele não falou em inglês comigo. Ele fazia gestos pelos quais me fez entender que não adiantava nada reclamar. Voltei para minha cama, e percebi que havia então quatro em vez de dois indianos sentados na minha cama, e uns seis na cama do Khouri. Tentei ainda uma última vez dormir, mas já não dava mais. Levantei novamente meu tapa olho até a testa, e percebi que além dos dez sentados, havia mais uns cinco ou seis em pé na entrada da cabine. Todos, repito, todos estavam me encarando em silêncio. Resolvi encarar um deles, com cara emburrada para ver quanto tempo ele aguentaria me encarar. Após mais ou menos um minuto, o pobre indiano desistiu, e abaixou os olhos. Que bom, tinha vencido pelo menos aquela batalha. Na próxima vez que eu lancei meu olhar para ele, lá estava ele me encarando de novo. Precisei de mais um minuto inteirinho para fazê–lo abaixar os olhos. Joguei a toalha, recolhi minhas pernas, e contei 17 indianos sentados conosco na cabine.

Quando chegamos à Agra fomos direto para a agência de viagens, pois no dia seguinte haveria mais um trem noturno, desta vez para Varanasi. Queria ter a certeza de que seria um vagão de primeira classe. Ali, eu descobri que na Índia, em vagão de segunda classe, o bilhete para dormir só é valido até o sol nascer. Depois, estava liberado para qualquer um se sentar. Eu simplesmente havia feito um papel ridículo com todos aqueles nossos companheiros de cabine.

Sobre Agra posso dizer duas coisas. A primeira é que tínhamos de ficar no hotel entre 10h e 16h, pela absoluta impossibilidade de nos mantermos vivos sob uma temperatura de 45 graus do lado de fora. Lembro–me bem que tomávamos um banho e colocávamos a toalha molhada em cima da cama para podermos nos deitar em cima dela. Sem a toalha molhada não dava nem para nos deitar na cama. A outra coisa é que vi o monumento mais espetacular de todos os que visitei até hoje: o Taj Mahal. O Taj Mahal dispensa apresentações, mesmo que por fotos, todos já o conhecem e sabem um pouco de sua história. O que mais me chamou a atenção foi a minha capacidade de me sentar e ficar no mesmo lugar, apreciando para aquela maravilha durante um tempão. Vale a viagem à Índia!

O próximo trecho de trem foi também atípico. Raj, dono da agência onde fomos buscar os vouchers, ficou sensibilizado com nosso relato sobre as viagens de trem e disse que ia garantir que nós pegássemos um trem de primeira classe. Para isso, Raj nos contou que havia um trem que saía de uma cidade próxima à Agra somente com vagões de primeira classe. E que nos levaria lá pessoalmente, para se certificar que teríamos de volta o que tínhamos pagado.

E assim foi. Chegamos a um local onde estrangeiros raramente eram vistos, fato que despertou a curiosidade. Depois de muita espera, descobrimos que havia acontecido um acidente com o nosso trem, portanto, ele chegaria com seis horas de atraso. Bem–vindo à Índia! Ofereceram uma opção: outro trem com somente vagões de primeira classe e que chegaria dali a três horas. Mas, esse trem não iria para Varanasi, e sim para uma cidade próxima, de onde poderíamos pegar um ônibus para o nosso destino. Como não havia alternativa, resolvemos aceitar a troca e esperar. Quando o trem chegou, vimos Raj discutindo com o fiscal, não conseguíamos entender bem o que estava acontecendo, mas não parecia boa coisa, pois o fiscal acenava negativamente. Raj nos disse para entrarmos imediatamente no trem que já estava saindo. E estava mesmo, pois nem deu nem tempo de agradecer a ajuda que ele nos deu. Ainda bem, pois rapidamente descobrimos que não havia lugar para nós naquele trem. Estava cheio! O fiscal, que não falava inglês, apenas apontava para o chão, e logo entendemos que ali seria o local onde passaríamos a noite.

O sentimento de frustração era enorme; eu não tinha condições emocionais para me deitar no chão do trem e dormir. Ao contrário de mim, o Khouri rapidamente puxou seu cobertorzinho da mochila, colocou-o sobre o piso do trem, se deitou, encostando sua cabeça na mochila e, aparentemente, adormeceu como uma criança. Eu fiquei sentado em um banquinho próximo à janela, olhando a escuridão do lado de fora, tentando me acalmar para poder também descansar um pouco. Afinal, seria a terceira noite em um trem em quatro dias. Quando já estava me acalmando, percebi uma barata, daquelas bem vitaminadas, saindo do banheiro, bem perto de onde o Khouri estava deitado, passando por mim e entrando em uma das cabines fechadas, pois era vagão de primeira classe. Logo apareceu a segunda, e aí eu me virei para a janela, e preferi apreciar a escuridão a ficar vendo aquela cena.

Mais ou menos 4h depois, o trem deu uma parada. Saltamos para comprar uma Fanta Laranja indiana e alguns biscoitos, itens que, mais ou menos, comíamos no dia a dia, fora as frutas. Quando voltamos ao trem, eu já estava mais calmo e muito cansado. Ignorei todos os meus instintos naturais, e pousei meu cobertorzinho ao lado do Khouri, me deitei ali mesmo, para um rápido cochilo. Foi uma batalha entre o cansaço e a repulsa por estar deitado naquele local. E não é que eu consegui dormir um pouco. Quando amanheceu o fiscal nos acordou, e nos direcionou para uma cabine onde duas camas tinham acabado de vagar. Pelo menos conseguimos dormir mais um par de horas na cama pela qual tínhamos pagado. No dia seguinte, disse ao Khouri que tinha uma coisa para contar sobre o trem. Ele me interrompeu e falou que se era sobre as baratas, ele já tinha notado desde o início, e não estava nem aí.

Não há muito a acrescentar sobre Varanasi, a cidade sagrada da Índia, principalmente depois da novela Caminho das Índias[8]. Além dos rituais de cremação dos corpos e do banho matinal dos indianos no Rio Ganges, para mim muito pior do que dormir naquele trem cheio de baratas, me chamou a atenção o trânsito da cidade: um caos maior do qualquer outro lugar do mundo. Aliás, sobre o Rio Ganges, só me lembro que ali são jogadas as vacas, as mulheres e, também, os doentes degenerativos, que não podem ser cremados. Os indianos, além de se banhar, escovam os dentes e até bebem daquela água dita sagrada. Mas não posso deixar de admitir que a experiência cultural foi marcante. Em tão pouco tempo, foi uma enxurrada de novidades para minha mente sobre cultura, alimentação, religião etc.

A viagem para a Índia foi propositalmente quebrada quando optamos por um breve deslocamento até o Nepal, já que Varanasi, nosso destino, fica bem próximo à fronteira. Com um voo curto, logo chegávamos à Kathmandu, capital do Nepal. Apesar de Kathmandu ser, naquela época, uma cidade suja, menos desenvolvida, sem qualquer infraestrutura, com ruas de terra e com montanhas de lixo por todo lado, a primeira impressão que tivemos foi que estávamos chegando ao paraíso. Primeiro, por dar de cara com um outdoor da Coca–Cola na saída do aeroporto – parecia uma miragem. Depois, por ter feito uma refeição com cara de comida ocidental em um restaurante, coisa que não acontecia há mais de duas semanas. Perdi sete quilos nessa viagem! Posso dizer que foi mais eficaz do que qualquer regime desses badalados.

Fora a tradicional visita aos templos, aos locais de interesse em Kathmandu e arredores, reservamos um *trekking* de cinco dias pelas montanhas. Fizemos essa reserva ainda no Brasil, pois diziam que lá no Nepal ficaria muito em cima da hora, fato que se revelou ser pura bobagem. Como fizemos a reserva no Brasil, o *trekking*, na verdade, era só para nós dois. Se tivéssemos esperado a chegada ao Nepal, teríamos nos juntado a outro grupo e talvez tivesse sido mais interessante. Nesse aspecto, um bom

---

[8] A novela Caminho das Índias, exibida pela Rede Globo de Televisão em 2009, mostrava as diferenças sociais e culturais entre a Índia e o Brasil.

guia de viagem poderia ter nos ajudado. Mas não importa, já estava feito, e lá fomos para o *trekking*, que saiu de Pokhara, cidade a uma hora de voo de Kathmandu. Éramos apenas eu e o Khouri de turistas, além do guia e dos carregadores.

Levavam as barracas, todo o utensílio de cozinha, alimentos etc. O incrível é que eles carregam um super peso, apoiado somente na testa. Como vivem disso, estão bem acostumados. Mas, era esquisito: nós cheios de saúde, andando carregando somente nossa mochilinha de mão e os nepaleses com todo aquele peso. Dava vontade de oferecer ajuda a eles. A rotina era a mesma, acordávamos na nossa barraca, fazíamos uma visita à barraca banheiro, que consistia apenas de um buraco cavado na terra, tomávamos café da manhã, saíamos para caminhar por duas ou três horas. Depois parávamos para o almoço, descansávamos enquanto a "cozinha" era embalada, e voltávamos a caminhar até a hora do chá das cinco. Depois do "jantar", era só apreciar às estrelas, ou fugir da chuva dentro da barraca. Todo dia podíamos sentir as quatro estações, pois o tempo mudava constantemente. No segundo dia, subimos bastante e foi bem cansativo, mas fomos premiados pela vista das montanhas altíssimas e nevadas. Um espetáculo!

O trecho mais longo desta viagem seria o próximo. Sair de Kathmandu, pegar quatro voos até chegarmos nas Ilhas Maldivas. Até então, não tínhamos nenhuma informação sobre este país, até folhear um livro em uma livraria de Kathmandu e descobrir que todos os turistas que vão lá já têm reservado um quarto em um dos 50 hotéis. Cada hotel ficava em uma ilha, exclusiva, isto é, não havia mais nada na ilha além do hotel. Quando chegamos, ficamos presos na imigração, pois não tínhamos reserva. Simulamos uma reserva em um dos hotéis da lista que nos deram e passamos. Mas, agora, o que deveríamos fazer? Todos os turistas eram esperados por barcos ou lanchas dos hotéis onde eles iriam se hospedar. E nós sobramos! Fomos com alguns moradores locais no barco do aeroporto, que ficava em uma ilha exclusiva, para a capital Malé, localizada na ilha em frente. Só que não tinha qualquer hotel por lá, apenas algumas agências de viagens, que àquela altura já estavam fechadas. Acabamos dormindo na casa de um pescador, pagando uns 20 dólares.

No dia seguinte pela manhã, fomos a uma agência de viagens e resolvemos a parada reservando algumas noites em uma ilha, a uma hora de lancha. Pesquisando na internet, vejo que hoje em dia há mais de 100 hotéis, sendo pelo menos 10 em Malé. Foram cinco dias incríveis, pena que com o Khouri – no bom sentido, pois naquele paraíso bem romântico o ideal é ir com esposa, noiva, namorada etc.

Voltamos para a Índia e por questões de horários de voos seriamos obrigados a pernoitar em Trivandrum, uma cidade que fica no extremo sul da Índia. Chegamos lá, e o *tourist information* estava fechado. Aliás nem sei se funcionava, pois aquele não era um local para turistas. No aeroporto, só entra quem vai viajar, portanto ele estava relativamente vazio, mas do lado de fora havia uma multidão, fazendo não sei o quê. O fato é que alguém teria que arranjar hotel e transporte, pois não poderíamos passar a noite ali. Deixei o Khouri no aeroporto com as mochilas e fui à luta. Primeiro tive que fingir que sabia para onde estava indo e, assim, segui reto, rasgando a multidão. Como na verdade não tinha a menor ideia do que fazer, acabei sucumbindo a um insistente motorista de *tuk–tuk*, que disse conhecer um hotel barato. Como no avião tinha ouvido falar de uma praia chamada Kovalan, fechei um pacote com ele de: transporte para o hotel + tour por Kovalan de manhã + volta para o hotel + ida para o aeroporto. Ofereci minha calça jeans usada, e ele disse que queria mais algumas camisas. Eu lhe disse que daria três camisas, mas somente na chegada ao aeroporto no dia seguinte. Chamei o Khouri, que ficou orgulhoso da minha negociação. Quando dei a calça para o indiano, ele imediatamente colocou–a no banco do *tuk–tuk* e se sentou em cima dela, com uma cara de satisfeito.

No dia seguinte, no horário combinado, ele estava lá nos esperando. Fomos visitar a praia, que achei meio sem graça, e depois ele nos levou para o aeroporto. Deixei o Khouri com ele e fui com as mochilas para a fila do *check–in*. O Khouri demorou mais de meia hora para entrar no aeroporto. Quando entrou, me contou que o motorista não tinha gostado das três camisas selecionadas. Nada feito! Uma multidão assistindo àquela negociação esdrúxula, e não é que o cara não aceitou mesmo as camisas. O Khouri então disse que pagaria o que estava no taxímetro, pois vimos que estava ligado desde a véspera e tinha o valor a pagar registrado. Mas, para concluir a negociação, ele disse que queria a calça jeans de volta. O motorista, então foi até a sua casa buscar a calça e, lá estava eu de novo com a calça, mas não tinha desistido de trocá–la por algo, o que acabou acontecendo em Mumbai, quando foi trocada por três pacotes de biscoito. Aliás, Mumbai já era um supermetrópole, cheia de contrastes; foi o único local na Índia onde vimos carros mais luxuosos, mas aonde vimos mais miséria.

A viagem foi finalizada com uma parada em Londres. Para os quatro dias que tínhamos, optamos por alugar um carro e, assim, fomos conhecer a Escócia. Uma mudança radical: um mês na Índia e Nepal e depois alguns dias no Reino Unido. A viagem foi realmente especial e inesquecível. Hoje, por suposto, seria totalmente diferente, pois além dos diversos guias de viagens existentes, há uma grande e diversa oferta de hotéis, restaurantes e serviços que não estavam disponíveis naquela época.

Vale destacar um detalhe interessante: o Leo, primo de uma antiga namorada, tinha ido morar na Europa, e depois de alguns altos e baixos, estava morando em Londres. Tivemos a oportunidade de encontrá–lo, e mal sabíamos que ele se tornaria um companheiro de viagem constante.

7. Três continentes em uma só viagem

Como continuava trabalhando na Petrobras, tinha sempre um mês de férias por ano, e aproveitava ao máximo. Minha primeira ida ao Oriente Médio foi 1989. Tinha como companheiros de viagem meus amigos Dauro, Henrique e Marcos. Começamos por Israel, onde ficamos uma semana rodando pelo país todo. Alugamos um carro, o que facilitou bastante nossos deslocamentos. Foi muito legal. Primeiro, fomos até o Mar Morto, onde a gente boia, devido à alta salinidade da água, é bem típico ir até lá. Dirigimos por todo o país e se naquela época, já era muito desenvolvido, imaginem agora. Fiquei muito bem impressionado com a quantidade de atrações legais e com a facilidade de se viajar por lá.

Também me impressionou ver jovens carregando metralhadoras penduradas no pescoço, inclusive quando tomavam cerveja em um bar. Um dia, perguntei a um deles, se não achava estranho viver em um ambiente assim tenso. Aí o israelense me perguntou onde eu morava e, quando me lembrei que morava no Rio de Janeiro, entendi que a gente acaba se adaptando à realidade de cada lugar e, consequentemente, passa a não se incomodar tanto com certas situações. Lembro–me bem que em Jerusalém, ficamos hospedados em um albergue dentro da Cidade Velha; quando anoitecia, o clima era pesado e não tinha muita gente circulando pelas ruelas. A situação por lá muda sempre, já houve épocas ainda mais tensas e outras mais tranquilas. Os carros alugados tinham uma placa especial, então já dava para saber que éramos turistas. Segundo muitos, na época, era uma questão de segurança. Não sei se ainda é assim hoje e nem sei se medida ajuda ou atrapalha.

No último dia, em Tel Aviv, depois de rodar mais de uma hora em busca de uma vaga de estacionamento, paramos nosso carro inadvertidamente numa vaga exclusiva para cadeirantes. Na volta tinha uma tranca na roda do carro, medida que para nós era uma surpresa pois nunca tínhamos visto. Era domingo, 22h, e tínhamos que embarcar na manhã seguinte de ônibus para o Cairo, no Egito. Fomos então pagar uma taxa para que eles retirassem a tranca da roda para que pudéssemos devolver o carro no dia seguinte cedo. Encontramos na locadora uma galera na mesma situação. Claro que todos estavam errados, mas me deu uma sensação estranha. Muitos reclamavam que estacionavam sempre naquele determinado lugar, que não em vaga para cadeirantes e nada acontecia. Eu me lembrei da "indústria de multas" que temos por aqui.

Chegamos ao Cairo e o ônibus nos deixou em um local longe do centro. Pegamos um táxi que nos levaria até o hotel já previamente escolhido, porém não reservado. O motorista simplesmente nos mostrou o cartão de visitas do Egito – dirigiu como um louco. O trânsito engarrafou, ele entrou em uma contramão, buzinava desesperadamente e reclamava dos outros que estavam na mão certa. Escolhemos uma época do ano de baixa estação e fazia um calor infernal.

Como íamos para Luxor e o trem para lá rodava dia sim, dia não, e aquele era o dia sim, nem ficamos no hotel. Tentamos deixar as mochilas no guarda volumes da estação de trem, pois íamos ficar somente um dia em Luxor. Mas, o guarda volumes estava fechado e, assim, tivemos que levar tudo conosco. Ainda bem que levamos toda a bagagem, pois o ar-condicionado do trem estava no máximo e, sem nossos casacos, teríamos congelado. O trem atrasou tanto (cinco horas) que ficamos com medo de pegar outro trem para voltar ao Cairo na noite seguinte, como era nosso plano. Decidimos comprar um bilhete de avião para voltar. Ficamos bem cansados, pois foi uma correria insana para visitar o Vale Sagrado dos Reis, os Templos de Luxor e de Karnak. À noite, fomos ver o show de luzes no Templo de Karnak e só me lembro do Dauro deitado e roncando, enquanto o show ainda estava no início.

Essa viagem rápida a Luxor ilustra como era meu estilo de viagem na época. Queria ver o máximo de lugares em um tempo reduzido e, assim, acabava não aproveitando tudo que tinha em cada lugar, era sempre muito corrido. Acho que cada um tem sua característica; eu sempre fui um pouco assim, nunca gostei de ter a sensação de estar perdendo tempo. Quando trabalhava para empresas, aproveitava todos os dias de férias viajando, nunca passava um só dia de férias em casa, sem fazer nada. Também não gostava de ter tempo sobrando nas viagens, por isso a constante correria. A não ser que o objetivo fosse mesmo ficar em uma praia ou lago, aí eu me conformava.

Do Egito fomos para a Turquia. Era o ano de 1989 e o filme "Expresso da Meia Noite" ainda estava fresco na nossa memória, mas não sabíamos que Istambul já era, naquela época, uma cidade cosmopolita que reunia aspectos de uma metrópole moderna. Tudo muito organizado. Depois de passar pelo Egito, esperávamos negociar o valor do táxi do aeroporto até o hotel com o motorista, mas ele disse que simplesmente tínhamos que pagar o que o taxímetro mostrava. Além de visitarmos Istambul, contratamos um tour que sairia de Ankara, a capital da Turquia, para a Capadócia.

Quando pegamos o avião de Istambul para Ankara, o Dauro ficou para trás, pois o bilhete dele não estava confirmado, estava em lista de espera. Ele acabou chegando lá somente após o almoço e, dessa forma, perdeu o passeio da manhã, ao memorial para Atatürk[9]. Como ele gostava muito de dinossauros, inventamos que tínhamos ido visitar um Museu de Dinossauros, e ele só descobriu que era brincadeira anos depois.

Depois da Turquia, fomos para a Grécia. Passamos por Mikonos, Paros e de lá fomos para Ios. Quem conhece Ios, sabe que é uma ilha voltada para baladas. Praia e balada, não há nada mais a fazer. A boa da noite era beber ouzo, uma espécie de cachaça grega com base no aniz. A gente botava sal na boca, depois bebia o ouzo e, por último uma rodela de limão para completar o serviço. Tinha tudo para dar errado. Encontrei, por coincidência, na praia o Marco Antônio, um amigaço brasileiro que eu não via há muito tempo, e que estava morando na Europa. Pura coincidência. E ele nos guiou pela noite de Ios. Tínhamos seis dias para visitar Ios e Santorini, que é a mais bonita de todas. Acontece que o Henrique e o Marcos foram para Santorini, e eu e o Dauro ficamos em Ios, por não conseguirmos deixar aquela festa.

Na última noite, bebemos tanto que passamos mal. A diferença é que passei mal na rua e fui roubado. Levaram meu cinto interno, com minha passagem, passaporte e todo o dinheiro. Eu me lembro que senti um mini puxão, mas não vi nada. Meu cérebro imediatamente ficou são, mas pena que meu corpo não me obedecia. Saí pela noite procurando o Dauro, e

[9] Atatürk, em turco, significa "pai da Turquia". Chamado Mustafá Kemal Paxá até 1934, Atatürk foi o criador da Turquia moderna.

não achava. Voltei para o nosso quarto, na vã esperança de que eu poderia ter deixado o cinto dentro da minha mochila. Abri a dita cuja no meio do quarto, tirei tudo de dentro e, claro, que não achei nada. Voltei para procurar o Dauro e nada. Passei no posto policial, mas estava fechado. Voltei então ao quarto, e vi o Dauro deitado, na porta do quarto. Ele estava tão mal quanto eu, mas não conseguiu nem abrir a porta do quarto. Praticamente foi arrastado por mim até sua cama. Eu fiquei na minha cama, pensando o que deveria fazer. No dia seguinte, pegaríamos o ferry boat de volta para Atenas, e na chegada iríamos direto para o aeroporto para pegar o voo para Dubrovnik, na então Iugoslávia, hoje Croácia. Sem passaporte e passagem! Dinheiro não seria problema, já que por graça de Deus eu tinha emprestado US$ 500 para o Dauro na saída do Brasil. De repente, o Dauro se levanta, senta–se na cama, e vomita muito. O único detalhe é que minha mochila ainda estava aberta no meio do quarto e metade do conteúdo foi parar dentro dela. Minha reação foi levar meu colchão para a varanda, e fechar a porta e a janela do quarto, deixando o Dauro lá dentro, semimorto.

Na manhã seguinte, fui ao posto policial dar queixa, mas me surpreendi com uma fila de turistas idiotas como eu, que também tinham sido roubados. Na minha vez, o policial abriu uma gaveta, e tirou uma pilha de passaportes, perguntando se algum daqueles seria o meu. Claro que não! Desisti. Parti então para o plano B. Primeiro liguei para a embaixada brasileira em Atenas. Falei com o secretário–geral da embaixada, que me disse para passar lá na terça–feira. Bem era uma sexta–feira, e a embaixada não abria no final de semana e nem na segunda–feira, já que seria eleição presidencial na Grécia. Eu expliquei para ele, já com a voz um pouco alterada que não tinha dinheiro para esperar por mais quatro dias. Ele me perguntou se eu sabia todos os dados do passaporte de cor, e pela primeira vez na vida minha memória me salvou. Sabia o número, data de emissão e de validade. Ele me disse para passar na casa dele no sábado pela manhã, e levar duas fotos 5x7. Pelo visto eu fui bem convincente. Só pediu para passar lá depois das 9h.

Próximo passo seria a passagem. Naquela época, não havia e–ticket e perder a passagem significava não embarcar. Liguei para minha mãe no Brasil, já que ela tinha emitido a passagem. Meu pai atendeu ao telefone, eu não falava com ninguém da minha família já tinha umas três semanas. Quando ele atendeu, eu pedi para falar urgente com minha mãe. Simplesmente ela demorou uns dez minutos para atender. Pô, dez minutos! Não importa, expliquei a situação para ela, que me disse que enviaria por telex (!?) uma nova passagem para a Alitalia, no aeroporto de Atenas. Só quando cheguei ao Brasil descobri o porquê dos dez minutos. Meu pai tinha sido operado de hérnia de disco e estava em uma cama de hospital no meio da sala. Minha mãe estava tomando café na cozinha e não ouviu o chamado dele. Resultado: ele teve que se levantar da cama e ir até a cozinha para chamá–la. E eu não sabia da cirurgia!

O último passo, que parecia o mais simples, era arranjar as duas fotos 5x7. Fui a uma loja de fotos, que anunciava fotos de passaporte. Mas fotos de passaporte fora do Brasil eram 3x4 e, portanto, não serviam. Comprei um filme de 12 fotos, voltei para o quarto para pedir para o Dauro tirar umas fotos minhas, aproveitando o fato de todas as casas serem bem branquinhas e fariam um fundo perfeito para a foto. Mas, me deparei com a cena do Dauro lavando a minha mochila em uma torneirinha no jardim, enquanto a dona da pousada grega entrou no quarto para arrumá–lo e quase teve um ataque por causa do cheiro do vômito. Foram horas com o quarto todo fechado, até que o Dauro acordasse do seu coma. Ela gritava em grego com o Dauro e ele respondia calmamente em português. Hilário!

Pedi a ele que tirasse umas fotos minhas com o tal fundo branco. Voltei à loja de fotos e solicitei uma revelação daquelas de uma hora. Fiquei sentado na porta da loja esperando e, quando eu vi o resultado, minha cara de susto e decepção me denunciou. As fotos tinham ficado horríveis. Em uma, eu aparecia quase de corpo inteiro, em outra da cintura para cima. Decidi comprar um filme de 24 fotos. Por sorte, o cara da loja se lembrou que eu tinha pedido as fotos de passaporte mais cedo. Expliquei que precisava de fotos 5x7 e ele me disse que tinha que tirar a foto mais de perto. E, assim, voltei a recorrer ao Dauro. Ele gastou todo o filme tirando fotos à queima roupa, com alguma parede branca ao fundo. Mas o sol fazia sombra e eu achei que ia estragar as fotos. Então tentava me inclinar para trás, para que não fizesse sombra, mas o sol ficava direto nos meus olhos. Um horror! A sorte é que pedi para o Dauro tirar as duas últimas fotos do filme dentro do quarto, com flash. Foram as únicas que prestaram. Guardei o passaporte para provar. As outras joguei fora, com vergonha de tanta lambança. Que falta fazia uma câmera digital.

O lado positivo desse caso é que eu e o Dauro ficamos bem populares na ilha. Todo mundo se lembrava de nossa alegria excessiva da véspera. Quando o ferry boat chegou à tarde, vindo de Santorini, o Marcos e o Henrique estavam lá e não acreditaram na história que contamos, principalmente por causa do meu ótimo humor. Não combinava com alguém que tinha acabado de perder mais de US$ 1.000. Naquela época, não havia cartões de crédito internacional e outras facilidades. Mas, o curso de controle da mente que tinha feito no ano anterior estava dando resultado. Não adiantava chorar pelos dólares derramados, ainda tinha pela frente uma semana de viagem, e não ia desperdiçá–la.

O ferry boat chegou em Atenas às 5h30 e lá fomos nós para a casa do secretário da embaixada. Ficamos na praça em frente do seu prédio até às 9h, horário combinado com ele. Ele atendeu à porta ainda meio sonolento. Que maneira de iniciar o feriadão, atendendo a um chato! Quando mostrei as fotos para ele, ele deu uma engasgada. Acabou de preparar o passaporte ali mesmo, na nossa frente e, depois me pediu 70 dólares. Eu o lembrei que todo meu dinheiro tinha sido roubado e, frente a isso, ele me alertou que o Itamarati iria me cobrar essa quantia quando voltasse ao Brasil. Esse fato ocorreu há mais de 30 anos e ainda estou esperando a cobrança.

Para completar a história, falta contar da minha chegada em Dubrovnik.

Eu tinha um passaporte estalando de novo, sem o visto da Iugoslávia, é claro. Logo na imigração me pediram para eu ir até uma salinha ao lado, onde me informaram que eu teria que pagar pelo visto. Eu perguntei quanto era e me responderam que custava 15.000 dinares. Caraca, com essa eu não contava! Perguntei então quantos dólares representava, e me responderam: "Menos que um". Isso mesmo, a taxa de câmbio era 17.000 dinares para cada dólar. Logo que encontrei o pessoal, o Dauro me mostrou um "tijolo" de dinheiro, e disse que tinha trocado apenas 50 dólares.

A lembrança dessa semana na Iugoslávia é muito boa. Ficamos boa parte do tempo no litoral, em Dubrovinik e, depois, na paradisíaca ilha de Hvar. Naquela época, Dubrovinik estava longe de ser a grande atração turística que é hoje e havia poucos turistas. Na volta, passamos pelo Parque Nacional de Plitvice e só no final estivemos em Zagreb (hoje capital da Croácia). Acho que Zagreb deve ter mudado nestes anos todos, depois do fim do comunismo.

8. Viajar na era pré-internet

Sempre gostei de planejar minhas viagens e sei que a gente deve lutar com as armas que tem. Até 1990, o único guia de viagens que eu conhecia era o *Let's Go Europe*. Eu o usei muito quando fui para a Europa em 1986. Minhas viagens posteriores foram todas sem guia. Era complicado chegar a um lugar sem saber onde dormiria e sem saber quais eram as opções de hotel, de restaurante etc. Às vezes, como foi o caso da Índia, já saía do Brasil com algumas dicas de hotéis, mas em outras nem isso. Era bem difícil. Pelo menos, quase ninguém reservava hotéis com antecedência, e a saída era tentar chegar cedo nos lugares, pois as chances de conseguir lugar para dormir aumentavam. Outra dificuldade era ter que visitar alguns hotéis antes de decidir, às vezes até tentar baixar o custo das hospedagens, barganhando um pouco.

Quando não tínhamos nenhuma dica de hotel, nosso ritual era basicamente o mesmo: ir até o *Tourist Information*, pegar o mapa da cidade, uma pequena lista de hotéis e nos dividirmos nas visitas aos hotéis. Depois nos reuníamos, trocávamos impressões e decidíamos para qual iríamos. Quando estávamos em cidades pequenas, este ritual funcionava melhor, pois os hotéis visitados sempre eram em uma distância pequena do *Tourist Information*. Em cidades maiores, a coisa complicava um pouco. Às vezes, tínhamos que escolher uma área da cidade para nos hospedar primeiro. De lá, sim, saíamos para a caça ao hotel

Mais um desafio que vivenciávamos: o câmbio. Além das diferentes moedas, cada país tinha uma maneira de trocar dinheiro. Em alguns, era necessário recorrer ao mercado negro e trocar na rua mesmo, em outros, era melhor ir a uma casa de câmbio, e em outros, a melhor cotação era no banco. O importante era saber qual opção era mais vantajosa. Como saber isso antes da viagem? Os lugares que eu visitava eram totalmente desconhecidos em meu círculo de amizades. Era sempre uma tensão enorme, especialmente quando mudávamos de país, pois juntavam as duas coisas, onde ficar e onde trocar dinheiro.

Outra coisa era decidir o que fazer nos diferentes locais. Para isso, era necessário primeiro saber quais eram as opções e a partir daí definir a logística das visitas. Em cidades maiores, devíamos separar os programas por regiões da cidade, para não perder muito tempo (e dinheiro também) em transportes. Infelizmente, acho que deixei de visitar algumas atrações ao longo desses anos por pura falta de informação. Descobri minha aptidão para logística nessa época, pois gostava de fazer os roteiros e sempre tive um bom senso de direção.

Tudo isso começou a mudar quando comprei os guias do Lonely Planet em 1990: um do Sudeste Asiático e outro da China. Eram dois guias enormes, pesavam muito, mas eram super necessários. Eu adorava ler o que eles escreviam, inclusive de lugares que eu não iria visitar. Na verdade, eu me sentia viajando para aqueles lugares. Ao mesmo tempo, servia para colocar alguns daqueles lugares na minha lista, ou até mesmo para excluí–los. Mas, como sempre fui muito curioso, excluir algum lugar da lista era mais difícil.

Quando a internet chegou, aos poucos fui mudando meus planejamentos, já que se tornou fundamental fazer reservas antecipadamente. No início, era suficiente reservar os hotéis, depois começou a ser necessário comprar alguns trechos de trem com antecedência. E, por fim, hoje é obrigatório reservar dia e horário para visitar a maioria das atrações, principalmente na Europa. Acabou aquela época quando se podia chegar à porta de um museu, comprar o ingresso e entrar. Na minha última visita à Barcelona, em 2023, eu comprei ingresso para visitar a Sagrada Família, com hora marcada. Chegamos lá com 25 minutos de antecedência e nos fizeram esperar a hora certa para entrarmos. Isso acabou completamente com qualquer flexibilidade no planejamento das viagens. Acho que a África é o único continente onde ainda se pode fazer isso. Simplesmente, não dá mais para querer ficar mais um ou dois dias em um lugar que adoramos, pois teríamos que alterar as reservas dos lugares seguintes, sem ter certeza de que conseguiríamos. Viajando em alta estação então nem pensar.

9. MBA – 1º ano

Depois de alguns anos trabalhando na Petrobras, decidi fazer MBA voltado para comportamentos organizacionais e marketing. Minha primeira ideia foi fazer no Rio de Janeiro mesmo, na Pontifícia Universidade Católica do Rio de Janeiro (PUC–RJ). Depois pensei que uma experiência de morar fora de novo seria interessante. Como já tinha morado nos Estados Unidos, decidi fazer o MBA na Europa. Nas minhas primeiras idas à Europa, achei o continente fascinante, cheio de história e culturas distintas. Mas, apesar de arranhar o francês e o alemão, e falar um portunhol macarrônico, a única opção era fazer um curso em inglês.

Depois de algumas consultas, descobri que o Governo belga estava oferecendo bolsas de estudo para estudantes de nações em desenvolvimento, o Brasil entre elas. Fui ao Consulado Belga no Rio de Janeiro e peguei as informações e formulários de inscrição na *Katholieke Universiteit Leuven*. Essa é uma das universidades católicas mais antigas do mundo, fica em Leuven, uma cidade universitária de aproximadamente 80.000 habitantes, dos quais aproximadamente 24.000 são universitários. Atualmente, esta é a maior universidade do país.

O sistema era muito burocrático: era preciso preencher formulários, colocar no correio, esperar de cinco a seis semanas para se ter alguma resposta. Só depois pediam mais documentos. Além disso, era preciso fazer uma prova do GMAT[10], que servia para várias universidades no mundo todo. Apurei que a bolsa pagava cerca de US$ 700 mensais, o que dava para custear a moradia, comida e, praticamente, nada de lazer. Viagens inclusive eram "proibidas" para os estudantes com bolsa. Além disso, descobri que o tempo na Bélgica era (e ainda é) horrível, chove muito. Tudo isso me levou a desanimar desse projeto e retomar a opção pela PUC– RJ.

Um tempo depois, encontrei Roberto Motta um colega de trabalho, hoje um bom amigo, na garagem da Petrobras. Paramos para conversar um pouco e ele me disse que estava em dúvida entre duas opções que tinha pela frente. Uma era um emprego no Banco Mundial, em Washington, que foi o que ele acabou escolhendo quando saiu da Petrobras. E a outra era um MBA em Leuven, onde ele tinha conseguido uma bolsa de estudos do governo belga. Poxa, era exatamente o processo que eu tinha iniciado e desistido. A partir daquele momento, decidi que iria fazer o MBA na Bélgica.

Alguns anos antes, tinha feito um curso sobre Domínio e Orientação

[10] O GMAT (*Graduate Management Admission Test*) é um exame utilizado para avaliar as competências analítica e de raciocínio quantitativo de candidatos a programas de pós–graduação em negócios.

da Mente com foco em sucesso. Uma das coisas que aprendi, e que nunca me esqueci, é que as pessoas precisam ter um objetivo claro para que possam correr atrás e conseguir atingi–lo. O que ocorre é que a maioria das pessoas não tem objetivos claros. Foi o que aconteceu comigo. A diferença em relação ao ano anterior é que, naquele momento, eu tinha decidido que faria o MBA na Bélgica.

Na primeira vez em que encontrei meu amigo Marcos Sobral, companheiro de trabalho na Petrobras, com quem compartilhei três das últimas quatro viagens, contei para ele o que tinha acontecido e que, como eu já tinha perdido o prazo para ir em 1989, iria reiniciar todo o processo para ir em 1990. Demonstrei tanta convicção que a sua reação foi dizer que queria ir junto. Ele pediu para lhe contar o que teria que fazer para se inscrever também. Fizemos a prova do GMAT juntos e, no fim, conseguimos a bolsa. Conversei com meu chefe na época, o Ricardo Iachan, um cara muito legal, que me sugeriu pedir uma licença sem vencimentos.

Começou aí um novo capítulo. Em 1990, o recém–eleito presidente Collor tinha prometido na campanha que iria cortar custos do governo e diminuir os funcionários das estatais. Por isso, mandou cancelar todas as licenças sem vencimentos. Quem estava de licença sem vencimentos certamente tinha outra atividade melhor, que pagava mais do que a Petrobras. Então, muitos desses funcionários pediram demissão. Só que tais demissões, como eram de funcionários de licença sem vencimentos, não representavam nenhuma economia para o Estado, apenas servia para que o governo anunciasse que tinha reduzido o número de funcionários públicos.

Para fazer o MBA em dois anos, eu precisaria dessa licença. Sem ela, teria que pedir demissão. Depois de muito pensar e debater com meu pai, que sempre foi um excelente conselheiro, resolvi correr o risco de pedir demissão e ter que procurar um emprego após o término do MBA. Marcos, por sua vez, me disse que não pediria demissão. Então fui comunicar meu chefe da minha saída. Ele ficou inconformado e foi buscar uma solução.

E achou! Descobriu um caso de uma engenheira que também tinha conseguido uma bolsa. Ela solicitou à diretoria executiva um abono de ponto, já que a empresa não teria nenhum custo durante o período do seu MBA, nem mesmo com o curso. E ela conseguira. Meu chefe pediu que eu fosse ao RH para pegar uma cópia do dossiê feito pela diretoria para a solicitação um abono daquele tipo.

De posse do dossiê, preparei um outro, muito parecido, somente alterando os dados específicos como meu nome, nome da universidade, datas etc. Marcos pediu para eu inserir o nome dele no dossiê e, na sequência, enviamos a solicitação para a diretoria executiva. Como não havia nada de irregular na solicitação, a análise pela diretoria foi feita e aprovada. Aliás, não havia motivo para não ser aprovada. Estaria cursando um MBA no exterior, sem qualquer custo adicional para a companhia. Então, como a própria empresa encarava isso como trabalho, manteríamos nossos salários, férias, 13º salário, enfim, todos os benefícios. Dessa forma, terminou a história na qual queríamos uma licença sem vencimentos e acabamos com um abono de ponto, que na prática era uma licença com vencimentos.

Com a aprovação, nos programamos para alugar um apartamento em vez de ficarmos no alojamento designado para nós. Na verdade, como a bolsa era destinada a estudantes de países em desenvolvimento, o alojamento pertencente ao governo estava incluso. Porém, se dava para ficar em outro local, seria melhor. Ficamos hospedados neste alojamento governamental na chegada. O banheiro e a cozinha eram coletivos e não havia qualquer tipo de discriminação. Quando eu voltava para o alojamento depois da aula, a sensação era que tinha gente cozinhando comida chinesa, mesmo quando a cozinha estava deserta e limpíssima. O cheiro da comida chinesa no ar era constante. Logo decidimos procurar um apartamento e em três semanas já estávamos em um apartamento alugado. O apartamento era meio afastado de tudo, do centro, da faculdade, dos bares e de onde os outros estudantes moravam. No primeiro semestre, tínhamos aulas somente às terças, das 14h às 20h, às quintas, das 15h às 21h, e no sábado pela manhã. Em nosso tempo livre sempre saíamos.

Como logo fizemos muitos amigos, quase todos estrangeiros, nos encontrávamos no Orient, um bar que ficava no Oude Market, praça central da cidade. O Orient era um bar frequentado mais por moradores e não tinha muitos estudantes. Às segundas feiras, havia um programa famoso na TV belga e a galera do programa ia para lá depois. Como nem tínhamos TV, não conhecíamos ninguém. Esse era nosso ponto de encontro quase que diário. Além de mim e do Marcos, Pedro, um espanhol, também frequentava o bar. Nem precisávamos combinar, era padrão irmos para lá todos os dias. Pude constatar que era verdade a informação de que na Bélgica chove muito. Se isso fosse impedimento para fazer qualquer programa, estaríamos ferrados. Então saíamos assim mesmo.

O meio de transporte usual era a bicicleta. Quando chegamos na Bélgica, nos informaram que precisaríamos de uma bicicleta. Naquela época só havia duas alternativas de se conseguir uma: ou se comprava uma nova, o que ninguém recomendava, ou se comprava alguma em leilão da polícia. O problema era que eles mostravam as bicicletas de longe e não dava para ver se estavam em bom estado e, certamente, a maioria não estava. O plano B era conseguir alguma na rua. Como o pessoal bebia demais por lá, muitos abandonavam as bicicletas no meio da rua. Às vezes estavam em perfeito estado, mas na maioria das vezes elas eram abandonadas quando tinham algum problema. Roda torta e até mesmo pneu furado eram motivos de abandono. Claro que também existiam os casos de "pegar emprestado" alguma bicicleta que desse bobeira. Eu mesmo "peguei emprestada" minha primeira bicicleta, que depois foi levada por alguém. E era assim que funcionava.

Foram os próprios belgas que me explicaram como funcionava o sistema. Marcos era mega paciente e tinha um código de conduta distinto. Ele se especializou em recolher bicicletas acidentadas para montar uma nova bicicleta, juntando peças aproveitáveis. Desenvolvemos uma capacidade de avistar bicicletas abandonadas de longe. A exceção foi quando ele soube que a namorada iria visitá–lo. Um dia voltando do bar depois de algumas cervejas, ele avistou uma bicicleta rosa que estava trancada com cadeado, mas não estava presa em nenhum poste. Em vez de simplesmente levá–la para casa, ele apenas a mudou de lugar. Assim, todo dia que passávamos por ela, ela continuava no mesmo lugar, até que ele concluiu que, já que o dono não iria mais buscá–la, ele poderia considerá–la abandonada. E finalmente a levou para casa.

A Bélgica foi parcialmente ocupada pelo Império Romano. Dentro desses limites, a língua oficial do país é o francês. Na outra parte, que não integrou a ocupação romana, fala–se o flamengo, um dialeto do holandês. Na capital, Bruxelas, as duas línguas são oficiais. Assim, um trem que parte de Ghent para Liege, sai da parte flamenga e qualquer anúncio feito dentro do trem é feito em flamengo. Quando ele passa por Bruxelas, os anúncios são feitos nas duas línguas. Na sequência, quando passa por Leuven, os anúncios são somente em flamengo. E quando chega em Liege, na parte francesa, os anúncios são feitos só em francês. Incrível! Leuven fica na parte flamenga, mas apenas a alguns quilômetros da linha imaginária que divide as duas partes. Dava para ir de bicicleta para a parte francesa.

Como Leuven ficava na parte flamenga da Bélgica, quando chegamos lá, nos matriculamos em um curso de flamengo, já que iríamos morar na cidade por dois anos. Logo desisti do curso por dois motivos. O primeiro era que o flamengo é muito difícil e cheguei à conclusão de que não seria útil para mim no futuro. Já tinha estudado alemão por três anos, conseguia fazer perguntas em alemão, as pessoas me entendiam, mas não conseguia entender suas respostas. O segundo motivo era que praticamente todo mundo na cidade falava inglês. Então, não poderia nem praticar o flamengo. No segundo ano, me matriculei nos cursos de italiano e francês, que foram bem mais úteis.

No primeiro ano do curso, eu, Marcos e Pedro formamos o núcleo do grupo de estrangeiros que saíam juntos. Havia ainda o Wayne, um canadense gente finíssima, o Jim, um americano superengraçado que adorava beber Duvel, uma das cervejas mais fortes. O Enrique, mexicano, também gostava muito de sair, mas sua namorada Marisa logo se mudou para lá e ele deixou de ser um assíduo integrante do nosso grupo. Eu e Enrique entramos em um time de futebol amador, o Kapheleke. Tínhamos jogos aos domingos pela manhã. O time era de uma cidade que ficava a uns 45 minutos de Leuven. Eu só ia jogar quando o Enrique podia, pois ele tinha carro. No inverno, era um problema acordar tão cedo para jogar naquele frio congelante. Só havia um jogador belga que falava inglês, os demais só falavam flamengo, então a comunicação era precária. Pelo menos, aprendemos muitos palavrões em flamengo.

Além dos amigos já mencionados, tinha a Deborah, uma norte-americana que estudava em Cornell e fazia intercâmbio na minha universidade. Ela se tornou minha companheira de viagem e melhor amiga. Antes que alguém tire qualquer conclusão precipitada, afirmo que a Deborah era apenas amiga e ainda é até hoje. Além dela, havia os brasileiros que estavam no segundo ano: Ricardo e Pedro, que era casado com Lydia, uma belga. Havia um outro brasileiro da nossa classe, Michael, que levou a esposa Silvia. Também tinha outro casal de mexicanos: Memo e Adriana. Eles adoravam uma festa. O belga mais assíduo era o Alex. Era muita gente e não vou listar todos aqui, pois ia ocupar algumas páginas. Mesmo aqueles que não tinham o perfil festeiro entravam na onda. Durante a semana, íamos sempre para o Orient, a não ser que rolasse uma festa em algum outro lugar. Nos fins de semana, nos encontrávamos na casa de alguém para uma resenha e, depois, se fosse o caso, íamos para um bar ou uma boate.

O sistema belga de ensino na época, não sei se é assim ainda, era bem diferente do nosso. Cada matéria tinha sua prova final no último mês letivo do ano, isto é, em junho. Algumas matérias do primeiro período faziam suas provas finais no período da Páscoa e outras só em junho mesmo. Os belgas diziam que não fazia sentido estudar de outubro, quando começava o primeiro semestre, até a Páscoa, quando havia algumas provas. Dessa forma, nesse período sem provas havia festas quase todos os dias. Só que eles, os belgas, iam para suas casas nas sextas–feiras e voltavam no domingo à tarde. Nos fins de semana, a cidade ficava para os estrangeiros e não estudantes.

Outra grande vantagem dessa renda extra que eu tinha foi a oportunidade de viajar. Isso foi crucial para mim. O objetivo principal desse projeto era o diploma do MBA, mas logo atrás vinha a possibilidade de viajar muito. Dessa forma, aproveitei cada oportunidade que tive, emendando feriados e até faltando às aulas, quando eu sabia que poderia recuperá–las na volta. Minha mãe me mandava do Brasil alguns *Eurail Pass* que ganhava como comissão por vendas efetuadas, e isso me possibilitava passear pela Escandinávia, Leste Europeu etc. Sendo a Bélgica um país bem central, dava para passar um final de semana aqui, outro ali, emendar um feriado acolá. Além dos três meses de férias já mencionados entre o primeiro e o segundo anos, aproveitei cada oportunidade que aparecia para escapulir.

Fiz uma viagem para Nova Iorque para comprar um computador e uma impressora, essenciais para os nossos estudos. Sim, era mais barato comprar a passagem para Nova Iorque, somar os gastos com hotel, comprá–los por lá, do que fazê–lo na Bélgica. Depois de fazer as contas, tínhamos que decidir quem iria fazer a viagem. O Marcos logo abriu mão. Lá fui eu com essa missão ingrata. Cheguei à Nova Iorque em uma sexta–feira à noite e, por coincidência, minha irmã estava lá à turismo. Por conta da minha saudade, e por ser minha primeira vez em Nova Iorque, resolvi gastar meu sábado com ela e meu cunhado. Visitamos as Torres Gêmeas, Empire State etc.

Só no domingo, fui pesquisar o computador. Na segunda loja, vi um na vitrine com preço atraente que viabilizava a operação. Decidi comprá–lo junto com a impressora. O indiano que me atendeu pediu um depósito e disse para eu passar lá no dia seguinte, que estaria tudo pronto e embalado para minha viagem de volta, que seria na terça–feira pela manhã. Isto é, não havia margem para erros. No dia seguinte, passei lá e realmente estava tudo embalado. Porém, meio desconfiado, pedi para o indiano abrir as caixas e ligar tudo. Descobri que o computador que estava levando não tinha o HD. Imagina se tivesse descoberto isso só lá na Bélgica. Ele disse que não havia outro em estoque e a solução que eu dei foi pegar aquele que estava na vitrine, já que não haveria tempo para buscar em outras lojas. Deu tudo certo e o computador funcionou perfeitamente por anos. Ufa!

A viagem seguinte foi para a então União Soviética. Visitamos Leningrado[11], que ainda se chamava assim, e Moscou. Fomos para lá em uma excursão belga: eu, Marcos e Deborah. Ela se mostrou uma ótima companhia de viagem, tinha os mesmos interesses que os nossos e topava qualquer programa. Um dos objetivos de Deborah nesse intercâmbio era viajar o máximo possível. Fiz várias viagens com ela. Ela era uma companhia de viagem muito melhor do que muitos amigos meus, sempre de bom humor e sempre disposta às aventuras e roubadas. A guia dessa excursão era belga e eu conseguia entender boa parte do que ela falava, mas a Deborah não falava uma palavra de francês. Marcos, por sua vez, acabou salvando a pátria, pois sabia muito mais francês do que eu. Como ele traduzia tudo para a Deborah, acabei pegando uma carona e entendendo tudo.

Essa viagem foi uma experiência inesquecível e irreplicável, pois o período soviético se foi, para o bem e para o mal. O fato é que pudemos experienciar a União Soviética como ela era, com filas para alimentos, com brinquedos em prateleiras de comidas nos supermercados. E pudemos assistir bem baratinho ao Balé Bolshoi e ao Circo de Moscou. Foram duas atrações sensacionais.

Eu me lembro bem que, em Moscou, tivemos a última tarde livre e, depois de seis dias só comendo comida russa, tínhamos a oportunidade de comer no McDonald's local. Já havia Pizza Hut em Moscou, mas essa só aceitava dólares, por isso só era frequentada por estrangeiros e ficava vazia a maior parte do tempo. Já o McDonald's resolveu abrir um restaurante, que na época era o maior do mundo, na famosa *Pushkin Square* e cobrava

---

[11] A cidade russa teve vários nomes ao longo da sua história. Foi chamada de São Petersburgo de 1703 à 1914, depois foi renomeada Petrogrado durante a Primeira Guerra Mundial, mudou de nome para Leningrado em 1924 (homenagem a Lenin), retornando ao nome original por plebiscito em 1991 após o fim da URSS.

em rublos. A guia nos deu a dica sobre qual estação de metrô tínhamos que descer. E lá fomos nós.

Nesse dia, nevava bastante e as ruas estavam cobertas de neve. Quando chegamos, nos deparamos com uma fila enorme do lado de fora do McDonald's. Mesmo sendo o maior do mundo, o restaurante estava lotado. Ficamos uns 15 ou 20 minutos do lado de fora, debaixo de neve, até conseguirmos entrar. Eu me lembro bem que pedi uma McOferta com Big Mac, batatas fritas e Coca–Cola e um Sundae de sobremesa pelo valor total de US$ 0,65. Por isso que ficava bem cheio.

Achei Leningrado maravilhosa, cheia de atrações. Pretendo um dia retornar lá com a família. Já Moscou não é tão espetacular como Leningrado, mas a Praça Vermelha para mim supera qualquer atração de Leningrado. É simplesmente deslumbrante.

Um mês depois, estávamos nós dois – eu e Deborah – no Marrocos por uma semana. A viagem foi rápida, mas intensa. Imaginava o Marrocos bem quente, com aquele calorão do deserto. Nem queria levar meu casacão, para não ter que carregá–lo durante a viagem. Era dezembro e na Bélgica estava nevando. Então, tive que levar um casacão de inverno comigo, se não chegaria congelado ao aeroporto de Bruxelas. Sorte minha tê–lo levado porque foi usado quase todos os dias no Marrocos. À noite fazia um frio de quase zero grau. Não fui propriamente ao deserto, mas em Marrakech e Fez fazia muito frio à noite. Decidimos depois fazer um *trekking* nos Atlas, uma cadeia de montanhas, e lá quase congelamos. Marrakech é fascinante, principalmente a praça central de sua Medina, chamada Jemaa el-Fnaa, onde tudo acontece. À noite vira um formigueiro humano. Superinteressante!

Fez é um dos lugares mais espetaculares que já visitei. Sua Medina nos transporta para os séculos XIII e XIV. Tudo está do mesmo jeito. Imagino que agora, com celular e internet, tenha mudado um pouco, mas em 1990 foi como me senti. As ruelas são muito estreitas, o transporte de mercadoria feito em burricos, os trajes são bem típicos, sem querer parecer turístico. É tudo autêntico. O que atrapalha são os jovens que ficam procurando turistas desavisados para oferecer serviços de guia. Eles são insistentes, capazes de seguir os visitantes por horas e tentando vencer pelo cansaço. Em Fez, sabendo disso, entramos por uma porta lateral da Medina e pudemos passear sem sermos importunados. O problema é que nos perdemos várias vezes lá dentro, o que faz parte do pacote.

Além de Marrakesh e Fez, fomos até as montanhas Atlas, conforme comentei. Chegamos à cidade de Asni, um vilarejo perdido no mapa. O vilarejo é tão pequeno que ficamos na única pousada que havia e que tinha apenas um quarto, com vários beliches. Fazia tanto frio, que a solução deles era uma lareira improvisada. Assim, o quarto era todo enfumaçado, um verdadeiro perigo. De lá, muitos fazem *trekking* pelas montanhas; mas era inverno e não tínhamos roupas adequadas. Além do mais, quando acordamos no dia seguinte, chegou um grupo que estava descendo das montanhas, vindo de um *trekking*. Um dos rapazes estava com os dedos de um pé congelados e foi levado direto para um hospital. Decidimos caminhar pelas cercanias de Asni, apenas apreciando a linda paisagem. Em 2023, houve um terremoto nessa área e temo pelo que aconteceu em Asni.

Sempre no fim de janeiro, havia uma semana de folga entre o primeiro e o segundo semestre letivo. A universidade sempre organizava uma ski trip. No primeiro ano, fomos de ônibus para a Itália. Imaginem a bagunça de 40 pessoas em um ônibus e uma semana esquiando. No segundo ano, fomos para a França. Mais bagunça ainda!

Na Páscoa, foi programada uma semana de provas e tivemos três provas finais. A universidade reservou uma semana para estudos antes dessas provas. Então, aproveitamos essa semana livre para irmos ao Leste Europeu com o *Eurailpass*. Pegamos um trem para Budapeste, depois fomos para a Polônia, onde visitamos Cracóvia, Auschwitz e Varsóvia. De lá, mais alguns dias em Praga. Era 1991 e ainda havia resquícios da Cortina de Ferro[12]. Foi bem

[12] A Cortina de Ferro foi a denominação dada por Winston Churchill, em 1946, para caracterizar os países europeus que ficaram sob a influência da União Soviética após o fim da Segunda Guerra Mundial.

interessante. Hoje esses lugares estão bem mais desenvolvidos para o turismo. São experiências distintas, cada qual com suas vantagens e desvantagens.

Quando voltamos, ainda tínhamos um tempinho para estudarmos para as provas e nos saímos bem. Após as provas, eu e Marcos tínhamos 12 dias para viajar e um *Eurail Pass* no bolso. O destino foi a Escandinávia. Como já tínhamos viajado muito e não queríamos gastar muito dinheiro, resolvemos usar o passe para pegar trens noturnos e, assim, não pagaríamos para dormir. Saímos da Bélgica direto para Copenhagen e chegamos lá meio baleados pela noite mal dormida. Passamos o dia perambulando pela cidade, até pegarmos o trem noturno para Oslo. Chegando à estação de manhã cedo, logo entramos em um trem para Bergen, que fica na costa oeste da Noruega. A viagem é linda. Era início da primavera e ainda tinha bastante neve. Em Bergen, fomos recebidos pelos sogros do irmão da Marisa, nossa amiga mexicana que morava na Bélgica. Eles nos hospedaram, nos levaram para beber e no dia seguinte demos uma volta pela cidade, que é uma graça. Depois nos levaram para a estação de trem.

De lá, pegamos um trem para Myrdal e ali um ônibus para descer a montanha até Flam, uma cidade pequena no fim de um fiorde. Fizemos um passeio de barco pelo fiorde e retornamos para Myrdal, onde pegamos um trem (adivinhem, noturno!) para Oslo. Nem preciso dizer que o passeio foi maravilhoso.

Chegamos à Oslo pela manhã, tomamos um bom banho na estação de trem. Banheiro era limpíssimo! Revigorados, partimos para conhecer Oslo. À noite, mais um trem noturno, dessa vez para Trondheim. Passamos o dia por lá, nessa cidadezinha, que na época devia ter um pouco mais de 100.000 habitantes. De lá, mais um trem noturno para Narvik, a estação de trem mais ao norte da Noruega, já dentro do Círculo Polar Ártico. Narvik ficou famosa na Segunda Guerra Mundial por uma batalha que foi ganha pelos aliados. Segundo alguns estudiosos, essa batalha teria mudado o rumo da guerra. A cidade é mínima, sem grandes atrativos. Fomos para um hotel e simplesmente dormimos por 14 horas seguidas. Depois de acordar e passear um pouco pela cidade, embarcamos em um trem para Estocolmo. Foram 1.500 quilômetros e 20 horas dentro do trem.

Em Estocolmo, resolvemos ir até Helsinki já que nosso *Eurail Pass* dava direito ao ferry boat entre essas cidades. Diariamente, o ferry boat saía às 18 horas e chegava à Helsinki às 6 horas. Assim, passamos o dia em Helsinki e pegamos o mesmo ferry de volta para Estocolmo. Interessante é que os suecos pegavam este ferry somente para comprar bebidas alcoólicas e cigarros, pois quando o ferry está em alto mar, ele funciona como duty free. Tinha também um cassino e boate, e tivemos a impressão de que nós éramos os únicos no ferry que dormiram naquela noite. No dia seguinte, quando retornamos ao mesmo ferry depois de passar o dia visitando Helsinki, nos deparamos com a maioria dos passageiros dormindo, isto é, estavam se preparando para mais uma noite de jogatina e balada.

Como Estocolmo é muito linda e tem muita coisa para visitar, dormimos em um albergue, que ficava dentro de um barco. No dia seguinte, mais um trem noturno, dessa vez para Hamburgo. De lá, um trem para a Bélgica. Assim, nossa viagem terminou com duas noites de hotel, uma noite na casa dos noruegueses, sete noites em trens e duas no ferry. Um programa de gosto duvidoso, mas que valeu muito à pena. Naquela época, conhecer a Escandinávia gastando tão pouco era uma oportunidade a não ser desperdiçada. Mas, jamais faria outra viagem parecida como essa.

Na prática, essas semanas livres para estudar permitiam que tivéssemos muito tempo livre para descansar, combinar de almoçar, conversar e beber cerveja à noite. Mesmo assim, estudávamos de duas a três horas por dia. Por isso, decidia viajar e na volta estudava de verdade. A prova de que fiz o certo (para mim, pelo menos) é que me formei com distinction nos dois anos, isto é, entre os melhores da turma.

A última viagem no primeiro ano foi na semana livre que tivemos antes do início das provas finais em junho. Consegui juntar três norte–americanos e fomos à Grécia para aproveitar as praias de Santorini e Ios. O engraçado é que quando nos encontramos no aeroporto, eles tinham uma mochila extra, cheia de livros. Eu perguntei: "Pra quê esses livros?". Eles disseram que iam estudar durante a viagem, e eu ri. Claro que nem abriram os livros durante uma semana, carregaram peso à toa. Meu primeiro ano estava concluído.

10. Companheiros

É claro que existem vários tipos de companheiros de viagens. Cada um com seu perfil, possibilidade financeira, tempo, liberdade e prioridade de destino. A questão monetária é relevante. Por motivos óbvios, por mais econômicas que algumas viagens sejam, o custo de transporte às vezes não fica barato, principalmente nas viagens internacionais. Tempo é outro fator delicado. Muitos não têm férias coincidindo com as minhas ou, se têm, não querem dedicar tanto tempo às viagens pouco convencionais. Quanto à liberdade, alguns deles são casados como eu, mas têm em casa um anjo que se transforma em pitbull quando seus maridos as consultam sobre a possibilidade de embarcar em alguma das minhas aventuras. Há também prioridades de destino, pois não é qualquer um que, tendo as outras três condições superadas, queira visitar a Romênia, Bulgária, Uzbequistão etc.

Não quero entrar no detalhe de cada uma delas, mas é sabido que, quanto maior o número de companheiros em uma viagem, menor a chance de conhecer novas pessoas, uma vez que grupos grandes tendem a se fechar. Não posso deixar de admitir que, por outro lado, há vantagens significativas. Grupos grandes tendem a ser mais divertidos. Você pode trocar de vizinho em trem, ônibus ou avião a cada dia e, em certas situações, fica mais barato dividir alguns custos. Mas, há o problema de fazer um roteiro que agrade a todos, tomar decisões no dia a dia que minimize a chance de alguém ficar de cara amarrada. Digo isso por experiência própria. Já fiz muitas viagens sozinho, muitas em dois, várias em três, outras em quatro, e assim por diante, até chegar a um grupo de oito pessoas (lembram daquela na Europa?)!

Não posso deixar de mencionar o que se passou antes da minha viagem de três meses para a Ásia. Eu morava na Bélgica e entre o 1º e o 2º ano, se passasse em todas as matérias direto, teria três meses de férias. Era a situação ideal para retornar à Ásia. Dessa vez, sem as restrições de tempo e sem o roteiro engessado, com passagens de trens e avião já compradas para trechos intermediários.

Três meses são 90 dias. Nunca tinha viajado mais do que 30 dias direto. Fiquei com a impressão de que poderia passear por todos os lugares da Ásia que tivesse vontade e ainda sobrariam mais alguns dias para relaxar. A verdade é que quando você coloca seu roteiro no papel, contando o tempo gasto no transporte e para visitar cada local, vê seu cronograma sendo rapidamente engolido por longas viagens de ônibus e trens, que às vezes tomam quase todo o dia. Além disso, há o tempo gasto para a troca do dinheiro, para procurar lugar para dormir e pesquisar como chegar aos lugares já escolhidos para visitar, além do tempo de espera para algum programa ou compromisso com hora marcada, como por exemplo: um trem que só sai à noite. Vamos lembrar que em 1991 não havia internet. Então, os guias do Lonely Planet serviam como fontes de informação, mas não dava para fazer reservas de hotéis como se faz hoje com dois cliques no celular.

Tive a ajuda do Mark, um belga quarentão na época, mochileiro até a alma. Ele teve a sorte de ter sido mochileiro nos anos de 1970, uma época em que se podia visitar sem problemas o Iraque, Irã, Afeganistão, Argélia e outros locais "vetados" ou "não recomendados" ao turismo atual. O cara já conhecia o mundo todo, sabia tudo de tudo e, melhor ainda, tinha tudo anotado. Como eu, adorava conversar sobre viagens.

Comprei um guia do Lonely Planet do Sudeste Asiático e outro da China e fui montando meu roteiro. A cada dois ou três dias, eu aparecia no seu trabalho, uma agência de viagens, com minha lista de perguntas às quais ele respondia com o maior prazer e com brilho nos olhos. Às vezes, o negócio ficava mais sério e só dava para continuar o papo tomando uma cerveja Hoegaarden gelada após o seu expediente.

Deste modo, meu roteiro foi tomando forma. Minha premissa era de comprar uma passagem só de ida para Bangkok. De lá, iria descendo pela Malásia, Indonésia, até chegar em Hong Kong. Depois, queria viajar pelo interior da China até Pequim. E, finalmente, pegar o trem Transiberiano até Moscou, viagem que durava seis dias. De lá para a Bélgica seria "um pulo" – dois dias de viagem. Outra premissa lógica para se fazer esta viagem era de ir sozinho. Não queria ninguém para me segurar. Caso quisesse dar meia volta, mudar o roteiro, ou simplesmente ficar em um determinado lugar mais tempo do que o previsto, poderia fazê–lo sem ter que pedir autorização nem convencer ninguém. Perfeito! Ou quase perfeito! Soube que dois velhos companheiros de viagem que moravam no Brasil – Khouri e Dauro – tinham na melhor das hipóteses um mês de férias para tirar. Mandei o roteiro para eles por carta (naquela época não havia e–mail). Pensei: quem sabe eles poderiam se juntar a mim em algum trecho da viagem? Khouri respondeu prontamente que adoraria ir, mas não tinha férias para tirar. O Dauro nem se deu ao trabalho de me responder.

No primeiro ano do meu MBA, tinha aulas três vezes por semana. Além do tempo dedicado ao estudo, tínhamos espaço suficiente para sairmos quase todas as noites, degustarmos o que a Bélgica tem de melhor: a cerveja. Em uma dessas saídas, Alex, um belga típico, pediu para participar da minha aventura. Disse a ele que haveria uma condição: que eu poderia me separar dele a qualquer momento, até mesmo no segundo dia de viagem, caso decidisse assim. Ele topou prontamente e dessa forma éramos dois a viajar.

Na volta da viagem que fizemos ao Marrocos, a Deborah disse que teria dois meses de férias no verão antes de começar a trabalhar e pediu para participar da viagem para a Ásia. Disse a ela o mesmo que havia acordado com o Alex. Ela concordou. Então, falei com ele que também concordou. Já estávamos em três naquele momento.

Marcos, o amigo brasileiro que morava comigo, tinha uma namorada no Brasil havia seis anos. Ele prometeu a ela passar seus três meses de férias no Brasil. Por isso, nem tinha sido cogitado na viagem. Porém, com o verão se aproximando e todos fazendo planos diversos, Marcos foi ficando apreensivo. Poucas semanas antes das férias começarem, ele decidiu passar três semanas no Brasil com a namorada e "aproveitar" o resto das férias se juntando ao nosso grupo. Até hoje não sei se ele me pediu para se juntar ao grupo por querer mesmo fazer esta aventura ou se juntou porque todos os outros amigos já tinham planos fechados. Fato é que não poderia dizer não ao seu pedido. Além disso, o Marcos é uma excelente companhia de viagem, inteligente, espirituoso e foi um grande parceiro em todo o primeiro ano. Assim, não passou pela minha cabeça não o incluir na viagem. Somente comuniquei ao Alex e a Deborah o ocorrido. Dessa forma, éramos quatro contando comigo.

Seis dias antes da partida, liguei para casa de meus pais. Era meu aniversário e queria conversar com eles antes de iniciar a viagem. Naquela época, uma ligação internacional era caríssima e eu não sabia quando seria a próxima ligação para eles. Qual não foi minha surpresa quando minha mãe me disse que o Dauro, aquele que não tinha nem me dado satisfação, tinha estado na agência dela naquele dia e comprado a passagem de avião para me encontrar na Tailândia. Ele ficaria 30 dias, e de Bali voltaria para o Brasil. Fato consumado. Com que cara eu daria a notícia para os outros três?! Onde estava aquele sujeito cheio de premissas e condições? Como explicar que em uma viagem planejada para se fazer sozinho havia tanta gente incluída? Tive que botar o rabo entre as pernas. Naquele momento, éramos cinco no grupo.

Hoje posso afirmar que, com o avanço da idade, poucas pessoas me aturariam como companheiro de viagem, pois a gente vai pegando manias, opiniões e convicções que, em uma convivência 24 horas por dia, acabam se transformando em desgaste. Aí corremos o risco de transformar uma amizade em uma ex–amizade. Considerando tudo isso e mais as restrições já descritas, acabei viajando muito com o Leo, o Fabrício, o Guilherme (esses últimos dois ainda não mencionados até agora) e às vezes com o Khouri. O pobre do Marcos, além de me aturar como companheiro em quatro viagens, ainda morou comigo por dois anos na Bélgica. Merece uma medalha por ter me aturado tanto tempo. Mais do que ele, só a santa da minha mulher. Mas isso é assunto para depois.

11. De volta à Ásia – 1991

Bangladesh

A tal viagem de três meses começou com um voo de Amsterdam para Bangkok, que era o meio mais barato para se chegar ao Sudeste Asiático naquela época. A companhia aérea era a Biman, de Bangladesh. Informei–me em Bruxelas sobre como tirar visto para Bangladesh, mas, era impossível consegui–lo em prazo razoável, além das inúmeras burocracias envolvidas. Desistimos do visto e consequentemente de visitar o país. O voo fazia conexão em Dhaka, capital de Bangladesh. Quando chegamos lá, descobrimos que teríamos de trocar de avião e o segundo avião era menor do que o primeiro e, obviamente, muita gente ficou de fora do segundo voo. Além de nós, havia um grupo de quarenta holandeses que ficaram de fora do voo. Certamente, eles não estavam nem um pouco felizes com o episódio. Eu tampouco estava feliz até o momento que ouvi o barulho da ficha caindo. A empresa ia pagar alimentação, hotel e transfers. No dia seguinte, nós pegaríamos o mesmo voo. Moral da história: um dia grátis para conhecer a capital de Bangladesh, sendo que nem o visto foi necessário tirar.

O curioso é que assim que nos instalamos no hotel, saí com o Alex e a Deborah (o Dauro e o Marcos iriam nos encontrar uns dez dias depois na Tailândia) para um passeio. Como parecíamos ser os únicos turistas na cidade (e provavelmente no país), nos tornamos o centro das atenções da população local. Enquanto negociava um *tuk–tuk* que nos levasse a conhecer algumas das atrações da capital, alguns holandeses me pediram que negociasse para eles também, pelo mesmo preço. O valor era irrisório, menos de um dólar para passar toda a tarde com o guia/motorista à nossa disposição.

Durante o passeio, ficou claro que éramos mesmo os únicos turistas na cidade. Por onde andávamos, rodas de gente se formavam ao redor da gente, principalmente por causa dos holandeses e do Alex, que tinha mais de 1,90 metro de altura e cabelo loiro, quase branco. Foi muito interessante ver que um dos povos mais pobres do mundo conseguia ser genuinamente feliz no dia a dia. As pessoas tinham sorrisos estampados nos rostos por nada e aquilo realmente chamou minha atenção.

No final do passeio, sensibilizado com as condições do povo e do nosso guia, resolvi pagar mais. Estava envergonhado por pagar menos de um dólar. Os holandeses não quiseram nem ouvir os meus argumentos, pagaram o que tinham combinado e me deixaram com todos os guias/ motoristas na porta do hotel pedindo mais dinheiro. Que ironia!

Tailândia

Esse trecho da viagem merece registro pelo *trekking* de três dias que fizemos pelo norte do país. De Bangkok fomos de trem para Chiang Mai, maior cidade do norte da Tailândia. De lá, partimos para o *trekking*. Na primeira noite, dormimos em uma aldeia indígena e foi bem legal. No segundo dia, andamos muito e parte do dia foi no lombo de elefantes. Naquela época, era perfeitamente aceitável fazer esse tipo de programa com animais. Dormimos em barracos feitos com palha na beira de um rio. No último dia, fizemos *rafting* em canoas de bambu. Tudo muito turístico mesmo.

Ficamos na Tailândia por quase três semanas, aproveitando também Bangkok e as ilhas de Koh Samui e Pukhet, no sul. Foi lá que Marcos e Dauro se juntaram a nós. A chegada deles também vale um registro. Em uma época em que não havia internet nem celular, como marcar um encontro na Tailândia com duas pessoas que iam chegar de outro país em datas diferentes? A resposta mais simples era esperá–los em Bangkok. Mas, esta ideia estava fora de cogitação. Já que tínhamos visto tudo o que importava em Bangkok, fomos para o norte e, em seguida, para o sul. Nosso destino era Koh Samui, uma ilha ao sul. Ela era bem turística, mas muito legal: bangalôs na beira da praia, muitos jovens, agitação noturna. Enfim, um local ideal para passar alguns dias.

Antes de sair de Bangkok, escolhi no meu guia um hotel qualquer em Koh Samui e fiz um bilhete para o Dauro. Nesse bilhete, coloquei uma lista de atrações que ele deveria visitar em Bangkok. Coloquei também dentro do envelope uma passagem (comprada por mim) de um ônibus noturno que ele deveria pegar para Ban Don na mesma noite da sua chegada, o local de onde se parte de ferry–boat até Koh Samui. Na chegada em Koh Samui, ele deveria ainda pegar um taxi até o hotel escolhido. Deixei o envelope em nome dele na recepção do hotel onde eu estava hospedado em Bangkok. A esperança era que tudo desse certo. Liguei para ele no Brasil e disse para ir do aeroporto de Bangkok para esse hotel, pegar o envelope e seguir as instruções.

Fiz as contas para saber o horário que o ônibus deveria chegar à Ban Don, do ferry que ele deveria pegar, do táxi que também pegaria após a chegada do ferry e, já na ilha, até o hotel escolhido (que não foi onde ficamos). Nesse dia, acordei cedo, às 8h30, e fui para o hotel. Cinco minutos depois, ele apareceu conforme o planejamento. Incrível! Parecíamos duas crianças dando gargalhadas por várias razões. Eu de alívio, pois se o planejamento tivesse dado errado, nem sei o que iria fazer. Ele também de alívio, pois se eu não tivesse lá, ele também não tinha ideia do que faria.

Mas o clímax da viagem estava por vir. Como o Marcos chegaria alguns dias depois, calculei que não estaríamos mais em Koh Samui e sim em Pukhet, mais ao sul. Ainda em Bangkok, preparei um outro envelope, esse com o nome do Marcos, com instruções para ele nos encontrar em Phuket. Como a ilha é muito grande, escolhi como ponto de encontro o posto dos correios. Deixei também uma passagem de ônibus para ele ir ao nosso encontro em Phuket.

Acontece que estávamos gostando tanto de Koh Samui, que decidimos ficar mais tempo. Tentamos ligar para o hotel de Bangkok na manhã que o Marcos estaria na cidade e teoricamente ficaria hospedado lá. Queríamos avisá–lo para nos encontrar em Koh Samui e não em Pukhet. O recepcionista que atendeu ao telefone no hotel em Bangkok não falava bem inglês e não conseguimos encontrar o Marcos. Então, eu e Dauro partimos para Pukhet. Estava tão bom em Koh Samui que o Alex e a Deborah decidiram ficar por lá e nos encontrar em Penang, já na Malásia, alguns dias depois. Fizemos o mesmo procedimento, isto é, escolhemos um hotel aleatório em Penang, para nos encontramos. Coisa da era pré–internet.

Depois do ferry de volta ao continente, pegamos um ônibus para Phuket, que primeiro parou em Hat Yai, um crossroad em que confluem várias estradas. Lá, em meio a um mar de ônibus parados em um pátio enorme, vimos o Marcos entrar no nosso ônibus, enquanto estávamos sentados na última fileira aguardando a saída para Phuket. Foi como achar uma agulha num palheiro. Que coincidência! Ele explicou que não dormiu no hotel combinado (onde estavam os envelopes) e só passou por lá de manhã. Não deu para reclamar, pois Pukhet também é lindíssima e foi possível aproveitá–la bastante.

Malásia

Do sul da Tailândia fomos até Penang, uma ilha na costa noroeste da Malásia. De lá voamos para Medan, capital da ilha de Sumatra, na

Indonésia. A Malásia foi só um rápido trampolim da Tailândia para a Indonésia. Passamos um dia em Penang. Não deu para fazer qualquer avaliação do país. Aliás, era a minha segunda vez na Malásia. Em 1987, quando visitei Singapura, nós fizemos um tour de um dia na Malásia, em uma cidade fronteiriça. Foi por curiosidade, assim como tinha sido a visita à Cantão, na China, na mesma viagem. Eu simplesmente não sabia que teria outras oportunidades para visitar esses países.

Indonésia

Minha visita à Indonésia poderia ser facilmente dividida em quatro capítulos, pois as ilhas Sumatra, Java, Bali e Lombok quase nada têm em comum, exceto a moeda e o idioma oficial.

Em Sumatra, que das quatro é a mais selvagem e primitiva, fomos ao Lago Toba, que fica dentro de um vulcão extinto. Há uma grande ilha no centro dele, onde a galera fica na maior parte do tempo descansando. Passávamos os dias andando de bicicleta pela ilha, mergulhando nas águas mornas e limpíssimas do lago, jantando no melhor restaurante da ilha, que tinha uma vista espetacular. Além disso, tudo era incrivelmente barato. Achei o lugar mágico. Foi o primeiro lugar que deu vontade de dizer adeus para os meus companheiros de viagem para ficar mais tempo ali. Mas, meu senso de amizade e responsabilidade falou mais alto e pensei sobre as dificuldades para encontrá–los depois. Além disso, seria sacanagem com o Dauro, que veio do Brasil para se encontrar comigo. Deixei a ideia para lá e seguimos para Jakarta, em Java.

Já em Java, fomos primeiro para Jakarta, uma cidade muito populosa e confusa. Ficamos na casa da família de um amigo nosso que estudava na Bélgica. Ele havia dito para os pais dele que eu e a Deborah ficaríamos hospedados lá. Quando ligamos de Sumatra para avisarmos sobre a data de nossa chegada, eles tiveram um verdadeiro choque ao mencionarmos o fato de que éramos cinco pessoas e não duas, como estavam esperando e tinham se preparado. Nem havia colchão para todos, só duas camas e dois colchonetes no chão. Foi meio constrangedor, mesmo assim eles nos receberam super bem. Claro que um de nós teve que dormir no chão, de improviso.

Os irmãos desse nosso amigo nos levaram para passear, inclusive em Bandung, uma cidade que fica à beira de um vulcão. Foi bem legal. Na ilha de Java, merece registro o templo de Borobudur, o maior templo hindu do mundo. Há também o Monte Bromo, um vulcão extinto que é escalado pelos turistas. O vulcão não estava nos nossos planos e, infelizmente, não deu tempo para escalá–lo.

Depois fomos à Bali, mas como esse livro não é um guia de viagens, não vou fazer qualquer comentário, a não ser de que ali não era lugar para cinco mochileiros. Turístico demais, muito comercial, muita confusão. Eu e o Marcos já conhecíamos, como foi descrito na viagem de 1987. Assim, decidimos, literalmente, trocar de ilha.

De Bali fomos para um lugar chamado Gili Islands, constituído por três ilhotas perto de Lombok. A ilha em que era possível ter hospedagem se chama Gili Trawangan. Se existe um lugar próximo do paraíso na Terra, essa ilha certamente está na lista. A impressão que tivemos é que na ilha velhos e crianças são vetados e só havia jovens. A ilha não é grande, dá para dar uma volta nela a pé em três horas. O programa principal era mergulhar. À cerca de cinco metros da praia já se podiam avistar os peixes mais coloridos, em uma água da cor do mar do Caribe. Além de ter uma paisagem de outro mundo, muito peixe fresco, cerveja, futebol no final de tarde (nativos versus gringos) e jovens a fim de aproveitar baladas noturnas. Não havia sequer eletricidade e tudo funcionava com gerador. Íamos ficar um dia, ficamos uma semana.

Hoje em dia, Gili Trawangan tem inúmeros hotéis, restaurantes, virou uma ilha chique e cara. Nada a ver com o que vivenciamos naquele ano. Dauro voltou de Bali para o Brasil. Aliás, a viagem dele era muito maluca:

ele incluiu no roteiro alguns dias na Índia para conhecer o Taj Mahal, já que não tinha ido comigo em 1988. Minha mãe, que era agente de viagem, pediu para ele não comentar com ninguém o roteiro de sua viagem, pois ficou com vergonha de pensarem que tinha sido ela a sugeri–lo. Assim, nosso grupo ficou com quatro pessoas. Logo depois, voamos para Manila, nas Filipinas.

Filipinas

Em Manila e arredores, ficamos cinco dias. Pouco tenho a acrescentar, mas contou na minha lista como mais um país visitado. No entanto, saí com a nítida certeza de que, como não vi praticamente nada, deveria voltar e visitar decentemente. Ciceroneados por um ex–estudante da nossa universidade na Bélgica, fizemos alguns passeios perto de Manila. Manila já era uma cidade grande, caótica e, infelizmente, não tivemos muito tempo e informações para aproveitarmos melhor. As praias mais legais demandavam mais tempo para serem visitadas e apreciadas e ficavam em outras ilhas. Eu até sabia disso, mas com o tempo apertado, ficar mais por lá significava cortar outro lugar do roteiro.

Hong Kong

Em Hong Kong, fizemos o último estágio antes de embarcarmos na aventura chinesa. Lembrando que, naquela época, esse território ainda era uma colônia britânica. Eu e Marcos já conhecíamos a região, mas foi interessante revê–la com uma ótica mochileira. Os albergues ficavam em andares de edifícios comerciais, bem esquisito. O espaço era reduzido e caro, mas ainda era melhor, leia–se mais barato, do que qualquer alternativa (hotéis). De lá, Deborah voltou para casa conforme o planejado, e ficamos reduzidos a três.

Decidimos comprar o bilhete do Expresso Transiberiano em Hong Kong. Ele faria o percurso de Pequim até Moscou. Custava US$ 400 e só era vendido em uma agência de viagens específica. Marcos desistiu da empreitada do trem e comprou bilhete de avião para voltar de Pequim à Bélgica via Hong Kong. Aproveitamos para despachar vários quilos de bagagem e souvenires de Hong Kong para a Bélgica, para não ter que carregá–los na China. Acho que ele já estava saturado da intensidade e da duração da viagem. Alex e eu compramos os bilhetes de trem, pois era um dos nossos objetivos principais.

China

Naquela época, havia poucas rotas entre Hong Kong e Pequim, como se fossem roteiros pré–estabelecidos pelos mochileiros. Isso era quase uma garantia de que encontraríamos vários deles pelo caminho, alguns subindo até Pequim e outros na direção contrária, vindo de Pequim. Mas, na verdade, não eram tantos assim. De qualquer forma, começamos nossa incursão à Grande China pegando um barco para uma viagem de quatro horas de Hong Kong até uma cidade chamada Wuzhou. Lá, não avistamos nenhum turista. No dia seguinte, viajamos mais 12 horas de ônibus até Yangshuo. No caminho, me lembro bem de um caminhão ter seu eixo quebrado na estrada de terra e bloquear o caminho. Nosso ônibus ficou parado por três horas. Não tínhamos alternativa a não ser levar tudo na esportiva e nos divertirmos com os chineses tentando resolver o problema. Não preciso lembrar que, naquela altura, os chineses também se divertiam conosco, principalmente pela presença do Alex.

Esse lugar, Yangshuo, fica perto de Guilin e é uma das paisagens mais bonitas que conheci. Centenas de morros de pedra, plantações de arroz, vilarejos tipicamente chineses, bem bucólico. Não me cansei de apreciar a paisagem. É um lugar para se ficar alguns dias, pois há muito a ser explorado nos arredores. Alugamos bicicletas, barcos etc. Como já deu para perceber, houve vários momentos na viagem em que me deu vontade de largar tudo e ficar por mais tempo em determinado lugar. Antes da viagem, achei que em 90 dias dava para fazer tudo que quisesse, mas apesar de termos feito muito, foi bem corrido.

Após Guilin, mais um trecho da viagem digno de nota. Queríamos subir o Rio Yang Tse de barco. Para isso, tínhamos que descer do trem em uma cidadezinha chamada Yueyang. Praticamente no meio do nada, ela ficava à beira desse rio, onde pegaríamos o barco. Saltamos do trem às 3h e não havia nenhuma, repito, nenhuma pessoa que falasse inglês na estação. Ficamos mais de uma hora, em plena madrugada, na praça em frente à estação tentando achar alguém que nos dissesse como chegar ao porto. As pessoas ficavam pegando na gente, pois muitos jamais tinham visto turistas. Eles estavam impressionados com o Alex e com os pelos do meu braço. Acho que nunca tinham visto nada parecido. Eu me sentia um ET. Depois de tentarem nos levar a um hotel, finalmente conseguimos nos fazer entender e chegamos ao porto. Aí pegamos o barco que nos levaria até Chongqing após três dias de viagem. Compramos bilhetes em cabines de primeira classe, um luxo.

Não havia nenhum estrangeiro no barco, e excetuando nossa vizinha de cabine, ninguém falava inglês. Ela era uma professora que morava em Urumqi, região autônoma no oeste da China, fonte de constantes conflitos étnicos entre a minoria uigure (muçulmana) e a maioria han (chinesa). Aliás, o inglês dela era bem rudimentar, mas para nós foi a salvação. Se não fosse por ela, acho que teríamos morrido de fome. Ela que conseguiu arranjar refeições para nós durante os três dias. O barco ia parando nos vilarejos e tínhamos meia hora para desembarcar e explorar um pouco de cada vilarejo. Parecia uma viagem ao túnel do tempo. Tivemos a oportunidade de passar pelas eclusas onde, posteriormente, os chineses construíram a Barragem das Três Gargantas. Muito parecido com a eclusa que existe no Canal do Panamá.

Em Chongqing, aconteceu outro episódio interessante. Fomos à estação de trem comprar bilhetes para o próximo trecho da viagem, que seria um trem noturno até Chengdu. Lá havia dois homens amarrados a uma pilastra e uma multidão em volta. Com a ajuda da nossa amiga professora, descobrimos que eles tinham sido pegos roubando e estavam aguardando serem transportados para algum lugar. Ela nos disse que o futuro deles não seria muito agradável. Por causa de toda a ajuda que ela nos deu por três dias, aceitamos seu convite para almoçarmos em um restaurante local. Como naquela época não havia condições de fornecer calefação para toda a população chinesa, o governo determinou que houvesse uma linha de corte em uma certa latitude. Só tinha direito à calefação quem morasse ao norte desta latitude. A região de Xingiang era montanhosa e muito fria, porém ficava ao sul desse limite. Portanto, com seus invernos rigorosos, e sem calefação, a comida local tinha que ser super apimentada.

Eu não tinha noção do que significava esse "super" até me sentar à mesa do tal restaurante e provar o primeiro prato. Simplesmente minha reação foi parecida com a de um desenho animado. Pedi licença e saí correndo do restaurante com a sensação que minha boca estava em chamas. Gritei feito um louco no meio da rua. Poucos segundos depois, Alex se juntou a mim. Logo após, Marcos, que era mais acostumado ao tempero mexicano, também não resistiu. Sem trocadilho, ficou um gostinho de decepção para nossa amiga, mas não teve jeito. Fiquei me correspondendo com ela durante alguns anos.

Chongqing tem hoje mais de 35 milhões de habitantes e é considerada por muitos a cidade mais populosa do mundo. Foram realizados projetos futuristas como trens que passam por dentro de edifícios, praças no alto de prédios com mais de quarenta andares e emaranhados de viadutos.

Chengdu foi a próxima parada. Comparada às outras cidades, não vimos nada de muito especial. Mesmo assim, me recordo dela como uma cidade bem agradável, com templos lindíssimos. Após Chengdu, chegamos à Xian, cuja grande atração é o exército de Terracotas. Na China, os locais turísticos tinham dois tipos de ingressos. Um para os chineses, que eram bem mais baratos e pagos em moeda local, e outro para os estrangeiros, que tinha que ser pago na moeda turística e era trinta ou trinta e cinco vezes mais caro. Era um absurdo essa relação considerando que todos visitariam o mesmo lugar. Entre os mochileiros, havia revolta e unanimidade contra esse sistema.

Em Chengdu, um alemão me deu uma dica de como entrar de graça no complexo em Xian. Ele fez um mapa rudimentar de como chegar a uma rua lateral por onde não passava quase ninguém e pular dois muros. E bingo, estaria dentro do complexo. Foi assim que fiz! Entre a rua lateral e o primeiro muro, havia uma construção onde vários operários estavam trabalhando. Quando cheguei perto do muro, olhei por cima e não havia ninguém. Imediatamente pulei, sem maiores preocupações, já que estava na expectativa de haver um segundo muro. Em uma fração de segundo, me dei conta que tinha entendido errado o que o alemão tinha me explicado, pois só havia um muro e eu já estava dentro do complexo. Para meu azar, havia uma facção inteira do exército chinês em treinamento a uns 50 metros do local onde caí.

Em três segundos, estava rodeado por soldados esbravejando em mandarim. Fiquei congelado. Minha reação foi tentar aparentar calma, dizer que era do Brasil, imitar um jogador de futebol, citar Pelé e Zico. Olhava pela grade para o terreno em construção e via que Marcos e Alex estavam petrificados. Em delírio, os operários imaginavam o que seria feito de mim. Não adiantou nada a baboseira do futebol. Acho que o tema ainda não era conhecido naquela parte da China. Assim, me levaram para uma sala com grades, dentro do complexo. Seria uma prisão?

Logo depois, chegou um capitão que começou a me bombardear com perguntas em mandarim. Obviamente, eu não respondia nada e fazia cara de quem não estava entendendo o motivo de estar ali. Peguei meu livrinho rudimentar de frases inglês–mandarim e, mesmo supernervoso, achei uma frase que talvez pudesse servir naquele momento: "I'm lost!" Eu mesmo quase ri da minha tentativa patética para me livrar, mas o fato é que chamaram mais alguém para tentar se comunicar comigo. Não deu certo. Depois de muito debate entre eles em mandarim, me mostraram um papel e descobri que teria que pagar uma multa por ter pulado o muro. Fiz cara de chateado e disse quc pagaria a multa. Assim que paguei, me liberaram e lá estava eu dentro do complexo. Não me orgulho do que eu fiz, mas naquela época acabei me deixando levar pelas circunstâncias. Hoje não faria nada parecido.

Para completar minha experiência em Xian, no dia em que fomos para o aeroporto para pegar o voo para Pequim tinha chovido sem parar a noite toda e continuava a chover quando acordamos. Eram 5h30 e tivemos que sair para procurar um táxi com a água na altura da cintura. Isso nunca tinha me acontecido, nem no Brasil! Um desespero só. Depois de muito tempo, conseguimos pegar o táxi e deu tudo certo.

Quando chegamos à Pequim, ficamos hospedados no apartamento da família do Li Lei, nosso colega de MBA na Bélgica. Ele não obteve autorização para visitar sua família nas férias de verão, mas seu irmão foi nos buscar no aeroporto e nos levou para o seu apartamento. Chovia muito naquele dia e não saímos do apartamento. No dia seguinte, saímos cedo para ver a cidade, providenciar o visto de trânsito para cruzar para a então União Soviética. Na volta, fomos comunicados pela esposa do Li Lei que deveríamos deixar o apartamento na manhã seguinte. Tínhamos sido denunciados por algum vizinho para a polícia, pois era proibido para qualquer chinês hospedar estrangeiros em casa. Dessa forma, tivemos que ir para um hotel. O que não nos impediu de passar mais um tempo com sua família, tanto sair para jantar quanto fazer um belo passeio pelo Palácio de Verão.

Uma coisa que me chamou bastante a atenção, e ainda chama, é a diferença entre a Pequim de hoje e a Pequim de 1991. Alugamos bicicletas por uma semana. Quase não havia carros na rua. Uma tranquilidade para se locomover. Pelo que já vi em imagens recentes, hoje é outra cidade e não tenho certeza se quero conhecer essa nova Pequim.

Ainda em Pequim, recebemos uma dica valiosa no hotel. Nos contaram que assim que chegássemos à Muralha da China, haveria uma ruela à esquerda cheia de barraquinhas vendendo bugigangas aos turistas, e no final dela daria no portão de acesso à Muralha. Em vez de entrar nesta ruela, deveríamos seguir à direita, em uma trilha pelo mato, onde rapidamente acharíamos o caminho que nos levaria a um trecho na Muralha mais à frente da entrada oficial (ou à direita, como preferirem). Foram dez minutos de caminhada, e lá estávamos nós, em cima da Muralha, sem absolutamente ninguém por perto e ainda era um trecho restaurado. Subimos mais para a direita, até atingirmos o topo daquele morro. De lá para adiante, a muralha estava em seu estado original. Incrível! Algumas pessoas passam a noite na Muralha, coisa que não poderíamos fazer pois já era fim de setembro, e fazia muito frio à noite. Mas que deve ser legal, deve.

Expresso Transiberiano

Após uma semana em Pequim, estávamos prontos para pegar o Expresso Transiberiano. Muitos mochileiros faziam o caminho inverso. Isto é, vinham da Europa de trem e chegando a Pequim começavam suas aventuras por terras chinesas. Nós fomos cruzando com alguns deles pelo caminho. A impressão que tive é que passaria seis dias dentro de um trem, vendo passar pela janela milhares de árvores por dia e morreria de tédio. Bem, ao menos teria tempo para pensar na vida, no próximo ano de estudo, poderia ler bastante. Levei dois livros comigo para a viagem. Levei, também, cervejas compradas na estação de trem.

Como Marcos tinha voltado de avião para a Bélgica, éramos só eu e Alex. O trem era composto por vários vagões leitos e um vagão–restaurante. Cada cabine tinha dois beliches, portanto era para quatro pessoas. Quando entramos na nossa, encontramos dois chineses, cada um com uma mala gigantesca. Uma estava no compartimento de malas e a outra, como não cabia lá, estava sobre a cama de baixo. O chinês teve que dormir os seis dias com as pernas sobre a mala. Tive um péssimo pressentimento: seriam seis dias naquela situação. Já era noite e fomos dormir após algumas horas sem poder trocar nenhuma palavra com nossos companheiros.

No dia seguinte, fui explorar o trem. Havia de tudo ali! A maioria dos passageiros era de chineses, mas havia também alguns russos. Havia um grupo de poloneses que tinha tanta bagagem, que foi preciso alugar cabines só para as malas. Eles ficavam nas cabines próximas e sempre havia um polonês de sentinela na porta da cabine com as bagagens. Elas iam do chão ao teto, não cabia nem uma mosca, cheias de malas. Será que eles estavam de mudança? Havia também um grupo de 40 holandeses. Eles pegaram um avião da Holanda para Pequim, passaram uns três ou quatro dias por lá e estavam voltando para casa de trem. Isso significava que o propósito da viagem deles era o trem. Portanto, tudo era motivo de festa para eles. Ah, havia uns dez ou doze mochileiros como nós, que estavam em trânsito para a Europa.

Algumas coisas no trem eram complicadas. Uma delas era tomar banho. A solução encontrada por mim foi encher uma garrafa de água fervendo (era usada para fazer chá e noodles e podíamos pegar à vontade no corredor de cada vagão) e levar para o banheiro. Lá, eu enchia a pia com água fria da torneira e misturava com a água fervendo. Dessa forma, tinha água morna para tomar meu banho tcheco, apesar de estar longe da Tchecoslováquia, que naquela época tinha essa denominação[13]. Esse procedimento todo demorava um pouco e as pessoas batiam na porta do banheiro, mas eu não me abatia e ia até o final do meu banho.

No segundo dia, atingimos a fronteira China–URSS. Por medo de uma invasão soviética, a China usava linhas de trem com bitolas diferentes. Assim, para ir de um país ao outro, o trem tinha que passar por um demorado processo de substituição da parte de baixo. Essa operação demorava algumas horas enquanto o lentíssimo processo de imigração era concluído.

[13] Em 1º de janeiro de 1993, a Tchecoslováquia se dissolveu e deu origem à República Tcheca e à República da Eslováquia.

Eu me lembro de ter trocado US$ 5 por rublos na fronteira. Queria usá–los no vagão–restaurante, que agora seria russo. Fiquei com medo do dinheiro não dar para cinco dias, mas o fato é que quando cheguei em Moscou, tinha ainda o equivalente a US$ 3 em rublos na carteira. Não consegui gastar tudo, pois os preços na União Soviética eram muito baixos quando transformados em dólares.

Depois que entramos na União Soviética, a rotina mudou completamente. Aquele trem era semanal, a viagem era longa e com atrasos imensos. Em cada estação que parávamos, o ritual era o mesmo. Centenas de russos se amontoavam perto das janelas do trem, muitos querendo vender alguma quinquilharia do exército soviético (relógios, casacos, chapéus etc.) para os passageiros, outros querendo comprar o que os chineses tinham para vender. Assim, entendi o porquê daquelas malas imensas na nossa cabine. Estavam repletas de calças jeans, casacos e bolsas de couro. As vendas aconteciam pela janela mesmo, os chineses de dentro da cabine mostrando uma peça e os russos iam mostrando o dinheiro. Cada vez que os chineses balançavam a cabeça negativamente, eles colocavam mais uma nota no leque, até que o preço se ajustava. Antes do "vendedor" chinês entregar (jogar) a mercadoria aos russos, eles contavam calmamente o dinheiro. Às vezes, o trem partia e os russos tinham que correr junto com o trem até que os chineses acabassem de contar o dinheiro e jogassem a mercadoria pela janela.

Muitas vezes, as paradas de 15 a 20 minutos não eram suficientes e, por isso, vários russos entravam no trem para fazer o comércio com mais tempo. Isso significava que, para literalmente não perderem a viagem, iam de cabine em cabine para saber se tinha alguém vendendo algo que eles queriam ou se alguém queria comprar algo que eles estavam vendendo. Uma noite acordei às 3h. Lá de cima da minha cama, assisti a uma cena inusitada dentro da cabine: dois russos negociavam a compra de alguns casacos de couro com os dois chineses. Fiquei sensibilizado com o fato de que estavam em silêncio, talvez não querendo perturbar nosso sono. Mas logo concluí que estavam em silêncio porque nenhum falava o idioma do outro. Portanto, na negociação uns mostravam mercadorias de um lado e outros mostravam o dinheiro do outro.

Não demorou muito para fazermos amizades com os holandeses que só queriam farra. Tinham levado todo o tipo de bebida para o trem e todas as noites a festa era na cabine de alguém. Acho que umas 12 a 15 pessoas se apertavam lá dentro, mais umas tantas em pé no corredor, música rolando, enfim um altíssimo astral. Durante o dia, íamos visitar os companheiros de farra ou outros mochileiros para bater longos papos. Até nosso relacionamento com os chineses evoluiu e eles já faziam noodles para nós, jogávamos dominó chinês e trocávamos algumas palavras. Eles ficaram mais amigáveis ainda quando, dois dias antes de chegar a Moscou, as malas que levavam simplesmente esvaziaram. Eles tinham vendido tudo!

Após seis dias, finalmente estávamos nos aproximando de Moscou. A sensação era de tristeza pelo fim da viagem. Não toquei em nenhum dos livros que levei. Nem deu para ficar traumatizado com as infindáveis árvores que passavam pela nossa janela. Tivemos muita sorte, pois pegamos a primeira nevasca da temporada na Sibéria. A viagem foi sensacional, uma das mais especiais que já fiz em toda minha vida.

Moscou

Chegando à Moscou, logo vimos vários estudantes russos à espera do trem principalmente para oferecer para mochileiros como nós quartos em suas casas. Um quarto de hotel teria que ser pago em dólares e não custaria menos do que 150 dólares. Certamente, para nós era interessante ficar em uma casa de algum estudante, já que pagaríamos apenas sete dólares por pessoa.

Lembrando–me dos rublos, em Moscou também foi difícil gastá–los. Os supermercados tinham suas prateleiras preenchidas com bonecas, bolas etc. Quase não havia comida e, quando tinha, era preciso enfrentar uma fila de dar dó. Enfim, no dia que chegamos a Moscou, após deixar nossa bagagem no quarto que alugamos, fomos direto para o metrô, com "péssimas" intenções para o jantar. Após três meses na Ásia, um mês deles na China e seis dias dentro de um trem, a única coisa que vinha a minha mente era a loja do McDonald's de Moscou. No ano anterior eu tinha estado lá e sabia exatamente qual era a estação de metrô em que tinha que saltar: a *Pushkin Square*. Eu me lembrava de ter subido a escadaria do metrô de três em três degraus, tão excitado que estava. Mas, quando saí da estação e me deparei com aquela cena, entrei em choque: a fila que eu havia enfrentado no ano anterior era fichinha, pois a que eu via ocupava toda a praça, que era enorme, em frente à loja. Íamos ficar ali por várias horas se quiséssemos realmente comer no McDonald's. Acho que fomos racionais e desistimos, afinal de contas em quatro dias estaríamos em casa e poderíamos dar conta da nossa fissura facilmente e sem filas. Confesso que foi uma das maiores decepções da minha vida.

A Volta para Casa

Após dois dias em Moscou, estávamos novamente no trem, agora de volta para a Bélgica. Seriam "apenas" dois dias de viagem dentro de uma cabine sem os chineses, sem os holandeses e sem as festas etc. Um tédio só.

A viagem de 90 dias teve o roteiro cumprido 100% conforme o planejado. Claro que ter guias de viagem e a providencial ajuda do Mark foram fundamentais para que isso acontecesse. Interessante que no dia da partida, pesei minha mochila no aeroporto de Amsterdam. Ela pesava nove quilos. Uma mochila pequena de mão pesava uns três quilos. De Hong Kong, eu e o Marcos despachamos o peso extra de volta para a Bélgica. Para mim, foram mais de 20 quilos de compras, principalmente de lembranças. Fora o que eu ainda comprei na China. Assim, os 12 quilos da saída se transformaram em mais ou menos 40 quilos na chegada. Nem preciso dizer que a viagem foi fantástica, foi a mais longa que eu já fiz e mesmo hoje não me arrependo de nada do que planejei.

12. MBA – 2º ano

O segundo ano do MBA foi um pouco diferente do anterior, principalmente, porque nos mudamos. Fomos morar em uma cobertura muito bem localizada, a uma quadra da estação de trem e a poucas quadras do prédio de universidade. Além disso, tínhamos TV a cabo. Nosso apartamento virou ponto de encontro quase que oficial da galera. Às vezes, era tanta gente lá que nem saíamos, a farra era em casa mesmo. Sem falar que nesse segundo ano, hospedamos muita gente. Não eram só visitas do Brasil (meu irmão, minha irmã, o Khouri, os pais do Marcos etc.) como alguns que não queriam ir embora, não tinham onde ficar e se acomodavam no sofá da sala por semanas. Fizemos as contas e concluímos que ficamos mais tempo com visitas do que sem visitas nesse período. Não posso reclamar. No fim do segundo ano, a festa do meu aniversário reuniu 92 pessoas no apartamento.

O esquema na universidade era o mesmo: aulas em três dias na semana, muito tempo livre e mais viagens. No fim de dezembro, resolvi passar duas semanas no Brasil com a família e os amigos. Foi muito legal, mas acho que se pudesse voltar no tempo, teria arrumado outra viagem pela Europa. Na volta para a Europa, houve a tradicional ski trip em janeiro, na França. Ainda nesse semestre, fui de novo para Praga. Depois, visitei Pedro, o espanhol, em Barcelona, com o Phil. Além disso, visitei meu amigo brasileiro Igor na Suíça. Ufa!

Vale um registro sobre o Phil. No meu primeiro ano na Bélgica, durante uma festa, um norte–americano, o Mark, me disse que seu vizinho de porta era maltês, tinha acabado de voltar do Brasil e que tinha adorado a viagem. Ele falava tanto do Brasil que o Mark não aguentava mais. Assim que me viu na festa, correu para me apresentar ao Phil, uma estratégia para se livrar dele. O Phil me alugou pelo resto da festa, falando sobre sua viagem para o Brasil. Ele trabalhava na área de viagens de incentivo da American Express e organizava essas viagens para vários destinos no mundo. Aquela tinha sido sua primeira viagem ao Brasil. Ficamos grandes amigos.

Quando ele soube que eu ia passar as festas de fim de ano no Brasil, logo se convidou para ir junto. Nem preciso dizer que ele adorou. Eu o levei para passar o Réveillon em Búzios e o apresentei para vários amigos e familiares. Ele gostou tanto que voltou ao Brasil várias vezes depois disso. Às vezes, ele vinha a trabalho e sempre achava um tempo para sairmos. Em outras ocasiões, vinha a lazer mesmo e ficava lá em casa. Eu morava sozinho na época. Uma vez, quando abriu a geladeira, ele deu um berro: "Somália!!!". Foi a expressão que usou quando viu que não havia quase nenhuma comida lá dentro.

Na viagem para Búzios, houve um fato bem pitoresco. Já era noite e estávamos indo visitar uns amigos baianos em Geribá. Phil ia comigo no meu carro. No carro de trás estavam meu irmão e Wilfred, outro amigo meu. De repente, me deparei com um jacaré de uns dois metros bem em frente ao meu carro, no meio da rua. Parei, botei a cara para fora e gritei para o pessoal do carro de trás: "um jacaré!!!". O Phil fez uma cara de quem pensa: "estou no Brasil, nada mais comum do que um jacaré no meio da rua". Chegando à casa dos baianos, imediatamente contei sobre o jacaré. Eles me zoaram, achando que tinha consumido drogas. Até que ouvimos uns berros dos vizinhos: "um jacaré!!!". Depois eu soube que esse jacaré morava em um lago ali perto e era conhecido no bairro.

Outra viagem interessante foi com a Deborah para a Tunísia. Aliás, as duas viagens, para o Marrocos e para a Tunísia, aconteceram da mesma maneira. Vimos um bilhete com a chamada last minute fare. Naquela época, as empresas aéreas anunciavam dois dias antes do voo os assentos que ainda não tinham sido vendidos. Esses assentos poderiam ser vendidos por um preço abaixo das tarifas regulares ou iriam vazios. Essa situação ocorria, normalmente em voos charters e não naqueles de carreira. O principal objetivo da nossa viagem para a Tunísia era conhecer o deserto do Saara, já que quando estivemos no Marrocos não houve tempo e ficou aquela sensação de dever não cumprido.

Por isso, ao chegarmos à Tunísia, fomos direto para o sul, para uma cidade–oásis chamada Douz, na beira do deserto. Lá, organizamos um passeio de camelo. Éramos um grupo de oito pessoas. Fizemos uma fogueira, um pic–nic, bebemos umas garrafas de vinho e dormimos no deserto mesmo, em sacos de dormir. Literalmente, quase congelei, pois no deserto faz muito frio à noite, mais do que tinha feito no Marrocos. Mas a experiência foi emocionante, era mais um sonho meu que foi plenamente realizado.

Egito, Marrocos e Tunísia foram as minhas primeiras experiências na África. Mas, como eles são árabes e muçulmanos e bem diferentes da África negra, sabia que tinha que ver mais deste continente.

No fim do segundo ano do MBA, tinha mais uns 45 dias livres. Difícil era escolher o que fazer. Decidimos ir para a Itália, ver o Palio, em Siena, uma festa maravilhosa, imperdível. O evento acontece duas vezes por ano, em 2 de julho e 16 de agosto. É uma corrida de cavalos em volta da praça principal de Siena. A cidade toda fica envolvida e há milhares de turistas. Para a corrida, 10 cavalos são sorteados entre os 17 bairros da cidade e dão três voltas em torno da praça central. Cada cavalo tem suas cores e seu hino. O cavalo pode ganhar mesmo que o jóquei tenha caído. É uma confusão só. Caso eles não consigam dar as três voltas na praça, eles cancelam a corrida e tudo se repete no dia seguinte. É raro isso acontecer, mas ocorreu quando estávamos por lá. Sorte a nossa, vimos duas vezes o Palio.

Depois, fomos passar uma semana em Korfu, na Grécia. Alugamos uma casa na beira de uma praia e passamos uma semana naquele paraíso. De lá, fui para Malta pela primeira vez visitar o Phil. Foi uma viagem tão fantástica que já estive quatro vezes em Malta. Não me canso de ir para aquele lugar mágico, ainda mais com o Phil por lá (nunca me atreveria a ir a Malta sem contar com ele). Malta é uma mistura de Europa com Oriente Médio, com um toque de Mediterrâneo. Está sempre lotada de turistas e com muitos estudantes. Além disso, ir para lá com o Phil é diferente, pois posso sair com ele e com seus amigos, encontrar sua família, situações que tornam cada visita ainda mais especial. Naquela época, ele morava na

Bélgica, mas hoje voltou para sua terra natal. Em 2023, fui à Malta pela quarta vez e levei meu filho. Foi especial como sempre.

Depois, passei ainda alguns dias na Itália. Na sequência, fui para Barcelona e fiquei na casa do Pedro durante as Olimpíadas de 1992. Tínhamos comprado alguns ingressos para partidas de vôlei e basquete um ano antes. Sem saber quem jogaria, tivemos a sorte de assistir a um jogo do Dream Team americano de basquete. Pedro morava um pouco fora de Barcelona, em frente à praia. Assim, não pegamos tanta confusão. Como tínhamos muitos amigos da Bélgica por lá, fizemos muitas festas durante os dias em que passei em Barcelona.

Na volta para Bélgica, fui visitar meu amigo Igor em Bienne, na Suíça. Infelizmente, logo voltaria para o Brasil, depois de quase dois anos vivendo uma vida de sonhos, muita festa, muitas viagens, muitos amigos. Interessante é que a turma ficou tão unida, que conseguimos nos manter conectados mesmo sem internet. Desde então, organizamos um encontro em Leuven a cada cinco anos. Geralmente, esses encontros contam com pelo menos 30 pessoas. Na universidade, eles dizem que é a única turma que se encontra regularmente. Nesses encontros, sempre há algum evento da universidade com participação de um ou dois professores, que fazem questão de estar conosco. Muito especial!!! Nem preciso dizer que vários desses amigos já vieram me visitar e já visitei vários deles.

É importante não deixar a impressão de que passei dois anos na Europa passeando e que só frequentava a universidade nas horas vagas. Na verdade, foi o contrário. De toda a turma, somente quatro alunos se formaram com *high distinction*, a faixa com média final mais alta. Dois deles eram o Marcos e o Michael. Outros dez alunos se formaram com distinction, que era a segunda faixa com média final mais alta e eu estava neste grupo.

Isso mostra o quanto levei a sério o curso, que foi o meu objetivo principal. Porém, o contexto de carga horária, a renda extra e a capacidade de planejamento dos estudos, como relatei anteriormente, me permitiram realizar tantas viagens.

13. México e Guatemala

Depois de passar dois anos na Bélgica e viajar tudo o que pude naquele período, a minha primeira viagem quando retornei ao Brasil foi para o México e Guatemala em 1993. Dessa vez, fui sozinho. Eu continuava trabalhando na Petrobras e tinha direito a 30 dias de férias por ano. No México, moravam meus grandes amigos Enrique e Marisa, um casal super simpático que me acompanhou por todo o tempo na Bélgica. Voei primeiro para Acapulco, onde eles estavam passando o final de semana. Estar em Acapulco com mexicanos é bem diferente do que visitá–la como turista. Gostei da cidade, ela é bem bonita. Mas, nota–se que já teve seu auge. Na volta de Acapulco, deixei minha mala na casa do Enrique e da Marisa, na Cidade do México, e me mandei para a Guatemala.

Fui direto para o interior. Primeiro Antigua que, como o nome já diz, foi a antiga capital da Guatemala. Antigua é uma cidade estilo colonial bem bacana e muito bem cuidada. De lá, fui para o Lago Atitlan, onde há três vulcões nos arredores. É uma paisagem verdadeiramente de cinema. Dá vontade de ficar sentado à beira do lago e apreciar aquela paisagem por horas. Aliás, foi o que fiz. Depois fui a um vilarejo chamado Chichicastenango, onde há um mercado indígena bem típico. Muito interessante.

Voei para o norte até a cidade de Flores, que é a base para quem quer visitar o sítio histórico arqueológico de Tikal, distante dali 30 quilômetros. Como o Lonely Planet diz, não há nada como Tikal. São ruínas de uma cidade maia no meio da floresta, construções totalmente feitas de pedras, algumas delas de mais de 50 metros de altura. De onde vieram as pedras? Esta é a pergunta que fazemos há séculos. Como estava viajando sozinho, foi possível me deslocar mais rapidamente. Assim, consegui ver até mais locais do que tinha planejado.

Na sequência, voei para o norte. Estava de mochila, sem hotel reservado e cheguei à Cancún. Na van que peguei no aeroporto, conheci um americano que me sugeriu ir para Isla Mujeres. Como pretendia passar por lá de qualquer jeito, aceitei o convite. Resultado: fiquei três dias, pois logo fiz amizades no albergue e, consequentemente, rolou muita praia e festas. Depois fui para o sul, visitar as ruínas de Tulum. A programação era passar só um dia e depois pegar o ferry para Cozumel, em Playa del Carmen. Porém, mudei os planos quando cheguei a Tulum. Tinha um hotelzinho na beira da praia a um quilômetro das ruínas de Tulum, com bangalôs com chão de areia, sem eletricidade e um pessoal meio alternativo. Acabei ficando mais três dias por lá. Estava, enfim, aproveitando o fato de estar sozinho e com um roteiro flexível, o que sentia falta nas outras viagens. Nem visitei Cancún e Cozumel, pois deixei para outra ocasião mais propícia. Simplesmente não combinava com aquela viagem nem tinha vestuário adequado. Depois, andei mais pelo interior do México. Fui até o sul do país, em San Cristobal de las Casas, na província de Chiapas. Antes de retornar à capital, passei por Oaxaca. Adorei as pirâmides de Teotihuancán, perto da Cidade do México.

Deborah encontrou–se comigo na Cidade do México. Ficamos mais uns dez dias curtindo a capital e viajando com Enrique e Marisa por lugares próximos. Um desses lugares foi Valle del Bravo, que fica nas montanhas. É um local em que a turma endinheirada da Cidade do México tem casas de veraneio. É um lugar incrível, sem turistas estrangeiros. Foi uma super viagem dividida em etapas, mas todas elas maravilhosas.

14. África do Sul – 1994

Em 1994, decidi visitar o Vietnã nas férias. Esse era um desejo antigo e naquele ano o Vietnã começava a se abrir para o turismo, inclusive reatando relações diplomáticas com os Estados Unidos. Infelizmente não foi possível realizar a viagem. Não havia representação diplomática aqui no Brasil. Para entrar no país, teria que tirar o visto em Paris ou em Bangkok. Nas duas alternativas, teria que esperar mais ou menos uma semana. Com três semanas de férias, não dava para gastar um terço esperando por um visto. Desta forma, em vez de ir para o Vietnã, decidi ir para a África do Sul. Chamei meu amigo Eugênio, que tinha conhecido na Petrobras e é meu amigo até hoje, e fomos.

O apartheid tinha acabado somente três anos antes e as feridas não estavam cicatrizadas. Começamos por Joanesburgo, que não me interessou muito, fora a visita à Soweto. O país ainda estava bem dividido e se não tivéssemos contratado um guia para nos levar à Soweto, não teríamos conhecido o território onde viveu Nelson Mandela. Em muitos bares pelo país, por exemplo, os negros ficavam em pé, do lado de fora. Eles não eram mais proibidos de entrar, mesmo assim, não entravam pois não eram bem–recebidos.

Fizemos um safári no parque Kruger por conta própria. Alugamos um carro e fomos na cara e na coragem. Ficamos hospedados em uma fazenda perto da entrada do parque. Como os animais são mais ativos ao nascer do sol e no pôr do sol, só quem fica hospedado dentro do parque tem a oportunidade de vê–los nesses horários. As pessoas que ficam fora do parque precisam de muita sorte ou de uma visão biônica para achar leões, guepardos, leopardos e rinocerontes. Para minimizar o sofrimento, a tática era procurar um amontoado de carros parados juntos, pois isso significava que alguém tinha avistado algum animal em especial. Daí tentávamos procurar algum animal na direção em que eles estavam olhando. Deu certo em várias ocasiões. Mas não é a maneira ideal de se fazer.

Depois, rodamos por todo o litoral. Dirigimos até Durban, uma cidade interessante, com muita influência indiana. Gostei bastante. De lá, voamos para Porto Elisabeth e alugamos outro carro. Descemos pela Garden Route, uma estrada maravilhosa pelo litoral. Dormimos em Jeffreys Bay e Plettenberg Bay, cidadezinhas praianas. Finalizamos o passeio na Cidade do Cabo[18]. Parecia que estávamos na Europa, cidades com infraestrutura de primeiro mundo e ainda com a presença predominante de população branca. A Cidade do Cabo foi o verdadeiro clímax da viagem. Esse é um dos poucos lugares onde afirmei que poderia facilmente morar, talvez pelas similaridades que tem com o Rio de Janeiro. A cidade é linda, bem arrumada, com praias belíssimas, atrações turísticas de primeiro mundo. O que me chamou a atenção foi sentir a tensão pelo país.

O apartheid foi uma coisa horrível que aconteceu e que vai demorar muito tempo para as feridas cicatrizarem. A única certeza naquela época é que eu voltaria àquele lugar, e foi o que aconteceu. Estive na África do Sul por algumas vezes depois e pude sentir que a reunificação das pessoas é um processo lento.

15. A viagem que não aconteceu

Das várias viagens que fiz para a Ásia, duas foram mais longas. A primeira, em 1991 durou três meses, foi feita no mais puro estilo mochileiro e teve o planejamento detalhado devidamente cumprido. A segunda viagem foi bem diferente. Originalmente, essa viagem era para ter sido pela África. Quando estive no Marrocos em 1990, conheci uma galera que estava começando a aventura por ali e desceria até a África do Sul. Achei aquilo tão louco que nem dei muita bola. Na volta para a Bélgica, comentei com Mark, meu guru, e ele me disse que já tinha feito esse roteiro uma vez e meia. Uma vez e meia? Sim! Na primeira vez, ele havia comprado um carro bem usado na Espanha e adentrou a África pelo Marrocos. De lá, foi para a Argélia e desceu pelo deserto do Saara até os países da África Equatorial. Em Níger, vendeu o carro por um valor maior do que o dobro do que havia pagado e, dessa forma, financiou sua viagem até a África do Sul. Na segunda vez, repetiu o script, mas depois de vender o carro em Niger, pegou um avião e voltou para casa. Aquilo me abriu um horizonte totalmente novo de alternativas. A primeira providência foi comprar o guia Lonely Planet da África e ler suas 1.148 páginas! Debati com o Mark algumas possibilidades, mas sabia que para fazer esta aventura precisaria de no mínimo seis meses. Era um projeto para colocar na gaveta e sonhar.

Em 1995, a oportunidade apareceu. Quando estive na África do Sul, no ano anterior, conheci pessoas que estavam chegando da mesma aventura ou partindo rumo ao norte. Uma alternativa seria comprar um carro usado na própria África do Sul e ir subindo. Depois de ter voltado do MBA, ainda trabalhava na Petrobras como concursado. Só pedia demissão quem já tinha outra atividade em funcionamento e, portanto, não tinha tanto medo de largar um ótimo emprego em uma estatal. No meu caso, só havia a vontade de largar, de arriscar. Comecei a ver aquela como uma oportunidade única na minha vida de fazer essa viagem. Quando eu teria tempo, disposição e dinheiro para fazer esta aventura de novo?

Pronto: coloquei na cabeça que queira fazer daquele jeito! Para começar a viagem de carro, precisaria de um companheiro de aventura. Aí começaram as dificuldades. Além de mim, quem estaria disposto a largar tudo e passar seis meses vagueando pela África? Ninguém! Desisti do carro, mas dava para fazer sem carro. Fiz o mesmo tipo de planejamento da primeira viagem para a Ásia. Tive que me atualizar constantemente, pois na África sempre há alguns países “fechados” para turistas, o que exige arrumar rotas alternativas.

Contudo, minha saída da Petrobras não teve nada a ver com essa viagem. Era uma decisão que foi sendo amadurecida com o tempo. Já não conseguia me adaptar a um ambiente em que o sucesso não estava relacionado à performance. Ou seja, o profissional não era premiado pelo trabalho e sim por outros fatores. Que bom que a decisão de sair coincidiu com a de viajar. Era juntar a fome com a vontade de comer. Nesse momento, tive um convite para começar em outro trabalho, mas disse que só aceitaria se tivesse entre dois e três meses para realizar a viagem que já estava programada. Não poderia mais ficar fora do Rio por seis meses, ainda assim poderia viajar. Parecia que estava adivinhando que se não a fizesse naquele momento, não aconteceria mais. A empresa que me fez o convite topou esperar.

Quando finalmente aconteceu o pedido de demissão da Petrobras, a minha primeira reação foi correr para a agência da minha mãe e providenciar as passagens. Aí descobri a importância que o rúgbi tem para os argentinos. Em dois meses, haveria uma Copa do Mundo de Rúgbi na África do Sul. Os voos semanais da South African Airways que saíam do Brasil foram redirecionados para Buenos Aires. Para completar, eles já estavam todos lotados por semanas. Os argentinos iam em massa para ver sua seleção. Com isso, não havia meio para eu conseguir um assento nem de ida nem de volta.

Minha mãe me disse para olhar para o mapa mundi que ela tinha na agência e escolher um lugar do mundo para ir como alternativa. Resolvi que não queria ir para a Europa nem para os Estados Unidos, lugares que não faziam meus olhos brilharem naquele momento. A única alternativa seria ir para a Ásia e lá visitar alguns dos poucos lugares que eu ainda não conhecia. O Vietnã, onde não pude ir no ano anterior, e o Tibete me chamaram a atenção. Como não havia tempo hábil para maiores divagações, já que eu tinha saído da Petrobras e o relógio estava rodando, decidi simplesmente comprar uma passagem para Bangkok e lá eu resolveria o resto. Tão simples quanto isso.

Se por um lado estava feliz por embarcar em mais uma aventura, por outro sabia que estava de alguma forma vendo meu sonho escorrer pelo ralo, sem muita chance de realizá–lo no futuro. Meu pressentimento se tornou realidade. Até hoje não fiz a viagem de seis meses pela África e acho que não teria mais a disposição para fazê–la como mochileiro. Tampouco acho que teria coragem de deixar minha família por tanto tempo. O problema é que quanto mais velho vou ficando, menos disposição tenho para essa aventura. É claro que só depende de mim, mas a realidade é que nossos sonhos também têm o direito de mudar. Não é porque esse foi um grande sonho meu no passado que tenho que realizá–lo atualmente. Já estive na África por 11 vezes e já visitei 15 países. Posso dizer que fiz boa parte dessa viagem à prestação. Porém, definitivamente, não é a mesma coisa. Além do mais, já me convenci de que a viagem não vai acontecer, simplesmente porque os objetivos das pessoas mudam com o tempo. Ficou a lição de que se você tem um sonho e a oportunidade de realizá–lo, faça–o logo. Uma música do Cat Stevens, *Father and Son*, tem uma parte que diz: "*you will still be here tomorrow but your dreams may not*[14]".

16. Mais uma vez a Ásia – 1995

A nova viagem para a Ásia, em 1995, não foi exatamente o que eu tinha planejado, mas, afinal de contas, teria dois meses pela frente. A única coisa certa era uma passagem para Bangkok e a intenção de visitar o Vietnã e o Tibete. E assim foi. Consegui encontrar um louco para viajar comigo nas três primeiras semanas. Assim que eu e o Leo (aquele de Londres) chegamos à Tailândia, demos entrada no visto para o Vietnã. Como ele demoraria seis dias úteis para ficar pronto, fomos para Koh Pangan relaxar. Um verdadeiro paraíso. Bangalôs à beira mar, nada para fazer além de curtir a praia de dia e umas cervejas à noite. Vida dura!

Uma semana depois, lá estávamos nós em Hanói, capital do Vietnã, pouco após a abertura do país ao exterior. Muitas, muitas bicicletas, muitas motos na rua e pouquíssimos carros. Poucos turistas e menos ainda mochileiros como nós. Como não havia sequer albergues, tivemos que ficar em hotéis mesmo. Encontramos um povo muito hospitaleiro, ávido por fazer contatos com estrangeiros, em mostrar simpatia. Ficamos realmente impressionados.

---

[14] Em uma tradução livre, essa parte da música seria algo como: "você ainda estará aqui amanhã, mas seus sonhos podem não estar".

Um local que vale mencionar é Halong Bay. É um verdadeiro paraíso, já conhecido através do filme Indochina[15], com a Catherine Deneuve. É mais fácil ver as fotos do que eu tentar descrever aquela baía com centenas de ilhotas. São cerca de 1.600, com as mais variadas formas e tamanhos, além de barcos à vela tipicamente vietnamitas. Lembra a paisagem de Guilin, no sul da China, mas aqui é mais dramática, por ser na água. Esse lugar entra na minha seleta lista de territórios imperdíveis.

De lá, o Leo teve que voltar para casa, pois suas férias tinham acabado. E lá estava eu sozinho por mais 40 dias de viagem. Continuei descendo pelo Vietnã até chegar a Ho Chi Mihn, antiga Saigon. Passei por Hue, antiga capital, fui visitar os túneis de Co Chi e a cidade de My Lai, onde os americanos massacraram a vila inteira e que possui praias lindíssimas. Desculpem–me pela repetição, mas, outra vez, estava eu em um local antes que fosse descoberto por uma multidão de turistas. Em 1995, quando disse que ia para o Vietnã, minha mãe me questionou: "Mas lá não é muito perigoso?" Respondi: "A guerra acabou faz 20 anos". De Ho Chi Mihn peguei um trem para Da Nang que fica no meio do país, mas no litoral.

Da Nang era uma cidade pequena, e hoje se transformou em um grande polo turístico, com mais de 1,3 milhão de habitantes, e que recebe mais turistas estrangeiros do que o Brasil. Nesta cidade, aconteceu uma coisa curiosa. De lá, pegaria um voo às 15h até Ho Chi Mihn. Com a passagem comprada, fui para o aeroporto com 90 minutos de antecedência. Quando cheguei, o aeroporto estava fechado! Nunca tinha visto um aeroporto fechado no meio da tarde. Estava fechado mesmo, à chave! Havia uma faxineira do lado de fora, mas, obviamente, não consegui me comunicar com ela. Depois de uma hora rodeando o aeroporto, sem saber o que fazer, ele simplesmente reabriu. Meu voo tinha sido transferido para as 18h e era o único daquela tarde. Por isso, eles simplesmente fecharam o aeroporto. Outro comentário que considero relevante é sobre o fascínio

[15] Clássico do cinema francês, Indochina foi lançado em 1992 e dirigido por Régis Wargnier. O filme retrata a região na década de 1930. Ele mostra as incríveis paisagens vietnamitas e, além de ser uma história de amor, dá destaque ao contexto social das colônias francesas na Ásia antes da independência.

que os vietnamitas tinham em relação aos Estados Unidos. Todos os americanos que conheci na viagem tinham tratamento diferenciado, como se a população local quisesse suas aprovações por alguma coisa. Que ironia!

Voei de Ho Chi Min para Vientiane, a capital do Laos. Só fiz conexão em Phnom Penh, no Camboja. Naquela época, a guerra civil ainda não havia acabado e não parei lá. Assim, não pude visitar o templo de Angkor. Uma pena, mas, pude conhecê–lo em outro momento.

Por falar sobre o Laos, preciso admitir que cometi o primeiro grande erro da viagem. Por falta de paciência e informação, não subi o Rio Mekong para visitar Luang Prabang, a cidade mais religiosa e ponto máximo do turismo do país. Queria retornar à Bangkok o mais rápido possível e embarcar no primeiro voo disponível em direção ao Tibete. Até hoje, me arrependo. Vientiane era uma cidade pacata, apesar de ser a capital, e fica a poucos quilômetros da fronteira com a Tailândia. Há muitos templos para visitar e quase nenhum turista estrangeiro. De lá, com um trem noturno, estava de volta para Bangkok.

De volta à Bangkok, tive um choque de realidade, pois tinha uma ideia absolutamente positiva sobre a cidade. Khao San Road é uma rua onde todos os mochileiros concentravam suas atividades. Há hotéis baratos, restaurantes com pratos para turistas e agências de viagens oferecendo tudo o que qualquer turista deseja: day trips, viagens para as ilhas, para o norte do país, região para onde eu havia ido em 1991, e, finalmente, passagens aéreas super baratas para toda a Ásia. Fora as lojas e os camelôs com os produtos mais procurados, a maior parte falsificada. Sem falar que é o lugar perfeito para encontrar e trocar ideias com outros mochileiros. Vale lembrar que era assim. Hoje, deve estar todo mundo mais ligado em seus celulares e a dinâmica deve ter mudado um pouco. Enfim, era muitíssimo conveniente. O que mais um viajante pode querer em um lugar?!

Quando voltei do Laos, comecei a ver tudo de uma maneira diferente. O que disparou esta mudança foi uma consulta em uma agência de viagens sobre passagens para Kathmandu. Era minha opção original, pois queria ir ao Tibete. O Nepal já tinha visitado. Pensei em ir a outro lugar por perto, mas entre as opções ainda não visitadas, todos tinham problemas com guerras civis (Camboja e Burma, hoje Mianmar). Resolvi acelerar minha tomada de decisão e comprei o primeiro bilhete para o Nepal. Alguns minutos depois, me toquei que ainda tinha algumas dúvidas com relação à política de troca de data da passagem de volta. Retornei à agência. A mesma atendente que tinha sido super gentil para me vender o bilhete, instantaneamente me ignorou e foi super antipática, pois sabia que o tempo a ser gasto comigo não geraria mais nenhuma receita.

A partir daquele momento, comecei a achar aquele circo muito sufocante. Não era mais o que queria. Já não achava mais graça ao ser abordado por vários ambulantes empurrando relógios, CDs e fitas cassete (era 1995!), tudo falsificado. Nem as inúmeras ofertas das visitas às boates de strips etc. Fui embora no dia seguinte e jurei nunca mais voltar à Bangkok como mochileiro. Mas, não posso deixar de mencionar que adorei a cidade nas vezes em que estive lá e recomendo a todos visitá–la.

Minha chegada em Kathmandu foi outro choque. Desta vez, aprendi o conceito literal de estação chuvosa. A estação chuvosa na Tailândia significava chuva duas horas por dia, sempre no final da tarde, como ocorre em Belém do Pará. Dependendo de qual costa da Tailândia estivermos falando, pode ser que chova mais do que duas horas. Mas no Nepal, estação chuvosa significa chuva o dia todo, vários dias sem ver a cor do céu. Quem já esteve lá sabe que as ruas não tinham calçamento e viravam um verdadeiro lamaçal naquela época do ano. Como o meu objetivo era ir ao Tibete, não me incomodava muito.

Olha o que é a falta de informação! Gastei um tempo no Vietnã para tirar o visto chinês, pois, assim, não precisaria perder tempo em Kathmandu esperando por ele. O que eu não sabia era que o visto chinês tradicional não servia para o Tibete. Eu precisava de um visto especial, que tinha que ser tirado por meio de um voucher de uma agência de viagens, pois não era permitida a entrada de estrangeiros sem um acompanhamento profissional. As agências de viagens no Nepal vendiam vouchers falsos para aqueles que desejassem correr o risco de viajar pelo Tibete por conta própria. Segundo o que ouvi de outros viajantes, seria uma situação altamente arriscada para se fazer sozinho. Diziam que havia bloqueios do exército chinês a cada trinta quilômetros nas estradas, o que tornaria impossível essa aventura. Tal situação se mostrou verdadeira. Resolvi, então, entrar em uma excursão e viajar com um grupo. Como a saída seria em seis dias, tinha a possibilidade de casar com o tempo para tirar o visto.

Com nada programado durante seis dias, escolhi um passeio de *rafting* de dois dias. Porém, foi um pouco "programa de índio", pois chovia muito. Não atrapalhou o *rafting* em si, mas sim o acampamento à noite. Pobre dos poucos desavisados como eu que estavam no Nepal naquela época. A maioria do grupo era de franceses que tinham viajado pela Índia por três meses, se cansaram de tanto passar mal com a comida e foram se "desintoxicar" no Nepal por algumas semanas. Eles voltariam ainda para a Índia para continuar a viagem.

Outra opção para matar o tempo era ficar nos cafés, trocando ideias com outros viajantes desavisados. Em uma dessas manhãs chuvosas e intermináveis, ouvi o papo de um turista que estava fazendo um *trekking* nas montanhas e passou mal por causa da altitude. Ele teve que descer o mais rápido possível, pois não havia remédios para o mal da altitude. Quem contava esta história era uma enfermeira neozelandesa, que explicou tecnicamente o que estava por trás deste mal.

Alguns dias depois, lá estávamos nós partindo para a excursão de Kathmandu até Lhasa, capital do Tibete. Confesso que me sentia um pouco desconfortável, pois já não estava mais acostumado a viajar em excursões. O grupo tinha umas 16 pessoas, com variados perfis: desde jovens e adultos solitários até famílias com filhos adolescentes. Detalhe: a enfermeira neozelandesa estava lá também.

O dia a dia da viagem em grupo ao Tibete foi registrado com o maior número possível de informações. O objetivo é compartilhar o conteúdo com as leitoras e os leitores que planejam fazer esse percurso.

Dia 1:

Bem cedo, saímos em um micro–ônibus. Todos com a cara amassada, pois eram seis horas da manhã. Logo estávamos em uma estrada enlameada e não passou muito tempo até pararmos em um bloqueio por deslizamento de terra. Por lá ficamos mais de uma hora esperando por uma solução. Até que nos disseram para entrar na caçamba de um caminhão baú que nos aguardava no outro lado do deslizamento. Ele nos levaria até a fronteira do Nepal com o Tibete. Assim, fomos literalmente como carga por mais de uma hora, sem ao menos enxergar por onde passávamos.

Quando chegamos ao posto de fronteira de Kodari, me deparei com um cenário espetacular. Kodari fica a mais ou menos 1.500 metros de desnível em relação ao posto de entrada na China, em Zhangmu. Era um verdadeiro paredão. Tinha que levantar a cabeça, olhar para cima e procurar, pelo ziguezague que a estrada fazia no morro, algum traço de civilização. Não era possível, pois o desnível entre Kathmandu e Zhangmu é de 2.500 metros.

Depois de passarmos tranquilamente pelos trâmites de saída do Nepal, subimos na caçamba do caminhão e rodamos por quase uma hora. Serpenteando pela montanha, chegarmos ao posto chinês, aliás, tibetano. Isso porque os soldados chineses procuravam em cada centímetro das bagagens, em cada bolso de calça, em cada nécessaire, algo que fizesse menção à situação da repressão chinesa ao Tibete. Qualquer foto do Dalai Lama seria motivo de alguma punição. Já havíamos sidos avisados disso, portanto cada um estava por sua conta e risco. As fotos dele eram valiosíssimas no Tibete, abririam portas, fariam amigos instantaneamente.

No entanto, poderiam representar dores de cabeça que nem todos estavam dispostos a ter.

Após a demorada passagem pela fronteira, o caminhão nos levou até Zhangmu. Lá, pernoitamos de qualquer modo. A vila consistia apenas de uma rua, que era a própria estrada, com suas construções que pareciam estar dependuradas naquele abismo. Incrível! Dividi o quarto com o Rick, um americano quarentão que tinha se dado aquela viagem de presente de despedida da Ásia, após uma temporada de três anos como professor da Escola Americana de Kathmandu. Ele mandou a família de volta para os Estados Unidos e embarcou nesta aventura. Rick tinha muita experiência de vida e um papo ótimo. Na manhã seguinte, nosso ônibus já estava de volta e seguimos viagem morro acima. Em Zhangmu, a altitude é de 3.700 metros. E ainda iríamos subir mais.

Dia 2:

Como continuação do primeiro dia, a viagem seguiu morro acima. Logo estávamos em outro deslizamento de terra, só que daquela vez a quase 4.000 metros de altitude. Ficamos um bom tempo por lá. Parecia que não haveria solução, pois tinha realmente muita terra na estrada e nenhuma perspectiva para a remoção rápida. Nas duas horas que ficamos parados, acho que vi as quatro estações passarem por nós: sol, calor, vento, chuva, neblina, frio. Tudo o que me falaram sobre mudança de tempo súbita no Tibete era verdade.

Depois de mais de duas horas, nosso guia percebeu que havia um micro–ônibus do outro lado do deslizamento com um grupo de holandeses. Eles se dirigiam àquela vila onde tínhamos pernoitado na noite passada. Foi uma intensa negociação até que chegassem à conclusão que deveríamos repetir a operação: descemos do micro–ônibus com todas as malas, escalamos o monte de terra a pé e fomos até o veículo dos holandeses. Os guias combinaram que os micro–ônibus levariam cada grupo até a primeira vila e voltaria para o ponto do deslizamento para esperar pela reabertura da estrada. Não havia previsão de quando isso iria acontecer. E assim foi.

O micro–ônibus dos holandeses nos deixou na primeira vila, que estava à 4.000 metros de altitude. Não era o ponto previsto de parada do nosso grupo, aliás de nenhum grupo. Não havia um hotel propriamente dito, apenas alguns quartos espalhados em diferentes prédios, arrumados pelo nosso guia para passarmos a noite. Aproveitamos para visitar o vilarejo, que era bem típico do Tibete, sem nenhuma estrutura para receber turistas. Pelo menos não havia lojas de souvenirs, camelôs nem pedintes, sempre onipresentes em lugares turísticos. Foi muito interessante, pois os tibetanos do vilarejo não estavam mesmo acostumados com os turistas. Assim, vimos as mais variadas e possíveis reações. Havia vários iaques pelas ruas, bichos bem interessantes, base para quase tudo no Tibete.

Ao cair da tarde, comecei a sentir dor de cabeça, mas não dei muita importância. Voltamos ao nosso quarto para tomarmos banho e ver que surpresa nosso guia ia nos proporcionar com relação ao jantar. Não deu tempo. Minha cabeça começou a latejar. A dor aumentava a cada minuto. Comecei a me sentir enjoado. Pedi um balde para colocar ao lado da cama e vomitava sem parar. Rapidamente chamaram a enfermeira neozelandesa, que entrou no quarto e fez uma cara de desespero ao ver meu estado. Ela me deu um remédio para enjoo que foi rapidamente colocado para fora. Depois aplicaram uma injeção. Nada adiantava. Próxima providência: chamar o guia. Ele me observava. Perguntaram se já tinha visto algum turista morrer daquilo e ele disse que sim. Logo foi repreendido por todos, que não queriam que eu escutasse a resposta. Tarde demais. Apesar de semimorto e de parecer inconsciente, conseguia entender o que eles falavam. Eles combinaram que eu ficaria sob observação até meia–noite. Caso não melhorasse, mandariam me levar até o deslizamento de terra. Se a estrada estivesse ainda interrompida, o que provavelmente seria o caso, teria que descer a pé até a primeira vila que encontrasse, aquela em que tínhamos passado a noite anterior, em Zhangmu.

Pela primeira e única vez na vida tive certeza de que ia morrer. No estado em que me encontrava, não havia a menor chance de descer sozinho aquela estrada de madrugada com ou sem mochila. Comecei a cumprir o roteiro tradicional daquelas pessoas que estão à beira da morte. Passei a ver um filme da minha vida e relembrei em flashes os melhores e os piores momentos. Lamentava o fato de não ter nenhum conhecido em um raio de 10.000 quilômetros e de não ter simplesmente ninguém para me despedir, além do Rick, da neozelandesa e do guia tibetano. O mais incrível é que esse processo me distraiu um pouco. Fiquei mais relaxado e acabei adormecendo. Quando abri os olhos, tive uma sensação de imensa felicidade ao perceber que eu estava "vivinho da silva". Já era de manhã e minha cabeça não doía. Tinha sobrevivido ao mal da altitude. Deu vontade de mandar fazer uma camiseta com essa mensagem.

Dia 3:

A viagem pela *Friendship Highway* consistia em uma pista de terra, muita poeira, paisagens áridas, com uma cadeia de montanhas ao fundo e muitos vales. Os pontos mais altos da estrada eram chamados de passes e ultrapassavam os 5.000 metros. No quarto dia, percorremos o mais alto deles, o Lhakpa–la, que tem 5.220 metros de altitude. Viam–se muitos casebres espalhados e muitos iaques, que, aliás, é a base de sobrevivência desse povo.

Como a altitude é uma barreira grande à agricultura, a carne do iaque acaba sendo aproveitada, assim como sua manteiga, que é onipresente no país. Com ela se faz o chá e as velas dos templos tibetanos. Seu odor é inconfundível. Especialmente para mim, que odeio manteiga. Tinha a sensação de estar fazendo um verdadeiro sacrifício ao visitar os templos e palácios desse lugar. Além disso, em uma sociedade que parecia ainda viver no século XIX, o iaque serve como tração de carroças e casas–carroças. Não preciso mencionar a utilidade de seu pelo, usado pelos tibetanos para se protegerem do inverno rigoroso. Para encerrar, até suas fezes secas e em forma de placa eram, e acho que ainda são aproveitadas para forrar telhados e ajudar no aquecimento.

Esse dia foi especial. Passando pelo vilarejo de Tingri, pudemos ver o Monte Everest de longe. Não me pareceu tão alto assim, mas logo me lembrei que estava a mais de 4.000 metros de altitude. A diferença de altitude era menor do que alguns picos do Himalaia que vi do Nepal, quando lá estive sete anos antes fazendo *trekking*.

Em Kathmandu, quando tentaram me vender uma máscara contra poeira, achei que o pessoal tinha passado dos limites. Porém, não tinham e foi uma das melhores compras que fiz. Usei a máscara praticamente todo o tempo que passei na estrada até chegar em Lhasa. Era poeira constante, apesar de quase não termos cruzado com outros veículos no caminho. Ah, é verdade. Tinha o bloqueio do exército chinês a cada meia hora. Era impressionante. Apesar disso, o dia passou rápido, pois tudo era novidade.

Dia 4:

Nesse dia visitamos Shigatse, que é a segunda maior cidade do Tibete. Lá fica o lar do Pachen Lama, a segunda figura na hierarquia tibetana após o Dalai Lama. O Monastério Tashilhunpo é a principal atração, embora abrigasse quase um décimo dos monges que já abrigou no passado.

Aliás, a minha ficha caiu em Shigatse. Devo confessar que antes da minha viagem ao Tibete, o significado da visita era apenas o prazer de ir a um lugar distante e difícil. Meu conhecimento da história daquele povo era ínfimo. Com os dias passando, fui conversando com as pessoas que estavam no grupo, o Rick principalmente. O americano era cultíssimo. Também falei bastante com o guia tibetano. Apesar de sua timidez e aversão a riscos, ele se abriu com alguns do grupo discretamente. Na medida em que eu também observava o povo, especialmente quando vi a situação em que os monges se encontravam, comecei a me atentar para a tragédia presenciada. Isso mesmo, tragédia! Desse dia em diante, as coisas começaram a ficar mais claras para mim. Os bloqueios nas estradas, os monastérios destruídos, os monges reclusos... Ao mesmo tempo, se expressavam com olhares que pediam ajuda e tentavam nos dizer algo. Mais tarde, em Lhasa, me chocou a constatação de que a capital do Tibete era, na verdade, uma cidade tipicamente chinesa. Só tinha sobrado um bairro tibetano de modo proposital. Já que os chineses não renunciariam às receitas do turismo, não deixariam os tibetanos sumirem. Eu me sentia como se estivesse em um zoológico, apreciando os últimos exemplares de um povo.

Não estou aqui para repetir a história do Tibete, que todos devem conhecer ou que é facilmente encontrada em diversos livros e websites. Na época pré–internet, comprei um livro chamado *Tears of Blood, a Cry for Tibet*, de Mary Craig. Após a leitura, senti uma imensa compaixão para com esse povo. A partir daí, não consegui mais esconder minha raiva do povo chinês, pela verdadeira opressão em câmera lenta que se cometia, e ainda se comete, contra o Tibete. Não era somente uma política de governo, mas o próprio povo chinês se aproveitava dos benefícios oferecidos pelo Estado para emigrar para lá e ganhar subsídios. Entre as vantagens da época, estava o direito de ter mais de um filho. Era um benefício com duplo sentido: além de motivar as pessoas a se mudarem para lá, ajudaria a ter mais chineses no local. Sem falar nas grandes potências estrangeiras, que absolutamente nada faziam para impedir tal política. Isso porque é a China. Se fosse um país menor ou irrelevante financeiramente, os Estados Unidos já teriam vestido o uniforme de guerra, se apressado para fazer o papel de polícia do mundo e acabado com esse crime bárbaro. Isso me entristeceu e ainda me entristece. Porém, não me surpreende o fato de a situação não ter mudado até hoje e, pelo visto, nunca mudará. Pobres dos tibetanos!

Dia 5:

Nesse dia, visitamos Gyantse. Apesar de ser uma das principais cidades do sul do Tibete, era um vilarejo pequeno. O Monastério Palkhor era, e ainda é, o ponto mais relevante e a principal atração do lugar. Mais uma vez, o espetáculo dos monges unindo as mãos, se ajoelhando e se deitando em reverência. Em ato contínuo, eles se levantavam, davam alguns passos, uniam as mãos, se ajoelhavam e se deitavam em um ritual que seguia o dia todo. Essa cena me deixou paralisado, perplexo. Tentava entender o significado daquilo. Nunca tinha visto tanta devoção de um povo em relação à religiosidade. Difícil de descrever a cena e o meu sentimento.

Dia 6:

O último estirão foi de 270 quilômetros de Gyantse até Lhasa. Só para registrar, a viagem toda tem 1.000 km, desde Kathmandu. Dividindo por seis dias, dá para ter uma ideia da velocidade e da dificuldade de se viajar naquele terreno. Esse último trecho tem como destaque o Lago Yamdrok, com sua água em tom verde esmeralda. A tristeza de ver a viagem acabando contrastava com a excitação de chegarmos a Lhasa, definitivamente o ponto alto da jornada, não literalmente – me desculpem o trocadilho.

Apesar de ter uma aversão às viagens em grupo, devo admitir que essa foi diferente. Mesmo com uma aparente diversidade de idade, país, cultura etc., o grupo tinha um interesse em comum: conhecer o Tibete, a cultura tibetana, sua história, conviver um pouco com seu povo. O resultado foi uma superdose extra, e no meu caso, não esperada, de compaixão, dor, sofrimento, tristeza e angústia de se sentir inútil diante daquela situação.

Dia 7:

Na chegada à Lhasa, fomos para um albergue e entramos no clima de viagem fora de excursão. Primeiro, visitamos o Palácio Potala, a grande atração de Lhasa e do Tibete. A antiga residência do Dalai Lama, atualmente um museu com sua imponente construção no alto de um morro, tem 1.000 aposentos, várias estátuas e altares. Um colírio para quaisquer olhos. De fora, assim como o Taj Mahal, sentia vontade de ficar horas apreciando sua beleza, sem dizer nenhuma palavra.

Outro local de visitação é o Templo Jokhang, que tem mais de 1.300 anos. É uma super atração também, principalmente pelo que representa para peregrinos e monges. Dava para notar pela devoção com que eles rezavam, repetindo a cena de reverência tanto do lado de fora do templo quanto do lado de dentro. O Templo Jokhang fica no coração do bairro tibetano, o último lugar com grande concentração de tibetanos e comércio.

Após as visitas ao Palácio Potala e ao Templo Jokhang, pensei que o grupo fosse se dispersar, pois tecnicamente a excursão havia acabado. Não foi o que aconteceu. Boa parte das pessoas permaneceu junta. Aqueles que iam retornar à Kathmandu, como eu, pesquisaram o percurso de volta. A princípio, eu queria retornar por terra pela aventura em si. Mas, como tinha acabado de realizar a mesma viagem, avaliei se teria forças físicas, mentais e emocionais para fazê–la de volta por terra. Certamente teria que ser de carona em um desses 4x4 que pega turistas na fronteira e os leva até Kathmandu. Seria uma ótima pedida se eu já não conhecesse o caminho. Portanto, além de não ser novidade nenhuma, só teria a parte negativa pela frente: mais poeira, cansaço, perrengues para comer, dormir em alguns dos hotéis que ficavam pelo caminho e sequer tinham água quente. Em síntese, resolvi pegar o avião de volta com o Rick.

A maioria do grupo ia para a China. Alguns iam para o Paquistão, via Kashgar, na província de Xinjiang, descendo pela Karakoram Highway.

Essa província era predominantemente muçulmana, o que tornava a viagem interessantíssima, daquela que dá água na boca. Porém, era de alto risco. Mas, já não dava para mim. Meu tempo estava se esgotando. Hoje me arrependo de não ter nem cogitado continuar com esse grupo e Kashgar e Karakoram Highway ainda estão na minha lista de desejos.

Ficamos mais um dia curtindo o Palácio Potala e o bairro tibetano, o que serviu apenas para eu admirar mais o povo tibetano e detestar, mais ainda, os chineses pelo que estão fazendo naquele território. Visitamos alguns monastérios, dentre eles o de Drepung. Lá, pudemos interagir com os monges, que hesitavam um pouco, mas acabavam falando sobre a precária situação em que viviam. Dá para ficar realmente deprimido até pela total impotência diante do poder bélico chinês. Quem ousaria desafiá–lo? Se naquela época ninguém desafiava, imagine agora, com todo esse poderio econômico.

No voo de volta para Kathmandu, tive uma excelente visão do Monte Everest. O dia estava lindo e foi quase o clímax da viagem. Após esse momento, a viagem, na prática, tinha acabado. Mas, faltavam mais uns dez dias para o término do meu período de férias. Muito esquisito. Por tudo que aconteceu em Bangkok e por ter lido que era estação chuvosa na Tailândia, decidi gastar os últimos dias em Kathmandu. Na noite em que chegamos, saí com o Rick para uma despedida. Visitei a Escola Americana de Kathmandu e, depois, jantamos. No dia seguinte, ele pegou o avião de volta para os EUA e nunca mais o vi nem ouvi falar dele. Foi uma ótima companhia de viagem, uma semana que valeu por um mês. Essa era a parte negativa de se conhecer gente legal pelo mundo na era pré–internet. Perdia–se facilmente o contato e a chance de manter a amizade. Essa foi uma das várias vezes que lamentei ter perdido contato com uma pessoa bem interessante, cheia de conteúdo. Mas não há o que se lamentar: era assim a vida antes das redes sociais, era essa a regra do jogo.

No mais, fiquei de bobeira por lá, indo de café em café, conversando com a galera, falando sobre o Tibete. Os papos não eram somente sobre a minha viagem em si, mas sim da penosa situação deles. Esse assunto se repetia à noite de bar em bar. Um cara tão ativo como eu ficar tanto tempo numa cidade sem nenhum planejamento do que fazer foi uma situação inédita. Na última noite, relendo minhas anotações, cheguei à conclusão de que em 60 dias de viagem, não havia jantado sozinho uma única vez. Sempre tinha alguma companhia, mesmo que fosse alguém que eu tivesse conhecido horas antes. Decidi fazer a última refeição sozinho e feliz.

17. Minha liberdade

Ainda em 1995, após minha volta da Ásia, comecei um novo trabalho voltado a imóveis comerciais. A atividade não previa horário fixo, situação que é muito mais a minha cara, já que sou um pouco claustrofóbico em vários sentidos. Realmente não me adapto a quaisquer atividades que limitem minha movimentação. Sempre tive preferência por ficar livre, sem compromissos, seja do ponto de vista romântico, seja do ponto de vista profissional. Dez anos na Petrobras (está bem, dois deles na Bélgica) tinham sido pesados!

Coincidentemente, naquele ano conheci a Mônica, minha esposa. Desde que nos conhecemos, ela sabia como eu era, e ainda sou. Como ela também não gosta de ninguém pegando no seu pé, logo nos demos muito bem. Mônica aceitou o fato de eu precisar viajar de vez em quando. Como nunca foi muito chegada em viagens, quanto mais desse tipo que faço, ela não via problema algum em eu ir sozinho ou com meus amigos malucos. Assim, lá se vão 30 anos de relacionamento, sem que isso tivesse sido fonte de estresse. Outro dia, encontrei amigos de longa data, alguns deles já mencionados neste livro. Eles lamentaram terem parado de viajar com os amigos depois do casamento. Eu nunca insisti para que me acompanhassem, pois não queria ser fonte de estresse nos relacionamentos dos outros.

Na vida, nos deparamos com situações em que precisamos escolher entre dois caminhos. Existem as decisões que não alteram tanto o curso, tais como: se devemos comprar um carro ou não; se devemos tirar férias e viajar para a praia, a serra ou para o exterior, ou mesmo ficar em casa. Contudo, outras são mais impactantes e mudam nossa vida para sempre. A decisão de sair da Petrobras foi uma dessas. Outra foi ter uma filha. Não era meu objetivo original, mas posso afirmar que foi a melhor coisa que me aconteceu. Minha vida nunca mais foi a mesma, o que não significa que piorou, apenas mudou. Pelo menos, não parei de viajar.

No final de 1996, minha filha Fernanda nasceu e, claro, minhas prioridades mudaram. Não tinha mais aquele mês de férias, igual à época em que trabalhava na Petrobras; também não tinha meu salário depositado no fim do mês. Meus rendimentos dependiam de fechar negócios imobiliários. Às vezes entrava grana, às vezes não. Sempre fui um pouco espartano, nunca dei muita bola para carros novos nem para jantares caros. Como tinha noção de que um dia me libertaria da Petrobras, fiz uma programação financeira que me permitisse viajar de vez em quando.

Aliado a isso, eu era tecnicamente um agente de viagem, já que quando minha mãe abriu sua agência, ela me colocou de sócio com 1% de participação. Dessa forma, tinha direito a passagens com tarifas especiais, com descontos gigantes. Isso ocorreu em 1990 e, desde então, sempre consegui viajar com passagens bem baratas. Posso afirmar que teria viajado bem menos se não fosse a empresa de minha mãe. Depois, com o advento das milhas, também conseguia viajar com as milhagens, algo bem mais difícil hoje em dia. Naquela época, eram necessárias 40 mil milhas para um bilhete de ida e volta para a Europa ou Estados Unidos. Atualmente, a quantidade de milhas necessárias é muito maior.

Além da grande economia com as passagens, sempre fui espartano com os hotéis. Quando chegava aos lugares, sempre fazia uma busca pelas opções com melhor custo–benefício. Sempre priorizei meu tempo durante o dia para visitar as atrações, nunca fui de parar para almoçar em restaurantes, o que também me proporcionou mais economia. Com o que a maioria das pessoas gastava em uma viagem, eu poderia fazer duas ou três. Assim, não prejudicava muito o orçamento familiar. Nunca quis calcular o quanto já gastei em viagens, pois sempre vi como um investimento em mim mesmo e não como um custo.

18. Oriente Médio raiz

Um amigo de adolescência, o Marcos Saad, é filho de libanês e neto de sírios. Um dia, em 1997, ele me disse que ia visitar o Líbano com outros dois amigos, os irmãos Bill e Mario, descendentes de libaneses (a avó deles era libanesa). Imediatamente, eu me incluí nessa viagem. Seria uma oportunidade única de vivenciar a cultura libanesa com pessoas do lugar. Minha filha ainda não tinha um ano de idade, mas uma viagem de menos de duas semanas não trouxe problema para nós, já que naquela época tínhamos um suporte dos meus sogros.

Na década de 1970, durante a Guerra Civil no Líbano, milhares de libaneses migraram para o Brasil. O pai do Marcos ajudou muito na adaptação de várias dessas famílias recém–chegadas ao nosso país. Quando a guerra finalmente acabou, eles voltaram para o Líbano, mas com uma dívida de gratidão com a família Saad. Assim, quando chegamos à Beirute, Paul, amigo da família do Marcos, nos aguardava no aeroporto com sua Mercedes. Prontamente nos levou até nosso hotel. Como ele tinha morado no Brasil durante anos, falava português quase fluentemente. Para resumir, ele ficou uma semana à nossa disposição 24 horas por dia, nos levou para conhecer sua casa e todos os lugares interessantes da região. Fomos, inclusive, ao clube de bocha encontrar amigos dele que nos propuseram uma partida. Nunca tinha jogado bocha, mas baixou uma sorte de principiante e acabei ganhando de todo mundo. Mas nada que abalasse o clima descontraído da viagem.

Naquele ano de 1997, Beirute ainda estava começando o processo de reconstrução do Centro histórico, totalmente destruído em razão dos anos de Guerra Civil. Outros locais, mais distantes do Centro, permaneciam intactos. No Centro, havia a famosa Linha Verde, que cortava Beirute de norte ao sul. Do lado oriental ficavam os cristãos e do lado ocidental os muçulmanos. Havia controle em alguns pontos e atiradores nos prédios, que acabaram ficando totalmente destruídos após anos de guerra. O processo de reconstrução começou depois da nossa visita e transformou o Centro de Beirute em uma joia para os turistas.

Fomos a Byblos, considerada a cidade mais bonita do Líbano. A localidade também é uma das mais antigas com construções ininterruptas por mais de 8.000 anos. Decidimos visitar o Vale do Bekaa, área predominantemente agrícola, que fica a uns 50 quilômetros de Beirute. Lá se encontra Baalbek, cidade que tem dois templos maravilhosos: o de Júpiter e o de Baco. Os templos estavam em bom estado de conservação e são patrimônios mundiais da Unesco. Baalbek é considerada, culturalmente, o ponto alto do país, sendo excelente atração turística. Para variar, havia poucos turistas, um desperdício.

Como a avó do Bill e do Mario era de uma aldeia que ficava no Vale do Bekaa, na volta para Beirute o Paul decidiu passar por lá. Cada aldeia tem um ancião que sabe tudo sobre os habitantes que lá moram e sobre os que se foram. Assim que chegamos, Paul conseguiu encontrar o ancião responsável. Dissemos a ele o nome da avó do Mario e do Bill e em menos de 15 minutos toda a família da avó deles estava reunida. Eram mais de 15 pessoas. Logo, nos convidaram para a casa da irmã dela, que ficou muito emocionada em conhecer os sobrinhos–netos. Depois de alguns minutos, foi servido um verdadeiro banquete. Conhecedor da cultura local, Paul nos alertou para falarmos que tínhamos um compromisso urgente em Beirute naquela noite. Do contrário, eles nos obrigariam a ficar para comer e passar a noite. Demorou um pouco para convencê–los a nos deixar ir. Foi muito legal.

Após alguns dias no Líbano, decidimos ir a Damasco, na Síria. Paul arrumou um carro com motorista para nos levar. O Marcos passou ao motorista o nome da aldeia e o endereço da casa onde seu pai tinha nascido. Queríamos visitar o local. Essa vila ficava no caminho para Damasco, próxima à fronteira da Síria, por isso o Paul não foi conosco. Quando chegamos lá, o motorista conversou com os moradores da casa, que não tinham nada a ver com a família do Marcos. Porém, eles imediatamente nos convidaram para entrar e, em alguns minutos, a mesa estava repleta de comida. Detalhe: nem o motorista, nem os moradores falavam inglês. A comunicação era somente por gestos. Esses dois episódios mostram a essência do povo libanês e sua hospitalidade genuína. Mais uma vez foi muito legal.

Depois de nos despedirmos daqueles moradores, o motorista nos levou até Damasco e nos deixou na porta do Sheraton Hotel, que até então não era tão caro. Em 1997, a Síria e a cidade de Damasco eram um oásis de paz. Foi um dos lugares em que eu me senti mais seguro de todas as minhas viagens. Na verdade, naquela época, a Síria controlava completamente o Líbano, com muitos pontos de controle do exército em todo no país. Já em Damasco, havia polícia na rua, mas não muita, até porque, pela cultura e religião muçulmana, não havia praticamente qualquer chance de você ser assaltado ou roubado.

Damasco é a capital mais antiga do mundo e a cidade é um brinco. Destaque total para a Mesquita de Omíada e para o mercado na Cidade Velha. Em Damasco, começamos a nos separar. Eu e o Marcos decidimos ir até Palmira para ver as famosas ruínas; o Mario e o Bill decidiram ficar por Damasco mesmo. Assim, pegamos uma van e partimos.

Palmira é uma cidade oásis, estrategicamente posicionada entre o Mediterrâneo e o Rio Eufrates, no Iraque. Desde sempre, foi rota de comerciantes. Exatamente por isso, foi alvo de vários conflitos, foi tomada por várias civilizações. Há diversos templos romanos e uma fortaleza. É um paraíso para os amantes da História. Infelizmente, em 2015, o Estado Islâmico tomou Palmira e resolveu destruir boa parte das suas atrações turísticas e históricas. Espero que no futuro pelo menos parte do que foi destruído possa ser restaurado.

Eu ainda queria conhecer Aleppo, no norte da Síria. Marcos voltou para Beirute e eu segui sozinho para a segunda maior cidade da Síria. Aleppo fica perto da fronteira com a Turquia, em uma localidade estratégica. Naquela época, ela simplesmente "bombava": suas ruas e cafés viviam cheios e o mercado coalhado de gente, principalmente no fim da tarde. Eu adorei Aleppo. Hoje, a cidade também está destruída. Mais de 30 mil pessoas já morreram na guerra e 1,5 milhão optaram por abandoná–la. Essa região tem sido historicamente palco de terremotos[16]. O último de 2023 só serviu para aumentar a agonia e sofrimento de um povo que era eminentemente pacífico, que não tinha nada a ver com a guerra. Uma tristeza só. Naquela época, não havia nada disso e minha visita foi maravilhosa. Voltei para Damasco, mas os meninos já tinham partido. Fiquei lá mais um pouco, dessa vez sozinho. Foi uma viagem ímpar: primeiro pela oportunidade de passar uma semana no Líbano com os libaneses, depois visitando a Síria, um país sensacional, mas que, infelizmente, hoje está destruído por diferentes tragédias.

19. Costa Rica

Em 1998, fui com o Dauro para a Costa Rica. Passamos 11 dias por lá, pois já não tinha mais aqueles 30 dias de férias. Rodamos pelo país com um carro alugado. Felizmente, tenho boas lembranças. Na volta ao Brasil, emprestei minhas fotos e os negativos para o Dauro tirar cópias. Ele nunca me devolveu e não sabe onde foram parar. Ou seja, não tenho qualquer imagem daquela viagem. Só posso dizer que foi muito legal.

[16] Ocorreram no território de Aleppo muitos episódios de terremoto: em 1138, houve na região um dos terremotos mais mortais, com o registro de mais de 230.000 mortos; em 1872, há o registro de forte terremoto com danos para Aleppo; em 1903, outro terremoto afetou a região; e mais recentemente, em fevereiro de 2023, outro terremoto com epicentro na Turquia e com magnitude 7,8 causou danos significativos a Aleppo e a outras cidades do norte da Síria.

Alugamos um carro no aeroporto e fomos direto até a vila de La Fortuna, que fica na base do Vulcão Arenal. Hoje, La Fortuna tem cerca de 16.000 habitantes. Então, imagine em 1998! Apesar disso, tinha muito movimento de turismo, pois além das atividades que envolvem o vulcão, seja para *trekking*, seja para aproveitar as águas termais, há a prática de *rafting* e trilhas para mountain bike. Lá tem tudo quanto é esporte de aventura. Fizemos *rafting*, que é um dos meus esportes preferidos.

De lá, dirigimos para Tamarindo, na costa do Pacífico, uma praia típica dos habitantes locais e boa para a prática de surf. Era Semana Santa e, por causa do feriado, o lugar estava bem cheio de turistas da própria Costa Rica. Descemos pelo litoral até Jaco. Cruzamos o país até a costa do Caribe, visitando os picos de surf em Talamanca, apesar de não surfarmos mais. As estradas eram vicinais. Não havia nenhuma rodovia que tivesse mais do que mão e contramão. Então, os deslocamentos eram bem lentos. Por um lado, a demora era maior do que havíamos planejado. Por outro, dava para sentir a vida local mais de perto. Sempre é uma experiência diferente em relação às viagens feitas em estradas em alta velocidade, em que pouco se vê do movimento, do comércio local etc.

Na volta para San José, escolhemos dois passeios. Um deles é o Parque Nacional Braulio Carrillo, onde se faz um *bird watching* em um teleférico que vai passando perto das copas das árvores. Para quem gosta, é um prato cheio. Apesar de muito bonito, para mim foi meio monótono, já que não tenho muito interesse por pássaros e o teleférico, obviamente, vai bem devagar. O outro foi para o vulcão Poás, que fica a cinquenta quilômetros de San José. É possível subir até o topo e, lá de cima, ver o lago que fica dentro do vulcão. Eu me lembro de ter tirado uma foto do lago e, uns dois ou três segundos depois, entrar uma névoa gigantesca que não nos deixava ver um palmo à frente. Não sei quanto tempo durou aquela névoa, mas até irmos embora, não tinha sumido. Foi uma visita que valeu à pena no pouco tempo que tivemos. A Costa

Rica é cheia de atrações para quem gosta de natureza. Quando estive lá, era um país bem calmo, seguro e barato. Hoje em dia está mais movimentado, mas continua calmo e seguro[17].

Como o Rene, um amigo brasileiro que me foi apresentado pelo Marcos, mora por lá, a Costa Rica voltou ao meu radar. Prometi para ele que faria uma visita. Depois de vários anos ficando somente na promessa, em 2024, finalmente cumpri com a palavra. Aproveitei para visitar a Nicarágua. Mas, isso fica para um relato futuro.

20. Peru e Bolívia

Nos primeiros anos após o nascimento da minha filha, fiz algumas viagens de apenas uma semana. Foram escapadas rápidas. Em 1999, fui com Leo e Khouri para o Peru e a Bolívia. Começamos em Lima, uma típica capital sul–americana. O Centro Histórico era bem cuidado, mas o trânsito já era caótico. Lima fica na beira do Oceano Pacífico, tem praias bonitas. Sempre que visito lugares com água, pode ser praia, lago ou cachoeira, já me animo.

De lá, voamos para Cusco, a antiga capital do Império Inca, uma cidade maravilhosa. A Plaza de Armas, no Centro Histórico, é magnífica. Tinha visto uma reportagem sobre a Festa do Sol, que sempre acontece em 24 de junho, em um programa do Globo Repórter. Sabendo disso, nos programamos para estarmos lá nesta data. A Inti Raymi, como o evento também é chamado, é uma das principais festas do Peru. Ela é realizada primeiro em Qoricancha, depois na Plaza de Armas de Cusco e finalizada no Centro Arqueológico de Sacsayhuamán. A cidade inteira participa. Interessante que Cusco fica a 3.600 metros de altitude, mas

---

[17] Na Costa Rica, não há exército permanente. Desde 1949, a Constituição do país proíbe a existência de Forças Armadas.

desta vez não tive problemas. Apenas tomamos um chá de coca quando chegamos e evitamos esforços maiores nos primeiros dias.

Fomos ao Vale Sagrado dos Incas e, claro, para Machu Picchu. Machu Picchu é um dos lugares mais especiais que já visitei. Considero uma obrigação as pessoas o conhecerem. O dia para a visita à Machu Picchu foi longo. Pegamos um trem para Águas Calientes às seis da matina. A viagem já é uma atração, pois o trem vai serpenteando a Cordilheira do Andes. Chegando lá, fomos visitar Machu Picchu e, no final da tarde, retornamos para Cusco. Valeu mil vezes à pena. Machu Picchu é fantástico. Todos já devem ter visto fotos do local, mas estar lá é totalmente diferente. Está no top dez das melhores atrações que já visitei pelo mundo. Naquela época, não havia nenhuma restrição quanto ao número de turistas nem estava tão cheio como fica hoje em dia. Foi um dia especial, inesquecível.

Depois, fomos de trem até Puno, na beira do Lago Titicaca. Esse lago é um dos maiores da América do Sul e é o corpo de água navegável mais alto do mundo. A grande atração de Puno são as ilhas flutuantes. Na sequência, pegamos um táxi, passamos pela fronteira para o lado boliviano e chegamos à Copacabana, uma cidadezinha bem pacata à beira do lago. De lá, é possível visitar sítios arqueológicos incas. Para mim, os mais legais ficam na Isla del Sol, bem em frente a Copacabana.

Na sequência, fomos de ônibus para La Paz, umas quatro horas de viagem. Achei La Paz mais interessante do que imaginava, talvez pelo astral da viagem. O Centro Histórico, muito parecido com outras capitais da América Latina, é bem legal. Não havia muitas atrações, mas gostei da cidade. A viagem foi curta, durou uns dez dias, mas é claro que valeu muito, principalmente pelas companhias.

21. Austrália e Nova Zelândia

A ida para o Peru e a Bolívia foi a última antes de um intervalo de alguns anos sem viagens. O motivo foi nossa mudança para o interior de São Paulo e o nascimento do meu filho Rodrigo. Antes de nos mudarmos, tinha uma estrutura de apoio bem segura com minha sogra. Depois que saímos do Rio de Janeiro, a coisa mudou. As prioridades mudaram. Meu filho nasceu em 2001. Sempre conseguia dar uma fugida, quase sempre de uma semana, para esquiar ou para algum lugar próximo. A mudança para Ribeirão Preto foi por causa do emprego no McDonald's em que cuidaria da expansão da empresa no interior do estado de São Paulo. Ficamos lá por três anos, até ter a oportunidade de regressar para o Rio de Janeiro, que era o desejo da família.

Assim, em dezembro de 2002, voltamos para o Rio quando consegui uma nova oportunidade profissional na cidade. Em 2004, acabei me desligando do meu trabalho na época e decidi fazer uma viagem mais longa. Para aproveitar minha liberdade profissional repentina, corri atrás de uma passagem para a Oceania. As rotas passando pela Argentina e Chile, as mais curtas, tinham os voos lotados nas semanas seguintes. Minha alternativa foi conseguir um bilhete de agente de viagem pela United Airlines para Sydney. Esse voo era via Chicago e São Francisco e, portanto, teria que passar pelos Estados Unidos. Saí do Rio numa quarta–feira à tarde e cheguei a Sydney no sábado pela manhã. Foram 49 horas de viagem.

Como sempre tive uma imensa dificuldade para dormir em aviões, cada viagem longa vira um sacrifício. Meu amigo Bill, companheiro da viagem ao Líbano, me deu a dica de tomar um remédio tarja preta (Dormonid) para dormir. Na volta da viagem, em um voo noturno, ele me deu metade de um comprimido, que eu tomei enquanto estava jantando. Quando abri os olhos, tinham se passado quatro horas, minha bandeja estava ainda abaixada e a poltrona ainda estava a 90 graus. Isto é, dormi profunda e imediatamente. Prevendo dificuldades para a maratona de 49 horas, com vários voos longos, consegui arrumar uma caixa desse remédio para a viagem. Tomei meio comprimido no primeiro voo de São Paulo para Chicago e a outra metade no voo de São Francisco até Sydney (14 horas de voo). Em cada um deles, aconteceu a mesma coisa: dormi por quatro horas profundamente.

Em Sydney, fiquei cinco dias hospedado na famosa *Bondi Beach*, meca dos surfistas. É um lugar que dá vontade de passar meses, passeando, aproveitando as praias e a vida calma (ou agitada, para os mais jovens). Fiz todo o circuito turístico, fui à *Blue Mountains* e assisti a uma ópera. Adorei Sydney e recomendo bastante.

Quando pousei em Sydney, eram sete horas da manhã. Pensei em deixar a bagagem no hotel e sair para aproveitar o dia. Assim, chegaria bem cansado no fim da tarde, jantaria e dormiria rapidamente, ajustando o fuso de 13 horas. Porém, o plano saiu errado. Simplesmente, virei a noite tentando dormir e não consegui. No dia seguinte, fiquei fora até de noite e, quando voltei para o quarto, de novo não consegui dormir. Eu tive oito horas de sono ao todo em quase cinco dias. Meu organismo já não respondia bem. Decidi tomar mais um Dormonid. Aí consegui finalmente dormir. Na volta para o Brasil, fiz o mesmo procedimento de tomar as metades do comprimido em cada voo noturno. Só sei que depois de chegar ao Brasil, demorou uma semana para conseguir voltar ao normal. Simplesmente não conseguia dormir, por mais cansado que estivesse. Não é à toa que o remédio é tarja preta, não se pode tomar tantos sem sentir os efeitos colaterais. Minha cunhada que é neurologista me disse que fiz tudo errado. Não se pode tomar este comprimido a bel prazer, nem parar de repente como fiz tanto em Sydney quanto na chegada ao Brasil. Joguei o resto da caixa fora, nunca mais o usei. Qualquer consulta rápida ao Google mostra que o Dormonid tem efeitos hipnóticos e sedativos de curta duração. Só passei por isso porque tive preguiça de fazer essa pesquisa básica.

De Sydney fui para Queenstown, na Nova Zelândia. Antes de viajar, pesquisei por semanas a previsão do tempo, que só mostrava chuva. Até achei que o site do *Weather Channel* estava com algum problema. Porém, quando cheguei em Queenstown, me disseram que estava chovendo sem parar havia um mês. Programei um passeio para Milford Sounds, um fiorde que fica a duas horas de lá. Para minha sorte, o tempo abriu, fez um dia lindo, sem nuvens, e o passeio foi espetacular. Esse é um passeio de barco que passa por todo o fiorde até chegar em mar aberto. Valeu muito à pena.

Fui viajando por toda a Ilha do Sul, passei pela Geleira de Franz Joseph. Depois, peguei o trem Transalpino ou TranzAlpine, que sai de Greymouth, na costa oeste, e vai até Christchurch, cruzando os Alpes do Sul. Essa é considerada uma das viagens de trem mais bonitas do mundo. Ela passa por 19 túneis, viadutos, fazendas, montanhas etc.

Depois de visitar Christchurch, fui de trem até Picton, de onde se cruza de ferry para Wellington, na Ilha do Norte. Lá, peguei um dia de sol, sem vento. Quando estava em um mirante tirando fotos da cidade, um morador local me disse para aproveitar que aquilo só acontecia no máximo em 15% dos dias no ano. Achei a cidade linda, bem arrumada e surpreendentemente calma para uma capital. Mal sabia que meu amigo Fabrício iria se mudar para lá alguns anos depois e mora em Wellington até hoje. Já marquei para breve, uma visita a ele. Meu filho, em 2020, foi fazer um curso de inglês por lá. Ele adorou, apesar de ter pegado o lockdown decorrente da pandemia da Covid–19 três semanas depois de chegar. Sorte nossa que o Fabrício o salvou e o acolheu por dois meses em sua casa. Depois de Wellington, segui de ônibus até Auckland, onde acabou a viagem. Auckland é a maior cidade da Nova Zelândia e é bem cosmopolita.

Todo o roteiro foi maravilhoso, mas foram apenas 18 dias. Claro que não consegui ver tudo, ainda mais na Austrália, um país bem grande. Merece uma nova visita, mas de qualquer forma fiquei bem feliz de ter conhecido Sydney, uma cidade que tem várias similaridades com o Rio de Janeiro. No entanto, em Sydney me senti muito mais seguro do que no Rio de Janeiro, cidade onde moro! No final, pude fazer uma constatação:

em países muito desenvolvidos, é bem mais difícil conhecer outras pessoas, pois o povo não é tão aberto, nem mesmo os viajantes. Claro que adorei a viagem, mas foi apenas uma constatação. Na volta, ainda fui visitar minha amiga Deborah em Seattle, onde ela morava com sua família e outro amigo, David, em Los Angeles.

22. Continentes ou regiões?

Costumo separar o mundo em continentes para que fique mais fácil e prático escolher um destino. Em alguns casos, realmente funciona, mas em outros só serve para confundir. Por isso, muitas vezes prefiro separar o planeta por regiões, algo que fica mais próximo da realidade. Vou explicar.

Começo pela América Latina. Comparando com outros continentes, a América Latina tem uma cultura muito parecida. Do México até a Argentina, a colonização foi prioritariamente espanhola. Excetuando as diferenças por conta de fatores geográficos, recursos naturais, logísticos etc., a cultura latina é basicamente a mesma. Até mesmo o Brasil se encaixa neste grupo, ainda que marcado pela colonização portuguesa. Os Estados Unidos e Canadá já fazem parte de outro grupo, principalmente devido ao colonizador ter sido diferente, com outros idiomas e até o tipo de colonização que não foi eminentemente exploratória como a nossa. Os livros de História estão cheios de exemplos.

Também divido a Europa em dois grupos: Europa Ocidental e Europa Oriental. A influência soviética na época da Cortina de Ferro separava perfeitamente esses dois grupos. Por conta da diferença de regimes políticos e poder aquisitivo, era fácil para qualquer um distinguir esses grupos. Depois da queda do Muro de Berlim em 1989, e com o passar do tempo, começou a ficar mais difícil manter esta divisão. Quando visitei os países bálticos em 2007, me senti em países da Europa Ocidental, principalmente com relação ao poder aquisitivo da população. Aliás, me senti na Escandinávia. E olha que Lituânia, Letônia e Estônia ficam vizinhos à Ucrânia e Bielorrússia, que certamente ainda guardam muito mais semelhanças com as nações tipicamente da Cortina de Ferro.

E o que dizer da Ásia?! Primeiramente, esse é o meu continente favorito. Por quê? Exatamente porque cada país tem uma história única, quase todos têm seu idioma e são extremamente ricos culturalmente. Cada fronteira cruzada dá a sensação de realmente trocar de um mundo para outro. Isso sem falar nas duas grandes potências tecnológicas, econômicas e do forte apelo cultural que são Índia e China.

Índia. Quem vai à Índia, volta outra pessoa. Não dá para ficar indiferente. Ou você ama ou odeia. É muitíssimo intenso. Desde Delhi, onde há abordagens constantes em todos os lugares por pessoas com as mais variadas intenções, até as viagens para o interior. Normalmente, quanto mais longe das atrações turísticas, mais amistosos são os indianos: mais simpáticos, mais curiosos e mais autênticos. Meu amigo Fabrício foi para lá muitos anos depois de mim. Humildemente, o ajudei a fazer um roteiro mais completo do que aquele que eu mesmo fiz. Lendo o blog dele e conversando com ele, me encheu os olhos constatar que a viagem o mudou para sempre. Ele fala da viagem com muita empolgação e diz que foi a melhor viagem de sua vida. Além de uma experiência riquíssima no dia a dia, ele ainda teve uma audiência com o Dalai Lama. Deu vontade de pegar o primeiro voo e ir encontrá–lo.

China. Outro monstro. Quando fui para lá em 1987, era outro país. Isso foi antes do imenso salto que a China deu, com crescimento médio do PIB na ordem de 10% ao ano. Em 1991, quando estive em Pequim, aluguei uma bicicleta e rodei a cidade toda durante uma semana na maior tranquilidade. Hoje, parece que isso é impensável. Naquela época, não havia a poluição que há hoje, nem prédios altos, nem os fast food etc. O interior é um espetáculo à parte: são várias atrações de paisagens, um mundo totalmente diferente, uma festa cultural.

Já minha visita ao Tibete, em 1995, jogou tudo por água abaixo. O que eu vi em relação à eliminação quase que sumária de um povo e de uma cultura, na maior cara limpa, sem a interferência de nenhuma grande, média ou pequena potência do mundo me tocou, me chocou e me decepcionou. De novo, não quero dar aula de História, mas daqui a algum tempo, quando não houver mais tibetanos no Tibete e não houver mais templos a visitar, talvez o mundo se dê conta do absurdo que acontece lá. E isso porque a China é a China, com seu supermercado que faz os olhos de qualquer mercador brilhar. Certamente, esse cenário fez minha avaliação da China despencar. Isso não quer dizer que não voltaria para lá. É claro que gostaria de conhecer a Nova China, mas se for, será com outra cabeça e não verei mais o país da mesma forma. Ainda vou descrever a noite em que passei em Shanghai, por conta de uma conexão, mas nada que tenha alterado minha opinião.

Não poderia deixar de mencionar a África, o continente que, para mim, tem um valor especial. Foram mais de dez viagens e a cada uma fico mais ligado às pessoas, muito mais do que a lugares e paisagens como na Ásia. A África tem uma diversidade de culturas diferente da Ásia, mas para mim o povo é absolutamente especial, genuinamente simpático, generoso e receptivo. Posso ter memória seletiva, mas não me lembro de ter ficado chateado com alguma experiência ruim nas minhas viagens à África. Não fiz a viagem que queria, que era cruzá–la de norte a sul durante seis meses, mas já viajei bastante o suficiente para afirmar que sempre terá um lugar especial no meu coração. Claro que é preciso levar em consideração que o norte da África é muçulmano, com religião e culturas distintas da África subsaariana, e, dessa forma, tem proximidade com aspectos da cultura do Oriente Médio.

Por fim, a Oceania, região distante e com países insulares bem espalhados. Eu a visitei só uma vez e pretendo retornar em breve e conhecer alguns dos países do Oceano Pacífico.

23. *Safári*

Em 2006, fui com minha mãe e o Leo para o Quênia e a Tanzânia. O objetivo da viagem era fazer um safári. Voamos para Nairobi e de lá fomos para Arusha, na Tanzânia, que é a porta de entrada para os principais parques do país. Primeiramente, fomos para Ngorongoro, um parque que fica dentro da cratera de um vulcão extinto. O hotel, que fica no topo da cratera, tem uma vista sensacional. Como é muito alto, não dá para ver nenhum animal lá de cima. Visitamos a tribo Massai, um programa bem turístico, mesmo assim muito interessante.

Mais interessante ainda é o fato de os animais do pessoal da tribo poderem andar tranquilamente pelo parque sem temer ataques dos leões. Eles geralmente não atacam o gado dos Massais devido a uma combinação de fatores, incluindo comportamento aprendido, proteção do gado pelos pastores e a presença de presas selvagens mais fáceis na área. É tão raro qualquer episódio entre os Massais e os leões que recentemente saiu na mídia a notícia de que eles mataram um leão do parque. Tudo porque o leão, que estava bem velho, não conseguia mais caçar e no desespero atacou algumas vacas criadas pelos Massais.

De lá, fomos para o famoso Parque Nacional do Serengeti, que é um espetáculo. Fazer um safári com um guia exclusivo (o Simba) é um luxo e pudemos aproveitar bastante. Vimos todos os animais possíveis. Fazendo o safári por conta própria, seria quase impossível, pois os guias têm os olhos treinados para achar os animais. Além disso, se comunicam pelo rádio com os outros guias. Quando alguém acha um leopardo escondido no alto de uma árvore, ele avisa pelo rádio e, em poucos minutos, chegam uns 30 ou 40 carros. É tudo bem diferente do safári que fiz com o Eugenio, em 1994, lá no Kruger, sem guia. O último parque que visitamos foi o Lago Manyara, que é especializado em elefantes e flamingos. Muito bonito também.

Antes de fazer o roteiro da viagem, tentei sem sucesso ter a certeza de onde os animais que migram (principalmente zebras e gnus) estariam – se no Parque Nacional do Serengeti ou no Masai Mara, que nada mais é do que o mesmo parque, mas do lado do Quênia. Deve ter sido falha minha na pesquisa, pois achei que eles estariam no Parque Nacional do Serengeti, mas estavam no Masai Mara. Mesmo assim, foi muito legal e vimos muitos animais, inclusive algumas zebras e gnus, que deveriam estar no outro parque.

Para finalizar a viagem, passamos três dias em Zanzibar, uma ilha na costa da Tanzânia que foi o primeiro povoado muçulmano na costa da África Oriental. Até hoje, há um Centro Histórico típico, que infelizmente estava muito maltratado. Também existem vários resorts cinco estrelas, onde turistas europeus, principalmente italianos, vão desfrutar das suas praias. Ficamos alguns dias em um deles. Valeu como relaxamento e ponto final da viagem.

24. Países Bálticos

Em 2007, com meus filhos mais crescidos, voltei a viajar com mais frequência. Naquele ano, fui para os Países Bálticos. Mais uma vez com o Leo, visitamos Lituânia, Estônia e Letônia. Primeiro voamos para Vilnius, capital da Lituânia. Ficamos muito impressionados com o desenvolvimento do país, como era limpo e organizado. A cidade não é grande, tinha na época 500.000 habitantes. Mesmo em horário comercial, parecia uma cidade pacata. Visitamos o castelo de Trakai, que fica a duas horas de trem de Vilnius. Eu me lembro que parecia cena de filme.

Depois, voamos para Tallinn, na Estônia. Lá já havia mais turistas, talvez pela proximidade com a Finlândia, com *ferries* diários que ligam os dois países em uma travessia de duas horas. A cidade tinha, então, 400.000 habitantes, e um Centro Histórico lindíssimo. Ficamos encantados.

De ônibus, fomos para Riga, capital da Letônia. Mais uma cidade compacta, essa com 600.000 habitantes. Havia muitos ingleses já que a Ryanair vendia bilhetes de Londres para Riga ao custo de duas libras. Isso mesmo, duas libras! Os ingleses voavam para lá aos fins de semana, pois a cerveja era mais barata. Aí passavam o dia enchendo a cara nos bares e, obviamente, criavam algumas confusões. Hoje já não existem mais essas passagens tão baratas. Inclusive foi este voo que pegamos para ir embora, motivo de termos deixado Riga para o final, já que ela fica entre Vilnius e Tallinn. Os prédios do seu Centro Histórico são fascinantes, incluindo o Town Hall. Visitamos os castelos de Sigulda e Turaida, que ficam a 60 quilômetros de Riga.

A viagem foi rápida, mas muito legal. Em 2007, esses países já se pareciam muito mais com os da Europa Ocidental do que com aqueles da ex–União Soviética. Lembrando que a separação havia ocorrido há apenas 16 anos. Muitos russos ainda moravam lá e, por isso, havia um clima de tensão. Enquanto os locais queriam distância de tudo o que se relacionasse com a antiga União Soviética, os descendentes de russos não queriam perder seus vínculos com a mãe russa. Não posso deixar de mencionar que, pela primeira vez, vivi a sensação do famoso sol da meia–noite. Íamos nos deitar à 1h e ainda estava claro. Isto é, não vimos o céu escuro nem uma vez durante a viagem.

Só para constar, da Letônia fui pra Bélgica, onde houve mais um encontro da minha turma do MBA. Essa foi para comemorar 15 anos de formatura. Desde então, eles fazem esse encontro a cada cinco anos. É muito legal rever toda a galera, verificar como evoluíram com suas vidas, famílias, empregos e planos. Até hoje, de cinco encontros, só faltei a dois. Mas já me encontrei com vários deles em diversas ocasiões, não perco nenhuma oportunidade de estar junto com alguém do grupo, quanto mais com boa parte do grupo. Normalmente, cada encontro reúne entre 35 e 40 pessoas.

25. *Emirados Árabes Unidos e Omã*

Em 2008, fui para Dubai, nos Emirados Árabes Unidos (EAU[18]), com minha mãe. Adorei ter conhecido um país tão diferente. Eles transformaram uma vila de pescadores em uma "Las Vegas do Oriente Médio". Tudo já era grandioso em 2008. E olha que depois que estive lá, foram construídos novos shoppings, prédios altíssimos, ilhas artificiais etc. Naquele ano, o famoso Burj Khalifa ainda estava em construção.

Conhecemos outros Emirados, como Fujairah e Sharjah, que ficam colados a Dubai. Depois, passamos um dia em Abu Dhabi, que por sinal é outro local com dinheiro brotando do chão e que concorre com Dubai pelas construções mais suntuosas. Tudo é bem artificial, mas o fato é que conseguiram transformar Dubai em um centro de turismo e um hub de transporte. O porte do novo Aeroporto Internacional de Dubai e a força da companhia aérea Emirates ajudaram. Hoje eles competem com a Etihad Airways (de Abu Dhabi) e a Qatar Airways por este mercado.

O deserto foi um dos locais que pudemos conhecer. O passeio consistia em rodarmos em um veículo 4x4 pelas dunas. Depois, houve um jantar típico, em tendas árabes. Bem turístico, mas necessário para concluir que, voluntariamente, não pretendo voltar para lá sozinho. Já vi o que precisava ser visto. Não é uma crítica, apenas uma constatação. No entanto, voltaria para mostrar Dubai para a minha família, pois acho que é um lugar ímpar.

No final da viagem, fomos para Omã, um sultanato ao lado dos Emirados Árabes Unidos. País endinheirado, mas muito menos do que os Emirados Árabes Unidos. Foi uma viagem mais light. Muscat, a capital, era uma cidade bem mais relaxada, não vimos nenhuma aglomeração, nem no Centro. Foi uma visita rápida. Então, não tenho muitas conclusões definitivas, mas confesso que, para mim, está visto!

---

[18] Os Emirados Árabes Unidos (EAU) são uma federação composta por sete emirados: Abu Dhabi, Dubai, Sharjah, Ras Al Khaimah, Fujairah, Ajman e Umm Al Quwain.

26. Bulgária e Romênia

Em 2009, minha primeira viagem foi para Bulgária e Romênia. Chegamos à Sófia, cidade que me surpreendeu pela calmaria, com poucos turistas. Vale o destaque para a Catedral de Alexandre Nevsky. Gostei do astral da cidade, bem pacata para uma capital.

O passeio mais legal foi o do Monastério de Rila, que fica a aproximadamente 120 quilômetros de Sófia. Ele é deslumbrante. Esse monastério, considerado o maior tesouro cultural, histórico e arquitetônico da Bulgária, fica em uma área verde nas montanhas, o que torna o passeio mais legal ainda. Imperdível!

De lá, fomos para Koprivshtitsa, uma cidade histórica bem pequena com cerca de 2.000 habitantes. Infelizmente, sua população está se reduzindo ano após ano. Quase não havia turistas, apesar de existirem vários prédios históricos que valem uma visita rápida. Passamos uma noite lá, no caminho para Plovdiv. Plovdiv, por sua vez, é a Capital Cultural da Bulgária. Apesar de ser a segunda maior cidade do país, tinha somente 350.000 habitantes. Seu Centro Histórico é bem mais interessante do que o de Sofia e estava bem mais movimentado.

Próxima parada foi, para mim, o lugar mais interessante que vimos na Bulgária: a cidade de Veliko Tarnovo. Capital Histórica da Bulgária, a cidade fica em cima de três colinas, está debruçada sobre o Rio Yantra, possui vista para outras montanhas e abriga muitos prédios históricos. O Castelo de Tsarevets, que fica no alto de uma das colinas, é a principal atração da cidade. O show de luzes noturno no castelo é outra atração à parte. Essa cidade foi o ponto alto da nossa visita à Bulgária.

De trem, percorremos 180 quilômetros entre Veliko Tarnovo e Bucareste, na Romênia, cidade que me surpreendeu. Não esperava muito, especialmente depois da visita à Sófia. Mas, não tem nada a ver. É uma cidade grande, com muito movimento e cheia de atrações. Confesso que fui meio desinformado para lá. Primeiro porque não tinha muitas expectativas. Depois por ter visitado Sófia e não ter achado nada demais, achei que Bucareste não seria tão interessante. Mas, confesso que me enganei. Aliás, Bucareste é chamada de Pequena Paris e até tem um Arco do Triunfo. Valeu muito à pena, foi uma surpresa bem agradável.

Claro que esse livro não é um guia turístico, não preciso listar as atrações. Porém, não posso deixar de mencionar o Palácio do Parlamento. É simplesmente o maior prédio administrativo do mundo, com 350.000m² de área construída. A construção começou em 1980, pelo ditador Nicolae Ceausescu, que foi deposto em 1989. O prédio nunca foi concluído. Faltaram cerca de 20% e parece que nunca vão terminá–lo. É um elefante branco que custa milhões de euros por ano em manutenção e só 30% é utilizado hoje em dia. Fizemos uma visita às partes abertas ao turismo. Em frente ao Palácio do Parlamento, está a avenida Boulevard Unirii, uma cópia da Champs Elysee de Paris.

Quando saímos de Bucareste, fomos visitar o Castelo de Peles, o mais bonito da Romênia. A Romênia é cheia de castelos e, dentre eles, decidimos visitar esse, pois me pareceu que era o que valia mais a pena, pelo luxo que tem dentro e pela beleza que tem por fora.

Continuamos até Brașov, a capital da Transilvânia. Houve uma situação interessante quando decidimos ir até o alto de um morro que fica bem em frente ao Centro Histórico. Existe um teleférico, mas decidimos subir a pé, já que havia também uma trilha. Dessa forma, faríamos um passeio, um pouco de exercício e economizaríamos o dinheiro do teleférico. Começamos a subir. Depois de muito tempo e antes de chegarmos ao topo, vimos placas alertando sobre ursos naquela área. Não havia mais nenhuma pessoa por perto e desabou uma chuva pesada. Ficamos meio receosos, pois além da chuva, temíamos o aparecimento dos ursos. A Romênia tem milhares deles, que não é um animal que você deseja encontrar fora do zoológico. Decidimos descer e rápido, mas o que era uma trilha se transformou em riachos. Foi um sufoco chegar lá embaixo sem escorregar. Sorte que tínhamos deixado nossas coisas no hotel, pois não sobrou qualquer centímetro seco.

O último lugar que visitamos foi Sighisoara, uma cidade pequena que é Patrimônio da Unesco, pois seu Centro Histórico é super bem preservado. É um brinco de cidade. A viagem acabou com um trem noturno para Budapeste, de onde peguei meu voo de volta. O Leo ficou mais alguns dias por lá. A verdade é que Bulgária e Romênia, que são subavaliadas pelos turistas em geral, acabaram sendo destinos muito interessantes e bem mais baratos do que a Europa Ocidental.

27. Cuba

Quem quer ir a Cuba[19]? Quem quer apreciar uma bela praia do Caribe vai a Varadero? Na minha opinião, Cancún é melhor, tem mais infraestrutura e mais opções de passeios. Será que quem quer ver cidades históricas vai à Trinidad? Há um leque de cidades históricas com o mesmo jeitão: Santo Domingo (República Dominicana), Antigua (Guatemala), Oaxaca (México), Cusco (Peru), Parati (Brasil) e outras tantas pela América Latina. Outra opção é visitar o Centro Velho de Havana, que é sujo, malcuidado, sem luz à noite e que mal dá para ver onde se pisa. Visitar um país onde o conceito de vigilância sanitária é precário parece loucura? Sem falar em todas as dificuldades para se locomover, se comunicar, comer etc. Será que alguém paga caro para ir para lá?

Eu paguei. Isso foi no fim de 2009. Eu, Zeca, amigão de infância, e Alessandro, que já tinha sido cliente, virou companheiro de trabalho no McDonald's, depois amigo e dois anos após essa viagem passou a ser meu chefe por dez anos, fomos. Pelo menos o bilhete não foi caro, mas

[19] Para falar sobre Cuba, é preciso não esquecer que o país vive, desde 1960, sob o embargo ou bloqueio econômico norte–americano. A situação é decorrente da Revolução Cubana, ocorrida em 1959. Em 1962, o embargo foi ampliado e atingiu as importações cubanas. Ainda em vigor, o embargo é considerado um dos principais responsáveis pelas condições sociais e econômicas vividas no país.

também não foi barato. Agora posso dizer que valeu a experiência, não pela curiosidade de conhecer um país diferente e acrescentar mais um local na lista. Há algumas razões para ter valido à pena. Vamos a elas.

Cada viagem é uma experiência diferente. Você pode ir para o mesmo lugar, com as mesmas companhias, na mesma época e ainda assim ter uma opinião totalmente distinta. Isso porque ninguém consegue controlar o imprevisível. Fatos acontecem e alteram o curso da viagem. Já tinha acontecido comigo no México e aconteceu de novo em Cuba. Não que tenham alterado substancialmente meu roteiro, como foi no caso do México. Mas alteraram completamente as experiências e, consequentemente, as opiniões, as emoções e as impressões que ficaram.

Isso tudo porque decidimos comprar charutos em uma cafeteria/loja de charutos indicada por uma guia oficial. Do lado de fora do estabelecimento, encontramos um senhor chamado Rafa que nos ofereceu charutos Cohiba e Monte Cristo por um bom preço. Era para irmos a um apartamento no prédio ao lado da cafeteria para verificar a mercadoria. Como éramos três, e não vislumbramos nenhum perigo, decidimos ir. Até porque entrar na casa de um cubano valeria à pena. E valeu! A princípio, compramos os charutos que queríamos e descemos satisfeitos. Estava muito quente e Ivan, um dos cubanos que estava lá no ato da venda, perguntou se queríamos tomar um mojito, bebida típica feita com o famoso rum cubano. Sentamo-nos em um bar ali perto e pedimos um mojito para o Ivan também.

Papo vai, papo vem, ele perguntou se gostaríamos de jantar na casa de um pescador. Ele faria lagosta, camarão, peixe e outros pratos típicos por um preço especial. Tínhamos marcado de ir a um show de música cubana mais tarde e seria perfeito jantar antes do show. Topamos. Às 7h da noite, fomos com o Ivan à casa do Baron, um pescador já na meia–idade, gente boa, que abriu um super sorriso quando nos viu. Não sei se por pura simpatia, ou porque significávamos uma renda extra para ele. O fato é que o jantar foi excelente, comemos super bem, estava uma delícia. O convite inesperado valeu muito a pena, pois a alternativa era jantar nos restaurantes para turistas, algo que não representava uma experiência diferente nem permitia estarmos com os locais.

Precisávamos alugar um carro para ir a Varadero e Trinidad. Como a ilha estava repleta de turistas, era alta estação, não havia um único carro para alugar. Eu mesmo já tinha ido a umas cinco locadoras e nada. O Ivan sentiu nossa aflição e nos prometeu que essa seria sua missão no dia seguinte. Seguimos para o show e combinamos com ele que nos encontraríamos no dia seguinte às nove da manhã. Mas, ele não apareceu. Fui a mais algumas locadoras nas redondezas e nada. Vi que seria muito difícil conseguir um carro e parti para o plano B: ir à estação de ônibus para comprar passagem pelo menos para Varadero.

O Zeca não desistiu do Ivan e foi procurar um telefone público para telefonar para sua casa. E não é que o Ivan estava dormindo, pois havia tomado duas garrafas de rum na véspera. Ele apareceu uns 15 minutos depois, com a cara amassada, super envergonhado. Para encurtar a história, nos levou de hotel em hotel, de locadora em locadora, até que conhecemos na recepção de um destes hotéis um senhor gaúcho que já tinha ido a 150 países. Ele nos contou ter ido à Varadero de ônibus. Era barato, conveniente, com ar–condicionado. E perto do ponto final em Varadero, havia um hotel em frente à praia que custava barato. Era o nosso plano B, na nossa cara.

Sem o aluguel do carro e com a opção de hotel barato, sugeri aos meus companheiros que convidássemos o Ivan para ir conosco nessa viagem de dois dias. Ele tinha 26 anos e nunca havia ido à Varadero! Ele aceitou o convite na hora. Como contribuição, nos convidou para jantarmos em sua casa no dia seguinte, véspera da viagem. Passamos o resto do dia com ele, que nos levou para conhecer vários locais em Havana. Fomos visitar Samuel, seu filho de três anos, depois almoçamos à beira mar. Sensacional ouvir suas histórias sobre a luta diária dos cubamos para sobreviver.

Só aí descobrimos que a casa dele era onde tínhamos comprado os charutos. Enquanto passamos o sábado na praia perto de Havana, ele foi ao mercado comprar os ingredientes para preparar, juntamente com o tio que morava com ele, a comida para o jantar. Obviamente, demos dinheiro para ele fazer as compras. Estava todo mundo feliz. Ah, levamos umas cervejas também e um belo charuto Monte Cristo recém–comprado para fumar depois do jantar.

Tudo ia bem até que Ivan recebeu um telefonema. Sua avó tinha morrido e ia ser cremada naquela noite. Em dez minutos, alguém passou por lá e o levou. Fiquei meio desconfiado daquela história, achei muita coincidência. Ficamos nós e seu tio, Ramon. Enquanto ele terminava de preparar o belo jantar, nós ficamos assistindo à televisão cubana, que consistia em três canais estatais. Em um deles, tinha uma mesa redonda sobre política (não a cubana, é claro). Em outro, passava novelas brasileiras, pelas quais os cubanos são apaixonados. E no terceiro, um jogo de vôlei era transmitido.

Depois que encerramos o jantar, fumamos o charuto na sala. Logo chegou o Ivan esbaforido, não querendo perder o resto da "festa". Acho que ele queria não só participar conosco, mas também comer bem, o que não era comum para eles. A comida foi tão boa quanto à do Baron, mas em vez de frutos do mar, tivemos a tradicional carne de porco, que é bem mais comum nos lares cubanos. Foi sem dúvida nossa melhor noite em Cuba.

No dia seguinte, levamos Ivan para Varadero. Passamos um dia maravilhoso naquele hotel em frente ao mar indicado pelo gaúcho. Já era permitido aos cubanos ir à Varadero e a praia estava lotada. O lugar é lindo. Jantamos na varanda do hotel, depois houve um show de música e dança. A emoção estampada no rosto do Ivan valeu qualquer investimento que fizemos para bancar sua viagem. Era felicidade pura. Seu tio tinha nos contado que era comum eles receberem turistas em casa, até pelo negócio dos charutos, mas era a primeira vez que alguém tinha convidado Ivan para visitar Varadero. Voltamos no dia seguinte para Havana.

No dia de ir embora de Cuba, encontramos com o Ivan pela manhã e demos nossa última volta com ele. O Zeca estava sentindo os efeitos da precária vigilância sanitária e teve que ir ao banheiro. Espero que nada a ver com o jantar do Baron ou do Ramon, pois houve várias refeições suspeitas. Como estávamos perto de sua casa, ele chamou o Zeca para ir ao banheiro lá. O Zeca nos contou que estava entrando no banheiro quando recebeu cinco folhas de caderno para se limpar. É dura a vida em Cuba.

Como resolvemos deixar com Ivan camisas, tênis e algum dinheiro (demos como desculpa que era para ele comprar um presente para Samuel, seu filho), ele acabou nos acompanhando até o hotel. Normalmente cubanos são proibidos de entrar no hotel, mas ele passou despercebido pela segurança e subiu conosco ao quarto. Estávamos no 15º andar e ele ficou alguns segundos boquiaberto vendo a vista lá de cima. Ele nunca havia subido no 15º andar de nenhum prédio em sua vida. Depois ficou todo o tempo em que arrumávamos as malas vidrado na televisão, zapeando de canal em canal a TV a cabo, que nunca podia ver.

Incrível! Em pleno século XXI, a uns 100 quilômetros dos EUA, há um lugar onde a liberdade de pensamento é cerceada, onde ter uma antena parabólica pode dar prisão, além de uma multa altíssima, onde falta tudo (lembra das cinco folhas de caderno), onde a vida é uma luta diária pela sobrevivência. Como teria sido nossa experiência se não tivéssemos conhecido o Ivan? Impossível saber. O que importa é que das viagens, o que trazemos, além das fotos, são as experiências. E posso afirmar que essa foi uma das melhores.

Como classificar as viagens? O que é melhor: Egito ou Cuba? Tecnicamente não há dúvida que é o Egito pela qualidade das atrações. Mas, nenhuma delas se compara às experiências vivenciadas em Cuba. Sobre o Egito, posso dizer que está visto, não tenho nenhuma intenção de voltar lá, a não ser para levar minha família. Não me envolvi sentimentalmente com o país e não tem nada a ver com pobreza. E nem com as companhias, pois eram ótimas. Já Cuba eu visitaria de novo, fácil. Fiquei encantado com o povo, com a música, com o clima. E percebi que vi quase nada do país. Ainda há muito para se descobrir. Ficou aquela vontade de voltar, que rivaliza com a vontade de ver outro lugar diferente. Porém, não dá para querer ver tudo, sempre temos que fazer escolhas.

28. Hotéis

Anteriormente, mencionei sobre a metodologia de se conseguir hospedagem na era pré–internet. Agora, é interessante contar sobre os tipos de hotel que buscávamos. Claro que duas das mais importantes características eram a localização e o preço. Ou seja, priorizávamos a relação custo–benefício. Não adiantava ficar em um bom hotel e com custo baixo, mas na área errada da cidade, muito longe das atrações ou ermo à noite. Nem sempre hotéis perto da estação de trem ou de ônibus eram, e são, os melhores locais para se hospedar. Isso requeria certa dose de planejamento prévio, que era bem difícil em uma época sem internet e sem mapas. Para avaliar se o preço era baixo ou alto, era necessário saber as alternativas. Por isso, sempre fazíamos uma busca por mais de uma opção, a não ser que tivéssemos uma dica boa.

Por muito tempo, curti ficar em albergues. Eram as oportunidades para se conhecer outros viajantes. Assim, podíamos trocar histórias, experiências e, mais importante, dicas de viagens. Nos albergues, sempre havia possibilidade de se ficar em quartos coletivos (mais baratos) ou quartos exclusivos (mais caros). Nunca fui muito fã de quartos coletivos, mas já tive que ficar em vários ao longo desses anos. Quartos coletivos significam banheiros coletivos. Isso é outra coisa que sempre me incomodou. Dividir banheiro com desconhecidos nunca foi minha primeira opção. Com o passar do tempo, fui ficando mais seletivo e hoje raramente acontece de ter que dividir banheiro. Quando necessário, tomo minhas precauções em relação à limpeza.

Com a chegada da internet e dos sites de busca de hotéis, ficou bem mais fácil ser seletivo nos diferentes aspectos. Os sites mostram todas as opções de locais com os respectivos preços. Ficou bem mais fácil fugir das roubadas. Claro que os sites fazem o possível para mostrar fotos dos quartos e banheiros dos melhores ângulos, mas sempre se pode ler comentários e avaliações. Antigamente não era tão fácil assim. Então já passei por muito sufoco.

Inclusive, quando estive no Marrocos, na volta de Fez para Marrakech, vivi algo curioso. Chegamos de manhã cedo em Marrakech, depois de uma viagem noturna de ônibus. Foi muito difícil achar hotel às 6 horas da manhã. Queríamos dormir um pouco antes de visitar a cidade. Quando finalmente achamos um hotel aberto, a cama era tão repulsiva que não restou alternativa senão estender uma toalha (que sempre levo para locais que tenho dúvidas) sobre a colcha e dormir em cima dela. Não dava para recusar e ficar na rua esperando por um milagre de acharmos outra opção de hospedagem.

Hoje tudo isso ficou para trás, mas volta e meia ainda passo algum sufoco. Isso será descrito em algumas (poucas) situações a seguir.

29. Caminho de Santiago de Compostela

No final de 2009, em um chopp de final de ano com a galera da faculdade, encontrei o Luciano, amigo de longa data, e combinamos de pedalar no dia seguinte. Nessa pedalada, ele fez um comentário de que gostaria de fazer o caminho de Santiago de Compostela de bicicleta. Ele me perguntou se eu toparia ir junto. Respondi que sim sem muita convicção, já que não estava na minha lista de prioridades.

Em junho de 2010, descobri que minha amiga Leda tinha ido para lá sozinha e feito o caminho de bicicleta. Logo tratei de combinar um papo com ela para saber os detalhes. Com a perspectiva de sair do meu emprego na época, a ideia foi se fortalecendo na minha cabeça. Afinal, quando de novo teria tempo, disposição e saúde para fazer esta peregrinação? Dinheiro não era muito a questão, pois quem faz o caminho como peregrino gasta geralmente pouco, pois a viagem não é muito cara. Os albergues são baratos, a comida é barata e, obviamente, não se gasta com meio de transporte (fora a passagem aérea).

Sem saber como seria a questão de acesso a computadores e telefones no interior da Espanha, resolvi criar um blog para mandar notícias. Foi um blog bem básico, apenas com esse intuito. Avisei para a família e a alguns amigos. Acho que no total foram umas 30 pessoas que sabiam dele. O problema é que o blog contabilizava os acessos aos artigos e, após o primeiro dia de viagem, já tinha mais de 50 acessos. A coisa fugiu um pouco do objetivo inicial. Acho que algumas pessoas foram avisando outras e assim a coisa foi se alastrando. Assim, procurei dentro do possível inserir alguns comentários adicionais e rebuscar um pouco o texto. O blog passou de 1.000 acessos. Para melhor descrever o que foi a viagem para mim, optei por copiar os textos que escrevi naquele momento. Hoje esse blog nem existe mais.

De qualquer forma, é importante frisar que me surpreendi totalmente com o desfecho da viagem, já que inicialmente estava interessado na parte turística, cultural e um pouco esportiva. Percebi que tinha um conhecimento limitado sobre a Espanha, apesar de achar que já a conhecia bem em termos turísticos. Não tinha a menor ideia do que estava perdendo. A parte turística do Caminho superou em muito o esperado, já que passamos por dezenas de vilarejos medievais, todos muito bem preservados, com paisagens lindíssimas. Um verdadeiro colírio. Isso sem falar que na velocidade em que eu me deslocava, mais lento, dava realmente para curtir de uma forma mais aprofundada.

Quanto à parte cultural, nem se fala. Conheci o José, um senhor espanhol, já no final do primeiro dia da viagem e ficamos juntos por muito tempo. Na verdade, tive um verdadeiro professor particular da cultura daquela região da Espanha, principalmente na parte final, a Galícia, de onde era o José.

Quanto à parte esportiva, pedalar por 800 quilômetros em 12 ou 13 dias é por si só um exercício e tanto. A quilometragem média diária que fiz foi bem maior do que esperava. Algumas subidas foram muito extenuantes, como o blog explica melhor. Foram desníveis de quase 1.000 metros vencidos em poucas horas. Isso sem falar da dificuldade adicional por estar com uma bicicleta preparada para asfalto e ter feito o caminho pela trilha dos caminhantes. O ideal seria usar uma *mountain bike* equipada com suspensão, o que não era o meu caso. Além de não ter suspensão, estava com pneus lisos, inadequados para cascalho, terra etc.

O resultado é que a combinação de turismo, cultura e esporte foi muito além do que esperava. Foi uma surpresa agradável e tornou a viagem justificável para meus parâmetros. Porém, a atração principal foram os peregrinos. Em cada lugar visitado, eles demonstravam motivos especiais para estarem lá. Na maioria das vezes, as razões eram espirituais ou religiosas, que fizeram com que me sentisse um pouco diminuído. Será que eu estava à altura deles? A chegada em Santiago de Compostela foi incrível. O que dizer da Missa dos Peregrinos que me fez chorar copiosamente? Inclusive, voltei no dia seguinte e esperei por 90 minutos para assisti–la de novo! Muito, muito especial!

A seguir vão os textos escritos para o blog. Vocês vão ler exatamente o que produzi na época, então os tempos verbais vão mudando.

BLOG DA VIAGEM À SANTIAGO DE COMPOSTELA

Introdução à minha aventura

A viagem começará em Roncesvalles, na Espanha, e terminará, obviamente, em Santiago de Compostela. Serão 800 quilômetros em 15 dias de pedaladas, com uma média de 50 quilômetros por dia. Levando em consideração que a maior parte do caminho não é asfaltado, que há muitas subidas, que terei que carregar toda a bagagem e que o tempo pode ser um fator decisivo, essa média não me parece tão fácil assim. Porém, a ideia que tenho que mesmo assim não terei problemas para superar esses obstáculos e concluir meu plano.

Essa peregrinação sempre tem um cunho espiritual, mas confesso que existe também fatores culturais, turísticos e esportivos envolvidos. Passarei por mais de 150 cidades e vilarejos, muitos deles medievais, campos, montanhas etc. Encontrarei pessoas dos mais variados países, com os mais distintos objetivos. Alguns vão ser amigáveis, outros nem vão querer papo para não atrapalhar sua concentração. Enfim, o inesperado é o que me dá um frio na barriga e o que me atrai neste passeio.

Falando sobre a preparação da viagem, comprei um alforge, que é aquela malinha que vai na garupa da bicicleta. Calculei que no dia que fizesse mais calor, todo o resto deveria caber no alforge. A premissa é que deveria lavar minhas roupas todos os dias quando chegasse a um hotel ou albergue.

Além disso, comprei um *malabike*, que é uma mala específica para carregar bicicletas. Basta retirar as duas rodas da bicicleta e colocar tudo no *malabike*. A ideia é, na chegada à Pamplona, despachar o *malabike* para Santiago de Compostela. Assim, não preciso carregar o próprio *malabike* comigo durante a peregrinação.

A viagem

Já em Madri, não consegui antecipar meu voo para Pamplona. Fui direto para a estação de ônibus e cheguei em cima da hora, dois minutos antes de o ônibus para Roncesvalles partir. Tive que levar o *malabike* comigo. O ônibus parecia o Expresso dos Peregrinos. Mais ou menos 70% dos passageiros que estavam levando bicicleta eram de garotões. Na faixa etária de 45 a 54 anos, só tinha eu. Se fosse uma corrida de bicicleta, seria o franco favorito dos quarentões. Os demais passageiros eram pessoas de meia–idade e andarilhos, ou seja, fariam o caminho a pé.

Chegando lá, fui montar a *bike* na pressa, no escuro e na beira da estrada. Achei que tinha feito tudo certo. Que ilusão! Me colocaram em uns *containers*, já que só os peregrinos a pé podiam ficar no monastério. A temperatura era de 3 graus Celsius à noite e, pela excitação e pelo frio, não consegui dormir. Bem, faz parte. Ao menos para compensar o perrengue, o Monastério de Roncesvalles é maravilhoso, encravado na mata, no meio da subida.

Dia 1

Saí cedo de Roncesvalles, fazia 3 graus pela manhã. Para minha surpresa, a *bike* estava com vários problemas de montagem. Após dez quilômetros de pedalada, tive que retornar para a estrada, pois vi que não ia conseguir ir pelo caminho escolhido. A corrente de minha *bike* saía toda a hora e o freio não estava bom.

Fiz o trajeto de 48 quilômetros até Pamplona em três horas e meia. Fui direto para o correio despachar meu *malabike* para Santiago. Depois de me livrar desse peso morto (3,2 quilos), procurei uma loja de bicicleta para consertá-la. Mas só achei uma às 13h25, cinco minutos antes de fechar para o almoço. Eles são inflexíveis: não abrem mão de parar pontualmente às 13h30. Assim, o cara só teve tempo de consertar o freio e colocar a roda traseira no lugar certo. Faltava consertar a marcha (fiquei sem a primeira), mas ficou para a próxima, pois não dava para esperar o fim da siesta que só acabaria às 16h.

O trecho de Pamplona até Ponte la Reina parecia fácil no papel, apenas 24 quilômetros. O problema é que tinha uma subida brabíssima e o caminho era de pedras. Tive que empurrar a *bike* várias vezes. Cheguei exausto. Conheci um espanhol (José) e dois italianos (Fanuel e Gianlucca) no caminho. Jantamos juntos e amanhã pretendemos partir juntos pela manhã. No caminho é assim: você faz planos e depois tudo muda. Pelo menos fez tempo bom hoje e amanhã parece que vai fazer também.

Dia 2

O primeiro dia me ensinou algumas lições. Uma delas é que o Caminho não se chama Caminho por acaso. Ele foi feito para caminhantes e não para ciclistas. Principalmente aqueles trouxas que se aventuram a fazer o Caminho original com bicicletas com pneus lisos e sem suspensão. O Caminho original tem mais de 80% de terra, pedras ou cascalho. E há muitas subidas e descidas também. O problema é que as descidas acabam rápido e a impressão que tenho é que só sobram as subidas.

Outra coisa é que recebi uma notícia muito triste: perdi uma pessoa muito querida. Isso me deixou para baixo. Foi uma mistura de sentimentos. Além disso, as dores nas pernas também me causaram bastante desconforto. Por outro lado, estar aqui e me tocar do que o Caminho representa para as pessoas que o fazem me dá mais responsabilidade. Se fosse para pedalar 800 quilômetros somente, bastaria pegar minha *bike* e dar sete ou oito voltas diárias em torno da Lagoa Rodrigo de Freitas, no Rio, por 15 dias consecultivos. Quem quer fazer o Caminho pelas estradas de asfalto consegue, mas realmente não deve ter o mesmo significado. Às vezes, estou pedalando em uma estrada de cascalho e em paralelo há outra estrada com asfalto perfeito. Dá aquela vontade, já que não há ninguém me vigiando, mas só usarei a estrada asfaltada se houver necessidade.

De Puente la Reina, iniciei o dia pedalando com meu amigo José, o espanhol. Para minha surpresa, ele tem 63 anos! E eu achando que só tinha garotão de *bike*. Eu me enganei totalmente. José já tinha feito o caminho e é um autêntico guerreiro. Ele me acompanhava direto, menos nas subidas. Mas dava gosto de esperá–lo, já que tem um super alto astral, muita cultura e conhecimento. Tivemos ótimos papos. O diabo é que os espanhóis decidiram construir todas as vilas no alto dos morros. Por isso, para chegar em qualquer uma delas, é preciso subir uma pirambeira. Já à tarde, José me disse para não esperá–lo, pois ia descansar por mais de meia hora. Ele foi tão enfático que obedeci, mas combinamos de nos encontrar em Logroño. Ainda faltavam 20 quilômetros para chegar lá.

O que não sabíamos é que nesta semana tem uma festa tipo Carnaval em Logroño e os albergues públicos e particulares e os hotéis estavam todos cheios. Não me restou outra alternativa a não ser ficar no albergue paroquial. Incrível! Fiquei num quarto enorme, cheio de colchonetes, em um prédio da igreja. Preço: donativo. Preço do jantar e café da manhã: donativo.

Encontrei Fanuel, Gianlucca (já os tinha conhecido na véspera) e Theresa no albergue. Fanuel é um italiano de 33 anos com jeito de garotão. Gianlucca tem 22 anos (tem idade para ser meu filho) e também é italiano. Theresa é uma austríaca que já está pedalando há mais de quatro meses, percorreu mais de 9.000 quilômetros pela Europa. Saímos à noite para jantar (fora, é claro) e vimos um pouco da festa. Pelo barulho que ouvíamos do quarto, ela durou até as cinco da matina. Parecia uma micareta. E acabou que José sumiu. Não sei nem se ele chegou à Logroño ou se chegou e arrumou outro local para ficar. Uma pena! Espero encontrá–lo mais à frente.

Dia 3

Hoje, acordamos cedo. Aliás, fomos acordados pelo pároco às 7 horas da matina. Às 8h, já estávamos na estrada. Não foi um dia tão duro quanto ontem, mas até ontem o que estava me matando eram minhas pernas. Hoje, minhas costas estão doendo tanto que me esqueci das pernas. Além disso, meu traseiro está em chamas. Tive que comprar um creme de assaduras espanhol, do contrário não vou aguentar até Santiago.

Minha *bike* piorou. Além da primeira marcha, que começou a fazer muita falta, as marchas não estavam passando direito. Parei em Nájera para procurar uma loja de *bike* e acabei ficando mais de uma hora por lá. O cara descobriu que o mecânico de Pamplona não tinha recolocado a roda traseira direito. Tinha sido um perigo pedalar por 100 quilômetros daquele jeito. Considerando que ela tem 17 anos e que algumas de suas peças já não estão dando conta, até que ele arrumou bem a *bike*. As marchas ainda não passam direito, mas agora posso usar todas. Sei que estou maltratando a coitada. Realmente, ela não foi feita para isso. Não decidi ainda se na volta faço mais uma revisão completa ou se a aposento por invalidez.

Pedalei 60 quilômetros até Redecillas del Camiño. A nova parada só tem um albergue municipal, que funciona do mesmo jeito do último. Isto é, o pagamento é por meio de donativos. Pelo menos os banheiros são razoavelmente limpos e dá para tomar banho tranquilo. Encontrei os dois italianos e Theresa várias vezes no caminho. Às vezes, pedalávamos juntos sem compromisso. Acabou que todos eles estão aqui no albergue e vamos jantar juntos novamente.

Dia 4

Depois que escrevi o blog ontem, fui conhecer melhor a cidade. Ela tem 136 habitantes. Isso mesmo: 136! Parece uma cidade fantasma. Mas foi uma noite legal. Jantamos no albergue e depois tomamos uns copos de vinho no único bar das redondezas. Quase 40% da cidade estava lá, contando com o barman, é claro.

A hora de dormir rendeu outra história interessante. No meu quarto, estavam umas dez pessoas. Dormi logo, mas também acordei com uma verdadeira orquestra. Vários roncadores, cada um com seu estilo, timbre e ritmo. Se tivesse um ambulante espanhol vendendo protetor de ouvidos, pagaria o quanto pedisse. Aí me lembrei que Monica, minha mulher, tinha comprado um par para mim, só faltava achá–lo. Levei minha bagagem toda para o banheiro e achei o protetor. Da Noite das Trevas, imediatamente passei a ter uma Noite Perfeita, com um silêncio maravilhoso. Mas a alegria durou pouco. Um dos Cavalheiros do Apocalipse conseguiu roncar tão alto, que ainda dava para ouvi–lo.

Hoje, a pedalada foi complicada. Peguei muitas subidas com terra e pedra. Por várias vezes, tive que carregar a *bike* no meio das ladeiras e em uma floresta. Ainda começou a chover, ventar e a fazer um frio danado: tudo ao mesmo tempo. O que fiz? Sorri, pois afinal foi para isso que vim, não foi?! Passamos por San Juan Ortega. No alto do morro, para variar, tinha um monastério lindo. A descida foi com chuva e frio. Assim, fui até Burgos.

Acabei de chegar a um albergue enorme, super bem equipado, de primeiro mundo. Dá vontade de ficar uns três dias aqui. Vou sair agora para visitar a lindíssima catedral e aproveitar um pouco a cidade. Minha bagagem foi quase que milimetricamente calculada. Dos ciclistas que tenho visto, sou o que leva menos peso. Acho que porque tenho o menor alforge de todos. Ainda bem que a loja de material esportivo não tinha versões maiores. Por enquanto, não senti falta de nada – exceto do creme de assaduras. Vamos ver como vai ser daqui para a frente.

Ontem já tinha chovido um pouco, mas nada como hoje. Minha proteção da bagagem com um plástico de guardar edredon funcionou perfeitamente. Não molhou nada.

Quanto ao rango, minhas opções de café da manhã são:

1 – Iogurte, água, biscoitos, chocolate, bananas e sanduíche de presunto de parma
Para o almoço, ver o tem 1.
Para o lanche da manhã e o da tarde, ver o item 1.

Para o jantar, sempre há um restaurante com Menu de Peregrinos. Uma entrada (para mim sempre é massa), uma carne com batatas, pão, vinho e água. Tudo isso sai por mais ou menos 10 euros. Agora tem que ser peregrino de verdade, não adianta chegar com um cajado ou um capacete fedorento. Tem que mostrar o Passaporte de Peregrino[20], que nada mais é

[20] Documento oficial que permite acesso aos albergues e comprova a peregrinação no Caminho de Santiago. Pode ser obtido em associações de peregrinos, na Catedral de Santiago, albergues, paróquias e pontos de partida oficiais. Custa entre 2 e 6 euros, dependendo do local de emissão.

do que uma caderneta que vai sendo carimbada pelo caminho. Ela prova os locais por onde passamos. É bom, pois a refeição tem muitas calorias, e é disso que eu preciso.

Já tinha estado em Burgos em 1984. Claro que tinha me esquecido dos detalhes. Só lembrava que era muito bonito. É na verdade muito mais que bonito, é um espetáculo. A catedral é no estilo gótico, por dentro dá vontade de babar, de tanta coisa para ver, tantos detalhes. As ruas cheias de gente. Hoje é sábado e o povo todo está na rua. A Plaza Mayor também é linda, valeu a pena dar esta visitada, pois nas outras cidades turísticas (Pamplona e Logroño) não tive tempo assim. Das cidades médias ou grandes ainda faltam Leon e Santiago.

Hoje foram 64 quilômetros. Já pedalei uns 265 quilômetros desde o início. Fora os trechos em que me perco e tenho que voltar. Esses não contam – quem manda se perder!? Já cumpri mais de um terço do Caminho em quatro dias. Vou fazer em 14 dias, pois o último será só a chegada à Santiago. Mesmo assim, estou adiantado. Agora quero diminuir minha média diária. Até porque minhas costas não estão dando conta, vou tomar agora um remédio para a dor.

Dia 5

Saí de Burgos às 8 horas. Fomos "expulsos" do albergue (ele simplesmente fecha). Estava um frio danado. Tudo indicava que o dia seria tranquilo, sem aquelas intermináveis sequências de subidas e descidas. Ao meio dia, chegamos à Castrojeriz, uma verdadeira cidade fantasma. Não havia ninguém na rua, nenhuma loja aberta, nada. Acho que eu poderia ficar pelado na praça principal e nada aconteceria. Aliás, este é um problema grave das cidades pequenas na Espanha. A população tem diminuido muito, os jovens vão embora e só sobram os velhos.

Depois de Castrojeriz, havia a subida insana de um morro de uns 200 metros de diferença de altitude que quase matou todo mundo. Pior foi a descida, que também era bem íngreme. Foi a morte para os trouxas que tinham bicicleta com pneu liso e ainda bagagem, como eu. Resultado: caí duas vezes da bicicleta por não conseguir controlá–la no cascalho.

Para terminar, o meu pesadelo número dois aconteceu. Furou o pneu traseiro. Tive que tirar a roda para trocá–lo e, para isso, retirei toda a bagagem do alforge. Isso tudo no meio do nada; se meus amigos não estivessem comigo, teria sido um sufoco maior. Sem falar que descobri que minha bomba de encher o pneu tinha se quebrado no primeiro dia. A Theresa me salvou, emprestando–me a dela.

Aliás, a tropa de elite continua junta: eu, Theresa, Fanuel e Gianlucca. Nós pedalamos somente alguns trechos juntos. Normalmente, marcamos de nos encontrar em alguma cidade no caminho, ao longo do dia, e temos dormido nos mesmos albergues desde Puente la Reina. Por um lado é bom saber que tenho companhia quando quero e a possibilidade de ajuda. Por outro, sei que não temos muita afinidade, pela diferença de idade. Sou mais o "tiozão" para eles. Só na hora das subidas é que eles me respeitam, pois ficam para trás.

Chegamos a uma cidade chamada Villamentero de Campos. Para resumir, a cidade tem 13 habitantes. Há o albergue e meia duzia de casas. Ficamos em um albergue meio hippie, mas foi bom. E nada do José. Hoje pedalei 68 quilômetros, mais do que o planejado de novo.

Aliás, antes de partir, cometi um erro de planejamento básico. Errei as contas e adicionei um dia no meu roteiro. Isto é, além de estar adiantado, terei um dia sobrando no final. Espero que possa ser útil se surgir alguma emergência.

Dia 6

Acordamos mais tarde. Aliás, foi a primeira noite decente de sono da viagem. A temperatura às 9 horas da manhã estava em 3 graus. A bicicleta da Theresa tinha uma capa de gelo por cima. Foi assim que partimos. Com o frio de rachar, tive que colocar toda a roupa de frio que tinha. Meus dedos estavam congelando, minha careca também. Quando pensei que ia sorrir de novo pela dificuldade, não consegui, pois meu queixo e a minha boca também estavam congelados. Paramos para um café na primeira cidade que vimos e ali conheci um casal de brasileiros ciclistas, José e Márcia. Batemos um papo e fui para o café. De repente, passa José de *bike*. Saí correndo do bar e gritei para ele. O danado tinha dormido lá, ou seja, já estava mais avançado do que nós.

Não preciso nem dizer que passei o dia com ele. Hoje foi um dia mais fácil, já que praticamente todo o trecho era plano. O ruim foi a dor nas costas. Pelo fato de não ter amortecedor na *bike*, todo o impacto ao passar por qualquer buraco vai para as costas. Já tomei remédio para a dor, fiz tudo para melhorar.

Chegamos a um povoado que se chama El Burgo Ranero. Foram 73 quilômetros, de novo mais do que o planejado. José ia pedalar mais 20 quilômetros, pois era cedo ainda. Não deu para mim. Me despedi dele decentemente e trocamos telefones e e–mails. Decidi ficar com a tropa de elite e o casal simpático de brasileiros. Aliás, jantamos juntos e foi um ótimo papo.

Amanhã devo decidir se fico em Leon ou não, pois é uma cidade que vale a pena visitar. Estou somente a 38 quilômetros dela.

Dia 7

Hoje saímos às 9h. Estava frio, mas não tanto quanto ontem. Infelizmente, esta área da Espanha é muito plana. Para pedalar é meio chata, pois as retas são intermináveis. Imagina para os caminhantes. Aliás, é uma relação complicada entre caminhantes e ciclistas. Eles (os caminhantes) acham que nós somos enganadores, pois para eles é muito mais fácil fazer o caminho de bicicleta. É como comparar banana com laranja, coisas totalmente diferentes. A impressão que temos é que eles vão nos atacar a qualquer momento com seus cajados. O fato é que respeito muito quem faz o Caminho a pé, pois não deve ser fácil andar quilômetros a fio com a mesma paisagem. Como eles sofrem, com bolhas e mais bolhas de sangue nos pés, carregando mochilas invariavelmente com mais de 10 quilos. Acho que eu não conseguiria. Vi agora que já passamos da metade do percurso.

Vencemos os 38 quilômetros até León em duas horas e meia. Ao chegar, fui direto visitar a Catedral, a Plaza Mayor, a Igreja de San Isidro e a Igreja de San Marcos. Lindíssimas. Vale a pena visitá–las. Fiquei na cidade duas horas e meia, mas decidi seguir em frente, pois não fazia sentido ficar sozinho. Encontrei José de novo, batemos um rápido papo e ele se foi. Como sempre, estava na minha frente.

O caminho depois de León é também plano, com cidades sem muito charme ou apelo turístico. Como não valem a pena, avançamos bastante até Hospital de Orbigo. Foram 73 quilômetros hoje. Agora só faltam 270 quilômetros para Santiago. Fiz 480 quilômetros em sete dias, quase 70 por dia. Com essa média, em mais quatro dias (e tenho mais sete) chego à Santiago. Porém, há duas atenuantes nesta conta. A primeira é que há duas montanhas pela frente, a Cruz de Fierro (amanhã) e o Cebreiro, a mais temida de todas, depois de amanhã. Além disso, a previsão do tempo é que vai começar a chover seguido a partir de sexta–feira (daqui a três dias). Talvez use minha gordura nesses dias. Depois do Cebreiro, faltarão somente 152 quilômetros. A ver!

A tropa de elite continua de pé, agora com a presença do Zé Paulo e da Márcia, que hoje também estão no nosso albergue e jantaram conosco. Foi muito legal. Fez um dia lindíssimo de manhã com muito frio para os ciclistas, pois com a velocidade, o vento aumenta a sensação de frio. À tarde esquentou um pouco.

O albergue em que estamos tem um astral ótimo, é o melhor até agora. Amanhã tem mais 70 quilômetros, com uma subida braba e descida ídem. Mas todos estão confiantes. A dor nas costas continua, mas dá para seguir em frente.

Dia 8

Hoje saímos cedo, às 8h30. Estava frio, o segundo dia mais frio. Dá para medir pela intensidade do congelamento dos dedos. Sabendo que ia esquentar, já saí de bermuda. Dito e feito: em uma hora, já tinha esquentado. Cheguei em Astorga, uma cidade bem bonita, com uma catedral estilo gótico e um palácio lindíssimo projetado por Gaudí. De lá, foi só morro acima. Saímos de 860 metros para 1.490 metros, onde fica a famosa Cruz de Ferro. Esse lugar era um antigo local de observação, onde hoje as pessos jogam pedras ou deixam alguma coisa pessoal e fazem pedidos (deixam roupas, sapatos, capacetes, bichos de pelúcia, bilhetes etc.). Aliás, a subida foi dose, a segunda mais difícil depois daquela na saída de Pamplona (Alto del Perdon).

De lá, descemos 1.000 metros. Passamos por Molinaseca, cidade pequena com uma ponte medieval linda, depois por Ponferrada, onde pretendíamos dormir. Já tínhamos pedalado 71 quilômetros, o que para mim bastava. Mas todos resolveram ir até Cacabelos, pois ficaria mais perto do Cebreiro (chamada de A Besta). Portanto, foram 86 quilômetros ao todo no dia, o recorde da viagem. Estou quebrado, mas amanhã pretendo dormir lá em cima. Vão faltar somente 152 quilômetros para pedalar em 5 dias. Estou bem adiantado. Mas sexta deve comecar a chuva, vamos ver o que vai acontecer. Até José estava aqui hoje. Jantamos todos juntos, só o casal simpático (Zé Paulo e Márcia) que ficou para trás.

Sei que estou reclamando de ir muito rápido. Hoje fiz ainda mais do que havia feito, mas só o fiz porque a previsão é de chuva constante, o que vai prejudicar muito o percurso. Aí terei minha oportunidade de descansar as pernas, que estão cansadas. As costas estão doendo, mas estou aguentando. Afinal de contas, peregrino tem que sofrer. Pernoitamos em um albergue que fica ao redor de uma igreja (dentro do terreno dela), bem interessante.

Agora entrei em outra fase do caminho, com mais variação de paisagem. Antes parecia que estava na Ladeira do Amendoim, em Belo Horizonte, onde você pensa que a descida é para um lado, mas na verdade é para o outro. Tem lugar aqui que só dá para saber se estamos subindo ou descendo pela força que as pernas fazem, pois a paisagem engana. Mas amanhã não vai ter erro, só vai ter subida. Serão mais de 900 metros morro acima. Até lá!!

Dia 9

Mais um dia que começou cedo. Acordei às 7h e às 8h15 estava na estrada. A ideia de esticar um pouco mais ontem foi ótima, pois o trecho até Vega de Valcarce foi só de 26 quilômetros, em vez de 41. Passamos por um povoado perto de Cacabelos muito bonito (Villafranca de Bierzo), com um castelo e uma igreja belíssimos. Fui a uma loja de *bike*s, pois descobri ontem que o freio traseiro da minha bicicleta tinha ido para o espaço. O dianteiro está tão bom que não fez diferença na descida. Comprei uma nova bomba de ar e consertei o freio. Agora os dois estão tinindo.

Encontrei José (de novo) nesta cidade. Como fomos pedalando juntos e papeando, deixei a tropa de elite disparar na frente como sempre. Chegamos à Vega de Valcarce ao meio dia. Fui ao albergue brasileiro, mas o Bira, dono do lugar, estava super ocupado com a limpeza e não deu muita atenção. Almoçamos e fomos encarar a Besta, apelido dado pelos peregrinos ao trecho de montanhoso que tinhamos pela frente.

A subida do Cebreiro nada mais é do que a subida ao Cristo Redentor turbinada, pois é mais alta e mais inclinada. Realmente é difícil. Tive que ir de primeira marcha (ainda bem que consertei) quase o tempo todo. Mas a pista é de asfalto para as *bike*s, portanto não assusta muito. Para os caminhantes é uma trilha horrorosa, cheia de degraus. Por isso, as *bike*s não vão por lá. O Cebreiro fica a 1.330 metros de altitude. A subida é em meio a uma floresta, a paisagem é bonita e agradável. Lá em cima é um charme. Assim, resolvi ficar.

O problema é que o único albergue só aceita ciclistas depois das 7h da noite e eram 15h. Não ia arriscar ficar sem cama a essa hora. Liguei para acompanhia aérea para tentar antecipar meu voo de volta, mas todos os voos estão cheios. Ou seja, terei que ser peregrino até o final. Decidi descer até Triacastela, e hoje pedalei em torno de 65 quilômetros. Só faltam 130 quilômetros para serem percorridos em cinco dias. Dessa forma, poderia ir empurrando a minha *bike* e ainda chegaria à Santiago antes do previsto.

Se o tempo não fechar, posso chegar à Santiago antes e esticar a viagem até Finisterra, na praia (é o que muitos fazem). Mas, se estiver chovendo, vou aproveitar e ir devagar até Santiago, descansando o corpo (e a *bike*).

Por falar na *bike*, todo dia acordo e faço um carinho nela. Tenho que reconhecer que estou usando e abusando da coitada. Ela não foi feita para este "passeio" e está dando conta direitinho. Não posso reclamar dos pequenos problemas que tive com ela. Foram poucos. Só o uruguaio que conhecemos ontem no albergue teve três pneus furados no mesmo dia. Hoje, Gianlucca teve o pneu de sua *bike* furado pela segunda vez (eu só tive um até agora).

A rotina diária é basicamente a mesma. Acordar, vestir o uniforme, fechar os alforges, carregar a *bike*, comer um pouco e sair. Quando chego aos albergues (são só para peregrinos, o que é bom), tomo banho, lavo a roupa e vou procurar lugar para comer e atualizar o blog, não necessáriamente nesta ordem. Agora, por exemplo, vou comer.

Quanto ao corpo, as pernas estão pedindo repouso, mas continuam dando conta. Ontem e hoje foram bons exemplos, aguentaram bem as subidas. Os treinos na Vista Chinesa[21] foram superúteis. O creme de

---

[21] A Vista Chinesa é um mirante histórico no Alto da Boa Vista. O local oferece uma vista panorâmica da cidade do Rio de Janeiro e da Lagoa Rodrigo de Freitas. A Serra da Tijuca, onde está localizada a Vista Chinesa, atrai esportistas para treinos de ciclismo, corrida e trilhas devido às subidas íngremes e ao ambiente natural desafiador.

assaduras espanhol fez o seu papel e agora está tudo estabilizado. E quanto às costas? Bem, os peregrinos têm que sofrer. Vou até o final.

Dia 10

A noite de ontem foi ótima, jantei com o José e com dois espanhóis (pai e filho) que o acompanham. Foi um papo ótimo. No quarto do albergue em que fiquei, estava a tropa de elite. Dormi feito um anjo das 10h da noite até as 8h30. Foi a melhor noite da jornada, fez frio, mas estava ótimo.

Saímos hoje às 9h30. Chequei a previsão do tempo, que dizia que ia chover em Santiago. Estávamos a 130 quilômetros, portanto resolvemos seguir. A tropa de elite estava com pressa e decidiu chegar à Santigo amanhã. Assim, já me despedi deles antes da partida. José disse que ia chegar amanhã à noite. Disse à ele que não iria hoje até o final. De qualquer forma, pedalamos juntos por 40 quilômetros até Portomarin. Como minha média tinha sido de quase 70 quilômetros por dia, achei que ia ser fácil fazer 40 quilômetros. Ninguém tinha me falado que este trecho é um verdadeiro turismo rural. Parecia que estava no interior de Minas Gerais. Passamos por dentro de várias fazendas, as estradas com estrume da vaca no chão e subimos e descemos morros, sempre com terreno de terra ou pedra, ou os dois. Foi realmente difícil. Parei às quatro da tarde com as pernas cansadas. Psicologicamente, foi mais cansativo do que ontem, pois ontem depois da subida do Cebreiro, foi só descida. Hoje, teve muita subida difícil. José seguiu e nos despedimos de vez.

Foi muito bom ter passado este tempo com ele. Eu sei que troquei meu plano original (estou três dias adiantado) pela oportunidade de ter a companhia dele e a companhia da tropa de elite. Foi cômodo saber que tinha gente para me ajudar em alguma dificuldade (quando furou o pneu de minha *bike*, por exemplo) e ter com quem compartilhar. Especialmente com ele, que é um cara especial. Hoje, almoçamos juntos um belo prato de polvo à Galega e mais vinho tinto. Botamos o papo em dia. Disse que ele já está famoso no Brasil, que pode ir para lá sem a minha presença, que várias pessoas poderiam acolhê–lo. Mas só um detalhe: ele não é esse santo todo. Ontem na subida do Cebreiro, quase caí para trás quando ele terminou de beber uma garrafa de isotônico e a atirou encosta abaixo.

Fiquei sozinho em Portomarin, uma cidadezinha simpática, que era à beira de um rio. Mas, resolveram demolir tudo e reconstruí–la no alto do morro por conta das enchentes frequentes. Ao final da tarde, o casal simpático (Zé Paulo e Márcia) apareceu e fomos jantar juntos. Amanhã pretendo ir bem devagar (de verdade) e pedalar pouco. Vamos ver! Faltam 92 quilômetros para chegar. Agora não quero chegar tão rápido. O objetivo é fazer o Caminho, e não simplesmemte chegar. Vou aproveitar para conversar mais com os outros peregrinos, pois todos tem motivos e histórias especiais.

Dia 11

Ontem, conheci vários brasileiros na cidade, cinco deles estavam no meu quarto do albergue. Jantei com três paulistas de meia–idade, foi divertido. Depois, chegou o casal simpático. Achei que ia perder a hora e voltei correndo para o albergue, pois tinha hora para fechar. Realmente foi o pior albergue da viagem. Meu quarto estava cheio, havia mais de 30 beliches. E tinha um Cavalheiro do Apocalipse perto de onde eu estava que roncava a 180 decibéis. O vizinho dele, que dormia embaixo de mim, levou o colchão para o corredor, fora do quarto, de madrugada, pois não aguentou o barulho. Com os protetores de ouvido, consegui dormir sem problemas. Aliás, dentro do meu saco de dormir, bem quentinho, com protetor de ouvidos e de olhos, sempre durmo bem.

Como os caminhantes sempre saem bem cedo, quando acordo, ou eles já saíram, ou estão saindo. Foi nessa situação que conheci meu vizinho da cama de baixo, que tinha levado o colchão para fora do quarto. Ele também era brasileiro. Disse que realmente não aguentou o ronco. Saí mais tarde, às nove da manhã. Depois de algum tempo, encontrei o brasileiro caminhando e parei para conversar. Ele estava caminhando ao lado do Cavaleiro do Apocalipse. Perguntei se eles já se conheciam e a resposta foi que se conheceram duas semanas antes e estavam caminhando juntos desde então. Daí perguntei como tinham sido as outras noites. Ele me contou que eram todas iguais: o cara roncava demais e ele tinha decidido que a cada cinco dias iria dormir sozinho em um hotel para tentar botar o sono em dia. Mas que iria continuar com ele até Santiago. O cara era um soldado aposentado do exército português.

De novo, foi estilo turismo rural, subidas e descidas no meio de florestas e fazendas, muito duro para pedalar. Essa parte da Galícia é muito bonita, com muito verde, apesar das cidades serem absolutamente desinteressantes, pricipalmente se comparado com Navarra (a região do início, onde fica Pamplona). Às 13h45, cheguei à Melide, distante 53 quilômetros de Santiago. Estava pedalando com Diego, um espanhol gente boa. Fui carimbar minha credencial de peregrino no albergue de lá e deu vontade de ficar. O local era novinho e estava vazio. Diego me perguntou se estava com pressa. Respondi que não. Então, ele me convidou para conhecer o Polvo à Galega, o mesmo prato que comi com o José ontem. Não pude recusar. Ficamos duas horas no restaurante. Almoçamos e tomamos uma garrafa de vinho e depois uma espécie de cachaça espanhola. Deu vontade de ir para o albergue e tombar lá mesmo, mas pedalamos mais 15 quilômetros até Arzúa. Chegamos às 17 horas, com o início da chuva. Resolvi ficar e Diego foi embora.

Faltam 38 quilômetros para chegar à Santiago. Se tudo correr bem, chego amanhã mesmo. Falo isso porque a previsão do tempo é que amanhã vai chover muito forte. Aliás, a previsão é de chuva para toda a semana. Ainda bem que o *Weather Channel* tem errado bastante. Estava prevista chuva desde ontem e não aconteceu. O albergue em que estou é incrível, novinho, limpinho. Para completar, só eu estou hospedado aqui. Caraca, o que será que tem de errado nessa história?!

Voltando a falar da *bike*, na região da Galícia, fica muito mais difícil encontrar tempo para pensar. É preciso estar sempre atento à mudança de terreno e de inclinação. Às vezes, uma descida desemboca em uma subida. A mudança de marchas tem que ser rápida, às vezes simplesmente não dá tempo. Isso quando não me esqueço em que marcha estou e mudo para a marcha errada. Bem, serão 38 quilômetros em três dias. Agora posso ir me arrastando. Então, já posso dizer que a *bike* não me deixou na mão. Parabéns para ela!!!

Com relação à credencial de peregrino, vamos carimbando em todas as vilas que queremos e podemos. Com ela preenchida, ganhamos o certificado de peregrino quando chegarmos à Santiago. A Compostelana é o nome do certificado oficial emitido pela Igreja Católica que atesta a conclusão da peregrinação à Santiago de Compostela. Para obtê–la, é necessário percorrer pelo menos 100 quilômetros a pé ou a cavalo ou 200 quilômetros de bicicleta. Aí basta apresentar a Credencial do Peregrino devidamente carimbada na Oficina do Peregrino em Santiago e declarar que a jornada foi realizada por motivos religiosos ou espirituais.

Dia 12

Ontem, foi a melhor noite da viagem no que concerne ao meu sono, é claro. Chegaram mais dez pessoas ao albergue, mas ninguém foi para o meu quarto. Choveu para caramba. Finalmente caiu a chuva que a internet disse que ia cair desde ontem. Não deu nem para sair para jantar. Um casal que nos acompanha há uns seis dias estava cozinhando e me convidou para o rango. Um colombiano casado com uma búlgara. Só no Caminho mesmo para uma combinação dessas. Resumo: fui dormir antes das 23h e acordei às 9h45. Botei meu sono em dia. Sozinho no quarto, dentro do meu saco de dormir quentinho, e ainda com barulho de chuva...

Bem, o problema é que a chuva não parou de cair. De manhã, ela continuava com um vento danado. Deu vontade de ficar, já que tenho três dias ainda. No entanto, a galera que estava no albergue resolveu seguir em frente. Afinal de contas, o verdadeiro peregrino tem que sofrer, não é mesmo?

Vi na internet que o tempo não vai abrir nos próximos dias e resolvi encarar. Seriam só 34 quilômetros até Monte do Gozo. Sei que o nome é sugestivo, mas é que fica em cima de um monte de onde, em condições normais, dá para ver Santiago de Compostela. Fica a quatro quilômetros de Santiago.

Saí às 11h15 e logo voltei ao turismo rural. Estava simplesmente impossível de pedalar com tanta lama, subidas e descidas. A galera com pneus de cross fez a festa, mas o trouxa aqui só atolava. Decidi pegar a estrada, literalmente. Muita chuva, vento e frio. E eu sorrindo em direção à Santiago. A 10 quilômetros do destino, bateu o sentimento de culpa, voltei para trilha e sofri um bocado até chegar à Monte do Gozo. Foram 3 horas para 34 quilômetros, mais um dia de sofrimento. Pelo menos acaba amanhã. Acho que vou ficar uns dois anos sem pedalar.

O albergue de Monte do Gozo é preparado para a chegada de muitos peregrinos. Eles chegam normalmente na parte da tarde, dormem aqui e no dia seguinte de manhã chegam à Santiago para a Missa do Peregrino às 12h. O albergue tem 800 camas, parece um alojamento de universidade. Ficamos em um quarto com oito camas. Só eu, Zé Paulo e Márcia, que por coincidência chegaram juntos comigo. Foi ótimo reencontrá–los, são super legais, ótimas companhias. Já reservamos um hotel em Santiago para amanhã. Não pretendemos ficar por aqui.

Dia 13

Ontem, depois que escrevi o texto lá na cafeteria, a tormenta continuou. Tinha vento de mais de 100 quilômetros por hora e não parou de chover.

Ficamos ilhados até às 10h da noite, quando fomos dormir. Pelo menos deu para falar pelo Skype com a família, com meus pais e meu irmão. Fiquei pensando: depois de tanto sacrifício, terminar a viagem com este clima parecia um verdadeiro anticlímax. Mas se tinha que ser assim, tudo bem.

Dormi muito bem e, quando acordei, a surpresa: o céu estava claro sem uma nuvem. Pulamos da cama, nos aprontamos e saímos para Santiago. Afinal eram apenas quatro quilômetros.

Chegamos ao destino e fomos direto para a fila pegar a Compostelana, o diploma de peregrino. Ficamos na fila por uma hora, excitados por completar a peregrinação. Depois disso, fomos para a catedral. Eram 11h e peguei um lugar para ver a missa das 12h. Já estava cheio e resolvi esperar. Quando eram 11h50, olhei para o outro lado da catedral e vi uma carinha sorridente olhando para mim. Era José!!! Chamei ele, que me deu um forte abraço. Assistimos à missa juntos. Incrível.

A missa começou como outra qualquer, mas logo vi que era especial. Hoje é Dia de São Francisco de Assis e houve uma homenagem aos peregrinos. Fiquei emocionado, principalmente vendo aquela gente toda que sofreu tanto para chegar até aqui. Sem sentir, estava chorando. Vi que eu mesmo tinha realizado algo importante.

Eu me lembrei de um livro que li na adolescência, Ilusões, de Richard Bach, que começa com uma lenda de uma civilização que habitava o fundo de um rio. As pessoas viviam agarrradas às pedras e tinham medo de soltá–las, pois não sabiam o que tinha mais à frente no rio. Um personagem decidiu soltar e começou a descer o rio. As pessoas estendiam as mãos para ele, pedindo para ele agarrá–las, já que ele podia se machucar. Mas como elas sabiam que ele podia se machucar se nunca tinham descido o rio?! No caminho, só tem uma direção (para Santiago). Então, nada tem volta. Quando decidimos ir em frente, deixar uma cidade, um albergue ou umas pessoas, tudo podia acontecer. Inclusive encontrar as mesmas pessoas das quais nos despedimos uma ou mais vezes.

Santiago de Compostela é uma cidade muito bonita, seu Centro Histórico é muito rico. Vale a pena ficar mais um pouco. Tem muitos turistas, além dos peregrinos. Amanhã vou ver a missa de novo.

Bem, o anticlímax de ontem virou um verdadeiro clímax hoje. Para completar, encontramos no albergue o resto da tropa de elite. Dois deles, Theresa e Gianlucca, já tinham ido embora e decidiram voltar ao grupo. Hoje vamos jantar todos juntos.

Day After

No dia anterior, tinha pensado que um filme hollywoodiano sobre minha peregrinação não poderia terminar daquele jeito, em Monte de Gozo, em meio a uma tormenta.

Bem, ontem o dia foi ótimo. E para encerrá–lo, só mesmo com um jantar no restaurante do albergue com a participação de quase todos os "atores" deste longa–metragem: a tropa de elite, o casal simpático e o casal José (colombiano) e Petea (búlgara). Todos comeram pasta e beberam sete garrafas de vinho. Esse sim foi o verdadeiro final do filme americano.

Como o filme acabou ontem à noite, hoje o dia amanheceu chovendo e com frio. Theresa e Gianlucca se foram. Fui rever a Missa do Peregrino na Catedral (uau, duas missas em dois dias!!!). Claro que dessa vez não teve a mesma emoção.

Aliás, meu encontro com José ontem não foi apenas coincidência. Ele chegou à Santiago no domingo, dia da tormenta. Foi pegar a Compostelana e perdeu a chave da bicicleta. Não conseguiu destrancá–la e foi para casa. Voltou no dia seguinte com um serrote. Quando foi serrar o cadeado, percebeu que minha bicicleta estava estacionada ao lado da dele. Eu não reconheci a dele, mas ele reconheceu a minha. Por isso, decidiu me procurar na catedral. Outro motivo é que domingo é o dia mais cheio para a missa e ele não conseguiu assisti–la.

Bem, cada um com seu caminho diferente. Tem gente que começa o caminho em León, em Ponferrada, no Cebreiro etc. Não tem diferença. Eu mesmo comecei em Roncesvalles (quase 800 quilômetros). Não fiz o primeiro trecho, de Saint Jean Pied du Port, na França, até Roncesvalles. É uma tremenda subida, não se recomenda fazer de *bike* – o melhor é deixar a *bike* em Roncesvalles e fazer o trecho à pé. A partir de Ponferrada, fica claro que o número de peregrinos aumenta muito. Porém, como já disse, é um esforço enorme e respeito todos que fazem. Inclusive aqui em Santiago, vi muita gente que fez o caminho português.

Sobre a Espanha, posso dizer duas coisas. Uma é que o espanhol pode ser em geral muito simpático e atencioso em cidades pequenas. E muito grosso e mal–educado em cidades maiores. Esta foi a minha experiência, sem querer generalizar. Outra coisa que me surpreendeu é a quantidade de lixo pelo Caminho. O Caminho é super bem sinalizado, com vários locais construídos para descanso e lanches, todos com latas de lixo. O problema é a coleta, pois as latas de lixo invariavelmente estavam transbordando e com muito lixo em volta. Nos bares a mesma coisa. Parece que limpam o balcão e o chão só no final do expediente. O episódio do José jogando a garrafa de plástico montanha abaixo é representativo.

Quanto à segurança, posso dizer que não tive nem ouvi falar de nenhum problema de roubo ou furto em todo o Caminho. Só para registrar, quando já estava saindo do albergue de Burgos, decidi dar uma última passada no banheiro. Quando saí do albergue, percebi que faltava o Fanuel. Voltei para dentro do albergue para pegá–lo. Quando saía de novo, vi uma pochete igual à minha no balcão da recepção, que estava vazia. Aí eu me dei conta que era a MINHA pochete, com o passaporte e todo o meu dinheiro. Eu a tinha esquecido no banheiro. Um casal alemão achou–a e a colocou ali. Qualquer um poderia ter pego. Se não volto para o albergue para checar o Fanuel, não sei o que teria sido da viagem.

De novo sobre o Caminho: só se perde quem quer. Fala isso quem se perdeu três vezes nos primeiros quatro dias. O fato é que se você não vê uma seta amarela ou uma concha em 500 metros, pode voltar, pois errou de direção. A seta amarela ou a concha são símbolos do Caminho.

É claro que não esperava encontrar em Santiago um monge que daria todas as respostas para meus questionamentos. Mas no Caminho, além de termos tempo para refletir, tudo o que a gente vê (peregrinos, lugares etc.) nos faz pensar muito no que devemos e podemos melhorar. Não me lembro do livro do Paulo Coelho, acho até que vou relê–lo por curiosidade quando voltar. Mas não houve qualquer influência na minha peregrinação. É interessante ver o quanto cada um desejou e programou fazer esta peregrinação. Eu que decidi em cima da hora fico até sem jeito, mas acho que não perde o valor.

Resumo da Viagem

Agora que voltei ao Brasil, só me resta fazer um resumo da viagem. Vamos a ele:

Percurso: foram 790 quilômetros de Roncesvalles até Santiago de Compostela. Como já disse, o Caminho francês começa em Saint Jean Pied du Port. O primeiro trecho é de pura subida, não se aconselha a fazer em *bike*. Eu não o fiz e me arrependo, pois sobrou tempo no final. Dizem que a cidade é linda e o trecho, se estiver com tempo bom, também é.

O Caminho pode ser feito por trilhas ou por estradas. Por estradas é mais longo e não passa dentro de cidades e povoados. Na primeira parte da viagem, faz toda a diferença, pois aí estão as cidades mais interessantes, com muita história e com os melhores pontos turísticos. No meio, há um longo trecho plano, onde sempre há uma estrada paralela à trilha. E no final, na Galícia, após as montanhas, o Caminho passa por cidades não tão interessantes, mas a paisagem é bonita. Essa parte se torna literalmente um turismo rural.

Mapa: não é necessário. Há setas amarelas e conchas por todo o Caminho. Se você ficar mais de 500 metros sem vê–las, pode voltar que se enganou. O Caminho francês é escolhido por quase 80% dos peregrinos. A maioria é de espanhóis, mas eles normalmente não fazem os primeiros trechos. Depois vem alemães, franceses e italianos, nessa ordem. Ciclistas são minoria. Não vi tantos assim.

Peregrinos: a grande maioria é de pessoas com mais de 60 anos, o que me impressionou. Não é um programa fácil, nem para os caminhantes (grande maioria), quanto mais se a pessoa carrega sua própria mochila. Há empresas que transportam mochilas de uma cidade à outra. Não é nada demais, acho que muitos até necessitam desse serviço, mas não o utilizam. As descidas são o verdadeiro terror para os joelhos, isso sem falar nas bolhas nos pés. No caso dos ciclistas, as grandes dificuldades são as subidas e os trechos onde se tem que carregar as bike*s*, pois fica impossível de se pedalar nas pedras.

Albergues: acho que os albergues fazem parte da experiência. Neles, você encontra outros peregrinos e a infraestrutura que tanto necessitamos, como máquinas de lavar ou secar roupas, espaço para pendurar roupas, computador com acesso à internet, máquinas de refrigerantes e cafés. Também há muitas informações sobre o caminho e os próximos trechos. O lado ruim é a total falta de privacidade e os roncos à noite. Eu compensei com tampões de ouvidos e de olhos, que me fizeram muito bem. Os hotéis são o completo oposto, com privacidade e silêncio, mas não tem nada da experiência de peregrinos.

***Bike*:** levei a minha boa e velha *bike* com pneu de estrada e sem suspensão. Não recomendo para quem vai fazer a trilha. Dei conta, mas as dores nas costas e a dificuldade em certos trechos de subida e descida me convenceram do meu erro. Para fazer pela estrada, estaria perfeito. Só tive um pneu furado, mas encontrei um cara que teve três em um só dia. Tudo é possível. O meu pesadelo número um aconteceu a 500 metros da chegada: a corrente arrebentou. Não me preocupei. Empurrei a bichinha até o hotel e a coloquei no *malabike*. Não fez a menor diferença.

O custo de se levar a *bike* varia um pouco. Eu paguei 60 dólares na ida e nada na volta para despachar. Óbvio que tive que comprar um *malabike*, mas talvez isso não tivesse sido necessário já que a Ibéria vende uma caixa para bicicletas e em Santiago de Compostela se pode comprar outra para a volta. Custa em torno de 20 euros. O meu *malabike* custou mais de 100 euros e ainda tive que enviá–lo para Santiago.

Orçamento: depende da opção se a pessoa vai ficar em albergues ou hotéis. Albergues custam de quatro a dez euros por noite, enquanto nos hotéis os preços são de 30 a 40 euros. O famoso menu do peregrino, que é um jantar com dois pratos, sobremesa, pão, vinho e água, custa normalmente de oito à dez euros. Façam as contas. Há, ainda, o custo do café da manhã, do almoço e dos lanches. Visitei muitos mercados e não são caros. Se encontra de tudo para comprar durante o caminho, não precisa acumular nada.

Bagagem: já foi tratado no início do blog, não vou repetir. Acho que fiz o correto. Isto é, levei o mínimo necessário, já que os alforges que comprei eram do menor tamanho. Invariavelmente, quem tinha alforges maiores carregava mais peso.

Santiago de Compostela: o lugar é mágico, mas não é o mais bonito. A Catedral de Burgos é imbatível por dentro e por fora. A Cidade Velha é bonita, mas o que vale a pena mesmo é a Missa do Peregrino e o astral dos peregrinos após concluírem o Caminho. Como já disse, chorei na missa e a assisti por dois dias seguidos.

Sobre a viagem: faltou dizer que neste Ano Santo, a perspectiva é que 400.000 pessoas façam a peregrinção. Dá para ter uma ideia de como fica a trilha em agosto, o mês mais concorrido? E os albergues como enchem rápido?! Com a política de preferência aos caminhantes, acho inviável fazer de *bike* em agosto: trilha cheia e albergues lotados.

Amizades: Já troquei e–mails com José, que inclusive me mandou algumas fotos nossas. Já disse que ele é convidado, e não só por mim, para vir ao Brasil. Com a tropa de elite, não consegui manter contato. Exceção foi Fanuel que esteve no Rio e me procurou. Fomos tomar umas cervejas e botar o papo em dia.

Um comentário adicional: seis anos depois, fui com minha família passar 15 dias em Portugal. Aproveitamos e fomos à Santiago de Compostela, pois queria muito que eles conhecessem a cidade. Quando estava no trem a caminho de Santiago, no dia 31 de dezembro, me lembrei de enviar um e–mail para José (naquela época não havia WhatsApp). E não é que ele fez questão de sair de sua cidade e ir até lá em pleno dia 31 só para tomar uma cerveja comigo. Quando o encontrei, ele estava chorando de emoção. Muito especial!!!!

30. Angola

Em novembro de 2010, fiz uma viagem para Angola. Na verdade, a viagem tinha cunho profissional, já que fui avaliar possíveis oportunidades de negócios para meu amigo Pompílio, que morava lá fazia alguns anos. Mas é claro que aproveitei para conhecer e listo abaixo minhas observações.

Angola era um país em reconstrução. Sua independência aconteceu em 1975. A guerra civil iniciou logo depois e só terminou em 2002. Portanto, era muito recente e havia muito a ser feito. Graças aos diamantes e petróleo abundantes, esse muito já estava sendo feito, mesmo que de forma peculiar, já que tudo no país era (e ainda é) centralizado e as decisões dão muita margem às manobras políticas.

Pompílio me pegou no aeroporto de Luanda em uma sexta–feira pela manhã. Como o aeroporto fica encravado na cidade, já na saída tive uma ideia de como o trânsito de Luanda era caótico. Simplesmente tinha muito carro para pouca rua. Logo, percebi três agravantes. O primeiro é que as ruas na parte antiga da cidade eram estreitas, quase todas de mão dupla. O segundo é que quase metade dos carros era de grandes e modernos SUVs. Interessante ver em um país relativamente pobre uma proporção tão grande de veículos caros. O terceiro e último é o fato de que as leis de trânsito eram, e devem ainda ser, bastante peculiares. A preferência em qualquer cruzamento era de quem colocava o bico do carro na frente, mesmo que a pessoa viesse de uma rua pequena e quisesse cruzar uma importante avenida com trânsito em duas mãos. Não importava a situação, o mais ousado ou ligeiro sempre tinha a preferência. Ao contrário do que eu imaginava, ninguém se importava com a bagunça e não havia muito buzinaço como na Índia, por exemplo. Esses três pontos somados aumentavam certamente os congestionamentos.

Em 1984, a Odebrecht ganhou uma concorrência para a construção de uma hidrelétrica em Capanda. Foi o início de uma fase repleta de negócios em áreas tão distintas como sistemas de captação e tratamento de água, imobiliária, produção de diamantes e petróleo. Um importante projeto foi a urbanização de uma imensa área até então quase isolada no sul de Luanda que se integrou à cidade. Guardando as devidas proporções, parecia o que foi feito na Barra da Tijuca há 40 anos. O fato é que a Odebrecht participou não só da urbanização dessa área, construindo avenidas e pontes, como construiu condomínios de casas, edifícios comerciais e residenciais e até o primeiro shopping center de Angola.

Tudo no país era movido a relacionamentos, nada acontecia sem um conhecimento específico. Muitas multinacionais tinham extrema dificuldade para fechar negócios até entender e se adaptar a essa dinâmica. Participei de algumas reuniões com autoridades do governo (até com o Ministro dos Petróleos eu estive) e fui à inauguração do escritório da APEX (Agência Brasileira de Promoção de Exportação e Investimentos), o primeiro na África.

Outra coisa que me chamou a atenção foi o altíssimo custo de vida no país. Com exceção do petróleo e dos diamantes, pouca coisa era (e ainda é) produzida no país. Havia necessidade de importar praticamente tudo. Nem preciso dizer que o porto de Luanda era um gigantesco gargalo, fazendo com que o custo de vida aumentasse. Só como parâmetro, um milk shake no Bob`s custava US$ 9; um quilo de tomate custava US$ 17; um rodízio em uma churrascaria custava US$ 100; um misto–quente em uma padaria custava US$ 10; e um quarto em um hotel mediano custava US$ 300. É mole?! Para levar um expatriado para lá, era necessário prover moradia e ajuda de custo, além de conceder um alto salário. Se não, não valia a pena para o empregado.

Falando de expatriados, me impressionou a quantidade deles. Estavam em toda a parte: restaurantes, escritórios, nos carros e, claro, no shopping center. Uma passada pelo shopping na hora do almoço, ou após o expediente, fazia qualquer um se sentir fora da África, mais precisamente no Brasil. Os brasileiros eram a imensa maioria dos estrangeiros, graças à Odebrecht. Aliás, no início de dezembro, o assunto principal das conversas não poderia deixar de ser as férias de fim de ano no Brasil. Me senti dentro de um filme qualquer que retratasse uma época colonial, tal a quantidade de estrangeiros com objetivos profissionais, muito mais do que pessoais. Poucos expressavam prazer em estar vivendo ali. Estavam claramente cientes de que era uma época em que podiam alavancar suas vidas financeiro–profissionais. Muito interessante.

Esses comentários foram feitos na época da minha viagem. Em alguns anos, parte do que estou escrevendo não valerá mais, pois as mudanças acontecem em todos os lados. Novas avenidas e duplicações de vias ditavam o ritmo em Luanda. O governo mandava passar sem nenhuma cerimônia o trator em cima das casas que estavam no caminho dos alargamentos. E ai de quem reclamasse. Dois grandes empreendimentos comerciais estavam sendo construídos na Cidade Velha, além de um complexo do Hotel Intercontinental com quatro torres e um mega cassino. Fora as várias obras em Luanda Sul, aquela parte da cidade semelhante à Barra da Tijuca. Recentemente, meu amigo Guilherme esteve lá e pelas fotos dele percebi uma série de novos edifícios altos e modernos no Centro da capital angolana.

Só espero que o governo não tenha se esquecido de algumas infraestruturas super essenciais como eletricidade, saneamento e coleta de lixo. Em uma semana, faltou luz em todos os dias. Algumas vezes, o apagão era setorizado, outras vezes era geral mesmo. Impossível levar uma vida minimamente normal sem um gerador. Praticamente todas as casas e estabelecimentos comerciais têm um. Quando falta luz, é fácil saber quem tem. Quanto ao saneamento e à coleta de lixo, dá pena ver a quantidade de lixo acumulado nas ruas e de saber que todo o esgoto era lançado ao mar in natura. Precisei me lembrar de que o país está há pouco tempo em paz. Pelo menos o aeroporto foi reformado para a Copa Africana de Nações, competição de futebol sediada em Angola no começo de 2010. Vale dizer que a obra foi custeada pelos chineses, que, aliás, têm tentáculos em tudo quanto é negócio na África.

Quanto à sociedade angolana, o que posso dizer é que havia um claro sentimento, que vem da época do colonialismo e das guerras, de distanciamento entre angolanos e estrangeiros, principalmente dos brancos e, em especial, dos portugueses. Apesar de todos os negócios serem baseados em relacionamentos, havia uma clara diferença entre esses relacionamentos e as reais amizades. Outro aspecto que percebi é a falta de coletivismo do povo. Parecia que eles pensavam apenas em si. Um exemplo clássico era a quantidade de antenas parabólicas em um mesmo prédio, que poderiam ser facilmente substituídas por uma só e coletiva. Outro exemplo é o trânsito, como já descrevi, que valia a lei do mais rápido ou do mais esperto. Não sei se esse cenário se mantém.

O pouco tempo de paz no país ainda trazia algumas consequências no dia a dia. Estávamos no centro de Luanda e vestíamos terno, pois teríamos a tal audiência com o Ministro dos Petróleos (eles o chamam assim). Aí resolvi tirar uma foto do prédio do Banco Nacional de Angola, que na minha opinião era o mais bonito da capital. Com estilo colonial, ele tinha sido restaurado. Nesse prédio, inclusive, eram realizados alguns comerciais da TV angolana. O Pompílio ainda me disse para ser discreto quando fosse tirar a foto, mas não adiantou muito. Tentei ser discreto para atendê–lo, mas não podia imaginar que seria preso por dois policiais. Eles me perguntaram o que eu estava fazendo. Respondi que só estava tirando uma foto do prédio mais bonito da cidade. Para quê? A pergunta veio em tom bravo. Ora, sou um turista, respondi. Devem ter pensado: será que somos bobos? Um turista em Luanda e ainda mais de terno?! Vamos recolher este otário aos costumes. Sorte minha é que o Pompílio ficou indignado com a situação e disse que ia chamar o capitão ou quem quer que fosse. E foi embora falando no celular.

Os policiais me pediram os documentos. Só tinha a carteira de motorista do Brasil. Meu passaporte estava no hotel em que estava hospedado e não tinha a menor ideia de onde ele ficava. Disseram que tinham que me levar para a delegacia. Fiquei surpreendentemente calmo durante o tempo todo. Ofereci para eliminarem a foto que tinha tirado. Então, me perguntaram por que eu estava de terno. Respondi que teríamos uma reunião com uma pessoa importante. Eles devem ter ficado com medo da tal suposta ligação que o Pompílio ia fazer e do fato de estarmos de terno. Havia sim a possibilidade de termos uma reunião com alguém importante. Chegou outro carro de polícia e eles ficaram um tempo confabulando. Até que me pediram para eliminar a foto e me liberaram.

Minha experiência foi um pouco mais completa do que a de um viajante comum. Fiquei a semana toda com Pompílio, interagi com sua família angolana e com seus parceiros de negócios, participei de reuniões e, como disse, fui ao evento da Apex e à audiência com um ministro. Isso certamente enriqueceu a visita e não deixei de valorizar cada momento. Outro fator relevante para mim foi o fato de sempre ter usado Angola como exemplo de um lugar que escolheria mesmo se tivesse como opção Paris, Londres etc. Agora já não iria de novo, pois já o conheço. Dá para entender?!

31. Uruguai

Em um período entre dois empregos (termo usado comumente pelos desempregados), tive oportunidades de fazer viagens curtas, de uma semana. Uma delas foi para o Uruguai, que não conhecia. Era o ano de 2010 e ainda era possível conseguir passagens para a América do Sul com poucas milhas. Como não tinha muito tempo, me concentrei nos três destinos mais visitados no país vizinho.

Cheguei à Montevidéu e de lá peguei um ônibus direto para Colônia do Sacramento, uma cidade colonial, com um Centro Histórico bem pequeno, bem arrumado e agradável. De lá, dá para tomar o *ferryboat* para Buenos Aires. De Colônia do Sacramento, é possível à noite ver as luzes da capital argentina. É um contraste interessante entre uma grande metrópole de um lado do Rio da Prata e, na outra margem, uma cidade pequena e pacata. Pelo menos estava assim quando estive lá, pouca gente na rua, pouquíssimos turistas.

As distâncias são curtas. Colônia do Sacramento fica a pouco menos de 200 quilômetros de Montevidéu. Voltei para a capital do Uruguai de ônibus e peguei outro direto para Punta del Este, o famoso balneário. Realmente, é bonito mesmo. Estava sozinho e a pé. Então, primeiro peguei um ônibus para La Barra, uma praia linda de areias brancas que fica a 12 quilômetros de distância do centro de Punta del Este. Depois de passear por lá, resolvi caminhar de volta apreciando o litoral e vendo os condomínios e hotéis que já existiam e os que estavam em construção. Ficou claro que o crescimento de Punta del Este era inevitável.

No dia seguinte, fui visitar o Museu Casapueblo, uma instalação em estilo mediterrâneo que demorou 36 anos para ser finalizada e que foi concebida por um artista uruguaio chamado Carlos Páez Vilaró. A construção por si só já é uma obra de arte. Como fica em cima de um penhasco à beira-mar, a vista de qualquer um dos 13 terraços é de tirar o fôlego. Passei um bom tempo lá e regressei para Punta.

Por acaso, encontrei a namorada do Leo da época. Ela viajava com dois amigos de carro. Assim, peguei carona com eles. Quem poderia imaginar que eles queriam ir até La Barra. Lá fui eu de novo. Depois queriam visitar o Museu Casapueblo. Lá fui eu outra vez. Como adorei os dois lugares, não me importei de repeti–los. Voltamos para Montevidéu juntos e fomos jantar. Foi incrível ter a experiência de visitar sozinho esses lugares e logo depois repetir as visitas acompanhado. Ficaram claras as vantagens e as desvantagens das duas alternativas. Eu sempre fui da política de que é melhor viajar com alguém para compartilhar as experiências. Porém, nunca tive nenhum problema em estar sozinho, aproveito de outra maneira.

Para encerrar a viagem, fiquei mais dois dias em Montevidéu, que também é uma cidade bem agradável, mas sem atrativos espetaculares. Recomendo o Uruguai para quem não o conhece. É um país seguro, com povo acolhedor e lugar fácil para se viajar.

32. Colômbia

Outra viagem que fiz logo depois, em 2011, foi para a Colômbia. Consegui bilhete para Bogotá com milhas, de novo. A cidade é muito legal. O Centro Histórico é bem típico, sendo a Praça Bolívar o ponto principal e a Basílica Metropolitana de Bogotá a construção mais imponente. Quando estive lá, o ex–presidente Álvaro Uribe estava saindo da Catedral. Por isso, estava cheio de seguranças, apoiadores, imprensa etc. De lá, fui para o Cerro Monserrate, o ponto mais alto de Bogotá. A vista é muito bonita, vale bem a pena.

Uma coisa que me chamou a atenção em Bogotá foi a vida noturna. A Zona T, conhecida como Zona Rosa, é repleta de shoppings, bares, restaurantes e boates. Todos de alto nível e não ficam devendo nada à noite de São Paulo. Não era meu perfil de programa naquela viagem, fui apenas para conhecer. Fui ao famoso restaurante Andrés Carne de Rés. Ele fica em um prédio de quatro andares. Cada andar tem uma decoração diferente e há mesas até nas escadas. Muitos jovens e muita animação. Bem diferente de tudo o que já vi. O trânsito de Bogotá é considerado um dos piores do mundo, mas o sistema de ônibus BRT[22], que depois foi exportado para o Rio de Janeiro, facilitou muito meus deslocamentos. Os corredores de ônibus são uma grande vantagem, supera em muito qualquer outro tipo de transporte de massa.

Comprei uma passagem para Cartagena das Índias, cidade encantadora e bem compacta. A viagem vale pelo Centro Histórico, muito arrumado e com muitos visitantes. Suas praias são bem bonitas. A praia de Boca Grande é a principal e seus arranha–céus contrastam com o Centro Histórico. Lá, conheci um suíço no albergue e resolvemos pegar um passeio de barco para praias próximas. Bem turístico, mas compensou.

Na volta para Bogotá, ficamos no mesmo albergue. Fomos também de ônibus até Zipaquirá, uma cidade a 50 quilômetros de Bogotá. Lá fica a Catedral de Sal, uma igreja subterrânea que está a 180 metros de profundidade. Pelo nome, já sacamos que foi instalada em uma antiga mina de sal. Bem interessante, bem turístico, mas também vale a pena.

A Colômbia foi uma surpresa bem agradável. Acho que há muito mais lugares para se visitar. Essa foi uma típica viagem que me pareceu ótima, mas que deixou um sentimento de que faltou algo. Poderia ter me estendido mais. A verdade é que não tinha mais tempo. Sempre parto do princípio de que é melhor ficar pouco tempo e conhecer o principal do que não fazer a viagem na esperança de um dia poder conhecer tudo o que vale a pena. Primeiro porque sempre vai ter mais coisas para visitar. E porque sempre haverá mais países na minha lista esperando a sua vez.

Só um detalhe: cinco dias antes de viajar para a Colômbia, eu tive uma queda de bicicleta. Fui parar em uma clínica ortopédica. Lá, me examinaram e me liberaram. Recomendaram apenas remédios para dor

---

[22] Vale destacar que o BRT, transporte eficiente de Bogotá desde o início dos anos 2000, foi concebido no Brasil nos anos de 1970 na gestão do arquiteto e urbanista Jaime Lerner na prefeitura de Curitiba.

no ombro. Como viajei de mochila para Cartagena, já no terceiro dia de viagem, tinha dificuldades para pegar a mochila. A dor só aumentava. Então, liguei para casa e pedi para marcar uma consulta com um especialista em ombro que já tinha me atendido. Aliás, o Dr. Michel Simoni, é um dos melhores ortopedistas que conheço. Na minha volta ao Brasil, descobri que tinha rompido os ligamentos do ombro. Fiquei seis semanas imobilizado. Não sei como consegui passar uma semana viajando naquele estado, carregando a mochila.

33. Situação das finanças

Um assunto que desperta muita curiosidade nas pessoas é como eu consegui bancar todas essas viagens. Já expliquei que uma das formas é meu estilo espartano. Renuncio a certos confortos para privilegiar a realização das viagens. O que quero dizer é que não faço questão nem de ficar em hotéis luxuosos nem de ter refeições caras. Claro que também ajudou, em várias ocasiões, conseguir bilhetes com tarifas de agente de viagem e com as milhas.

Além disso, minha trajetória pessoal e minha vida profissional não tiveram uma sequência linear. Em certos momentos tinha mais tempo e em outros menos. Às vezes, estava mais apertado financeiramente, em outras épocas tive mais folga (ou menos preocupações). As variáveis foram: quando era solteiro, pesava estar empregado, pois tinha 30 dias de férias. Como trabalhei e investi no mercado de imóveis comerciais por muito tempo, em certas épocas, não sobrava muito dinheiro. Depois de casado e com o nascimento dos meus filhos, a prioridade sempre foi usar o dinheiro para a família.

Isso explica o porquê parei de viajar durante alguns períodos ou só fazia viagens curtas e baratas (Uruguai e Colômbia são os exemplos mais recentes). Ou viajava pelo Brasil – essas viagens não estão neste livro. Tive alguns períodos "entre empregos" (fiquei desempregado, é claro!). Quando acontecia, via o lado positivo, vislumbrando oportunidades para realizar viagens mais longas, como a próxima que vou relatar.

Claro que o apoio da Mônica, minha esposa, foi fundamental. Ela sabia, e o futuro confirmou que estava certa, que eu ia conseguir gerenciar essas variáveis. Nunca coloquei as finanças da família em risco. E nunca faltou nada em casa.

34. África a prestações

No capítulo 15, escrevi sobre a viagem que não aconteceu para a África. Deveria ser um tour do norte ao sul (ou vice–versa) de preferência por terra. Pois bem, lá expliquei que achava não ter mais tempo, disposição e prioridade para fazê–la. Acontece que, em 2011, eu tive mais uma oportunidade e comecei a pensar no assunto. Estava com tempo (não os seis meses mínimos imaginados para a empreitada), tinha uma companhia (Leo) e resolvi que poderia fazer a viagem em partes. Como diz o ditado, o ótimo é inimigo do bom. Os parágrafos a seguir foram escritos em 2011.

Também escrevi um blog para que os mais chegados e os interessados pudessem acompanhar a viagem. E de novo, estou anexando parte dos textos do blog neste livro. A ideia é que vocês possam acompanhar o dia a dia desta viagem. Claro que no blog há mais detalhes e mais fotos.

De qualquer forma, a viagem foi fascinante, uma experiência única. Ver e sentir a África de perto, andar pelos mercados, utilizar transporte público, comer a comida local e conversar com o povo era o que eu queria, ainda que em versão limitada. Acho que vou acabar fazendo outros pedaços da África em breve, até porque há muito mais para se ver. Ao contrário da Ásia, continente com países com culturas, idiomas, raças e religiões bem distintas, a África não tem tamanha diferenciação, principalmente na África subsaariana. Claro que cada país tem suas particularidades, mas há muito em comum entre eles. Isso não diminui minha curiosidade e vontade de ver o que ainda falta.

BLOG DA VIAGEM AO LESTE DA ÁFRICA

Leste da África – Por quê?

Isso aí, cinco semanas dá para fazer bastante coisa, não é verdade? Não, não é verdade. Especialmente em se tratando de África. Escolher para qual parte ir foi uma tarefa difícil. Para isso, além do site do Lonely Planet, descobri o blog de um casal de Curitiba, Guilherme Canever e Bianca, que me ajudou a planejar esta viagem. Vi que não tem nada demais, dá para ir sem medo! Os relatos deles no blog sobre a África me levou a decidir por essa região. Para quem não lembra, já estive em alguns países africanos: Marrocos, Tunísia, Egito, África do Sul, Angola, Quênia e Tanzânia, sendo que nesses dois últimos o objetivo era fazer um safári e conhecer Zanzibar. Assim, escolhi o leste da África, região sem conflitos na época da viagem, com uma cultura singular permeada por diferentes etnias.

Minha sorte foi ter um parceiro antigo de viagens, Leo, tão maluco quanto eu. Ele quis embarcar nessa comigo. Sabemos que não se trata de uma viagem à Disney. Teremos várias dificuldades com transporte, comida, comunicação, tempo etc. Tudo isso faz parte da experiência.

Véspera da partida

Hoje é segunda–feira, 15 de agosto de 2011. Amanhã, saio de viagem. A maioria dos meus amigos não sabe que vou viajar nem para onde estou indo. Não é uma questão de segredo, até porque amanhã vou mandar o link deste blog para muitos deles.

Ontem à noite, uma reportagem da Rede Record mostrou o problema da fome na África. Estamos no meio de uma das maiores secas da história, que atinge a região chamada de Chifre da África. De longe, o país mais afetado é a Somália. Aliás, chamá–la de país é forçar a barra, já que há 20 anos não há governo e o exército mal controla algumas regiões da capital, Mogadíscio[23]. Uma organização terrorista chamada Al Shabaab, ligada à Al Qaeda, controla a maior parte do país e impede que organizações de ajuda humanitária trabalhem para melhorar a vida daquele povo tão sofrido. E o que isso tem a ver com a minha viagem? É que o povo somali está se refugiando nos países vizinhos, Etiópia e Quênia. Não pretendo ir a nenhum campo de refugiados, mas queria chamar a atenção para esse aspecto.

Um outro programa que tem tudo a ver com esta viagem é o *Não conta lá em casa*, do canal Multishow. A atração televisiva é apresentada pelo jornalista André Fran. Pelo título, dá para imaginar que é sobre viagens a lugares considerados perigosos, como Iraque, Afeganistão, Coreia do Norte e Irã, e localidades pouco desejadas pelos turistas, como Etiópia e Somália. A turma do programa queria ir à Somália, mas desistiu em face à gravidade da situação. Repito: eles foram ao Iraque e ao Afeganistão, e não foram à Somália. De qualquer forma, os três primeiros lugares que visitaram foram na Etiópia: Adis Abeba, Lalibela e Axum. Justamente, são essas as três primeiras cidades que vou visitar. Se quiserem assistir ao programa do Multishow, esta é uma série de sete ou oito vídeos, cada um deles com mais ou menos oito minutos. Basta entrar no Youtube e digitar "Não conta lá em casa – Etiópia". Você irá para o episódio 1. De lá, dá para acessar os demais.

A viagem de ida

A viagem foi um programa chato e desinteressante. Saí de casa numa

[23] A Guerra Civil da Somália resultou no colapso do regime autoritário de Siad Barre. Após a queda do ditador em 1991, houve fragmentação política em milícias baseadas em clãs. Fatores agravantes como secas severas, colapso econômico e o vácuo de poder deixado pelo fim da Guerra Fria criaram um ambiente político–social instável.

terça–feira às 9h da manhã e cheguei à Adis Abeba na quinta–feira às 3h. Como são seis horas de fuso, não foi tanto tempo assim. Uma coisa logo chamou minha atenção: o aeroporto de Johanesburgo, onde fiz conexão, está lindo, ampliado e reformado, graças à Copa do Mundo de 2010.

Bem, aqui estou eu, em Adis Abeba, na Etiópia. Detalhe: debaixo de um temporal danado. De nada adiantou ficar acessando a previsão do tempo diariamente e torcendo por uma estiada. Mas isso fica para depois.

Na chegada de madrugada, foi super fácil tirar o visto no aeroporto. Depois, esperamos o terminal doméstico abrir às 5h. Compramos a passagem de avião até Lalibela para amanhã e a seguinte de Lalibela para Axum. É incrível que as duas custariam US$ 310 pelo site da Ethiopian. Aqui custaram US$ 99. Como eu já sabia que isto poderia ocorrer, não tinha comprado ainda.

Adis Abeba – Um Choque Cultural

Dizem que a primeira impressão é a que fica. O sol abriu e fez um super calor o dia todo. Reclamei à toa da chuva (e do frio). Saímos para dar uma volta. Decidimos andar pelo Merkato, que é o maior mercado da África. Já no caminho, começamos a ver situações embaraçosas. A quantidade de gente pedindo esmola é de cortar o coração. Durante o passeio de umas quatro horas, só vimos mais dois turistas. Então, nós mesmos acabamos virando a atração turística para os etíopes. Por onde passávamos, todos nos olhavam. As situações mais chocantes e inesperadas foram se sucedendo. Muitos, e muitos mesmo, deficientes pela rua, gente comendo direto do lixo, às vezes brigando pelo lixo. A pobreza na sua face mais pura e cruel.

Pois é, o que vi hoje foi a pobreza extrema, gente passando fome, lixo por toda a parte, o ser humano na sua face mais degradada. O Merkato deve medir uns cinco quilômetros por cinco quilômetros e, literalmente, se vende de tudo por lá. Vimos até gente vendendo sucata de celulares.

Parecia um desmonte de celular, mas de celulares pré–históricos. Não conseguíamos dar três passos sem que aparecesse alguém pedindo dinheiro ou sem ver gente dormindo sobre o lixo. Dava para ver que não era por bebida, situação que quase não há por aqui. Era falta de tudo: comida e energia até para continuar vivendo.

A Etiópia é um país que vive da agricultura. Não há muito dinheiro circulando, portanto, o povo não tem muita esperança de melhora. O turismo é bem limitado e parece que não será incrementado no curto prazo. Dá muita pena. Olha que estive em Angola no ano passado. Vi muita pobreza, mas também muita riqueza. Sabemos que há muito dinheiro novo no país decorrente do petróleo e dos investimentos chineses, brasileiros e portugueses. Ou seja, não dá para comparar.

Hoje, foi apenas o primeiro dia, mas fiquei com a impressão de que não vou ver nada mais grave do que isso na viagem toda. Espero que não mesmo. Foi um verdadeiro choque cultural. Eu me lembrava a todo o momento que eu estou pagando para ver isso e que foi por vontade própria. Foi uma experiência que escolhi que passou de todos os limites, principalmente por ter sido logo no primeiro dia.

Merkato – mais comentários

Como já escrevi, a viagem de ida foi super cansativa. Dormi de três a quatro horas nas duas últimas noites. Ontem, na volta do passeio por Adis Abeba, cochilei três vezes sentado em um café e outra vez em uma agência de viagens em que paramos para pedir informações. Fui dormir às 19h, afinal temos que acordar às 5h para ir ao aeroporto e pegar o voo para Lalibela. Pensando bem, 19h na Etiópia significa 13h no Brasil. Dormi profundamente por cinco horas, o que no meu país seria considerado uma super siesta. Mas acordei à meia–noite sem sono nenhum. Meu corpo ainda estava no fuso brasileiro. Para mim, eram 19h, hora de me levantar e tocar a vida, totalmente descansado.

O motivo para eu estar escrevendo este texto ainda é o passeio de ontem por Adis Abeba. Pelas fotos que tirei dá para ter uma ideia do que é o lugar, mas as cenas mais chocantes não foram registradas. Como falei anteriormente, nós éramos a atração. Todos os olhos se voltavam para nós e, quando sacávamos nossas câmeras, todos queriam ver para onde as estávamos apontando. As reações negativas eram quase unânimes. Ninguém quer ser fotografado em condições sem a menor dignidade. Realmente, não tenho o sangue frio nem o preparo psicológico para fotografar essas situações. Mesmo quando os protagonistas das cenas não sabiam que poderiam ser fotografados, as outras pessoas reprovavam gravemente. Então, as cenas se sucediam, quase todas sem registro. Acho que ainda bem que foi assim. Elas se sucediam tão rapidamente que parecia um filme de terror editado. Não havia tempo para digerir uma, logo apareciam mais duas ou três cenas simultâneas.

Quem viu reportagens sobre os campos de refugiados somalis com certeza também ficou chocado. Nunca tive a menor vontade de visitar um local desses, por não ter estrutura emocional para ver pessoas, principalmente crianças, subnutridas, sofrendo, sem dignidade. Aqui, há algumas semelhanças com as denominadas condições sub–humanas, mas diferente por se tratar do dia a dia de boa parte da população.

Tentei fazer junto com Leo um comparativo com outros países pobres que já visitamos. A Índia foi o que mais rapidamente nos veio à cabeça. Em Mumbai, há favelas, algumas perto do centro da cidade, com cenas tão chocantes quanto as que nós vimos ontem. A grande diferença é que aqui tudo se passa no centro da capital e não em uma favela. Na Índia, os miseráveis serão sempre miseráveis, até pelo sistema de casta que os impede de ascender socialmente. Mas todos sabem que o país cresce barbaramente há anos. Dos 1,5 bilhão de pessoas, centenas de milhões são miseráveis, mas outras centenas de milhões são de classe média. Fora a questão de classes, HÁ ESPERANÇA. Aqui, parece que não há. Minha vontade é de ajudar cada pessoa que me pedia algo para comer. Sei que não faria a menor diferença para o contexto geral, mas faria diferença para a pessoa que recebesse. Trouxemos roupas para doar. Em todos os lugares, se ouve orientações para não dar dinheiro, aquela velha história de que a ajuda estimularia as pessoas a pedirem mais. Mas vimos muito etíopes dando esmolas. As pessoas pedem não é por parecermos turistas endinheirados. Pedem porque precisam para sobreviver.

Comentei com Leo como é o destino. Nós nascemos no Brasil, em famílias de classe média. Não somos ricos. E SE tivéssemos nascido aqui, como seria?! Ontem, me senti o cara mais rico e sortudo do mundo. Como podemos perder tempo com QUALQUER tipo de problema que temos no dia a dia – financeiros, de saúde, de relacionamentos, de afiliação, ou algum outro?! É a famosa Pirâmide de Maslow, em que há níveis crescentes de necessidade humana. À medida que suprimos as iniciais, aspiramos as mais complexas. O problema é que naquele lugar, eles não estão nem no primeiro nível. Faltam as necessidades mais básicas.

Lalibela

Lalibela é uma cidade perdida nas montanhas do norte da Etiópia. Quando Jerusalém foi tomada pelos mulçumanos, resolveram construir aqui uma Nova Jerusalém. Foram construídas 11 igrejas ortodoxas em Lalibela. Quatro delas são monolíticas, isto é, esculpidas em uma rocha só. As outras sete são semimonolíticas, só uma parte está fora da rocha mãe. Mesmo já tendo visto anteriormente filmes e fotos sobre o lugar, ao vivo é completamente diferente. Os guias dizem que é a maior atração turística da Etiópia. Pode ser.

Para se chegar aqui vindo de Adis Abeba, são dois dias de carro. Para ir à Axum, mais dois dias. Por isso, fizemos a viagem de avião. Isso mostra como o lugar é isolado.

Sábado é dia de mercado. Essa região é povoada com cristãos ortodoxos e amanhã, eles terminam duas semanas de fastio[24], portanto o mercado hoje é especial. Vende–se de tudo, tudo mesmo. A primeira parte do mercado é ocupada pelos animais. Depois vem grãos, sapatos, roupas etc. Vem gente de toda a região, pessoas que andam 25 quilômetros e depois voltam outros 25 quilômetros. Eu me senti dentro de um documentário sobre lugares exóticos.

Uma coisa que incomoda demais aqui é que TODO mundo é necessitado: ou é pobre, ou é miserável. A cada minuto encosta alguém para conversar e existe uma pequena variação no papo. Porém, o final é sempre igual: pedem dinheiro. Ontem fomos conhecer a casa de dois garotos. Eles se ofereceram para nos mostrar a cerimônia de fazer café, que é bem típica. Deu pena. Antes que pedissem algo, pagamos o mês de aluguel da casa. Leo trouxe umas dez peças de roupas infantis para doar. Agora estão do lado de fora do cybercafé para receber. Realmente, dá muita pena. Insisto em conversar com todo mundo, mas dá uma mistura de raiva com pena quando a conversa descamba para o pedido de dinheiro. Ao contrário do Merkato de Adis Abeba, aqui há mais turistas. Mesmo o mais muxibento dos mochileiros parece milionário para eles, pois com certeza tem melhor condição econômica do que qualquer um aqui. Eles colam mesmo para pedir dinheiro. Se não for incisivo na negativa, eles o perseguem por muito tempo.

A infraestrutura é super precária, mas há europeus mais ricos que ficam no melhor hotel da cidade e veem tudo de carro com ar–condicionado e guia. Para visitar as igrejas, é um tal de sobe e desce que exige preparo físico de atleta. Comemos no restaurante de um hotel, a comida é mais ou menos. Nessa noite, dormi 12 horas seguidas, pois estava no atraso mesmo. Caiu um dilúvio de madrugada, parecia que o mundo ia acabar, mas não choveu durante nenhum dos dois dias. Com certeza, o tempo ainda não atrapalhou. Amanhã é dia de voar para Axum.

---

[24] O fastio ortodoxo consiste na abstenção de alimentos específicos como carnes e laticínios durante múltiplos períodos do ano litúrgico, incluindo a Grande Quaresma e jejuns semanais. Seu propósito é espiritual, de purificação, autodisciplina e aproximação com Deus, não se limitando a uma mera restrição alimentar.

Axum

Saímos de Lalibela rumo a Axum. Fomos de avião. Já expliquei o porquê. Axum é uma cidade muito importante, foi a sede de um império que data do ano 400 A.C e é atualmente o centro de várias rotas de comércio. É claro que com as guerras e as muitas invasões (principalmente pelos árabes), a cidade acabou mergulhando em um período de trevas. Hoje, é apenas local com várias ruínas de palácios, monumentos e tumbas. Para quem gosta de pedra, é um prato cheio. Cheio de história.

A câmera do Leo (jurássica, por sinal) começou a falhar em Lalibela e ele acabou comprando uma nova. Conhecemos um casal de americanos bem viajados. Ela mora em Adis Abeba há dois anos e ele trabalha no Banco Mundial. Jantamos juntos e o papo foi ótimo. Axum não é imperdível, mas fica no circuito histórico, então valeu a visita.

Nossa ida para Gondar por terra ficou em suspenso. Na época de chuvas, a estrada que normalmente é horrível fica pior ainda. Os americanos tinham vindo de lá e não recomendaram a viagem por terra, apesar de passar pela cadeia de montanhas Siemen, que dizem ser lindíssima. Eles nos disseram que a estrada está em reformas. Em vários trechos, há longas filas de espera. Acabamos comprando um bilhete de avião mesmo. Com mais um dia que ganhamos, resolvemos visitar Harar, que fica no leste da Etiópia (de avião, é claro). Dessa forma, vai sobrar um dia e meio em vez de dois e meio.

Gondar

Hoje pela manhã, viemos de avião para Gondar. A cidade é feia, porém mais rica e maior do que as outras (são 200 mil habitantes). Sua grande atração é uma área de 7.000 m2 bem no centro que abriga alguns castelos do imperador Fasil. É realmente bem lindo, mas em duas horas está mais do que visitado. Como amanhã vamos para Bahir Dar, que fica à beira do Lago Tana, pensamos em ir hoje mesmo de ônibus. A rodoviária é surreal, com centenas de agricultores e gente sem ocupação. Quando chega um ônibus ou van, é um avanço geral que dá até medo. Como não conseguimos transporte para lá, vamos ter que dormir aqui e ir só amanhã.

Por enquanto, a viagem está supertranquila, estamos até nos sentindo culpados por termos feito todos os trechos de avião. Mas é que além de ser barato voar, as distâncias são enormes, as estradas ruins e o transporte público (vide hoje) é precário. Acho que de Bahir Dar para Adis existem linhas de ônibus um pouco melhores.

Ainda não tivemos problema com a comida ou a água, mas a situação sanitária é precária. Quase todos os turistas reclamam de ter passado mal. A dúvida não é se vamos passar mal e sim quando.

Preciso mencionar que quando visitamos as 11 igrejas de Lalibela, foi necessário tirar os sapatos. Já imaginava o que poderia ocasionar entrar de meia em um lugar daqueles. Hoje, finalmente, achei uma pulga dentro da minha bota. Como a bota tem pele de carneiro por dentro, a chance de uma infestação é enorme. Vou dar uma super desinfetada nela, mas já a coloquei de quarentena. Talvez a bota não saia mais do país. Ela veio somente para o passeio na floresta em Uganda ou Ruanda em que veremos os gorilas.

Outra coisa que impressiona no interior do país é o número de turistas. Fora uns mochileiros guerreiros como nós, não se vê turista algum. Tudo bem que a Etiópia não está na lista de lugares a serem visitados por brasileiros normais, mas fica perto da Europa, é barato e cheio de história. Uma pena.

Viagem Gondar – Bahir Dar

Hoje, viemos para Bahir Dar. Normalmente, só postaria algo depois de visitarmos tudo que tem por aqui. Mas a viagem de Gondar até aqui já vale um post por si só. Como não conseguimos embarcar ontem, ficou para hoje cedo. Acordamos às 4h15 da matina, aprontamos tudo e fomos para a estação de ônibus. Antes de chegar, fomos abordados pelo motorista de uma van que ia para Bahir Dar. Ele cobrou um preço justo pela viagem e resolvemos entrar.

Aí começa a aventura. Normalmente, a capacidade de uma van desse tipo é de 11 pessoas, mas eles queriam colocar mais gente. Ficaram rodando pela cidade no escuro porque não tem iluminação pública. Quando conseguiram 17 pessoas, aí sim partimos. Claro que não entendíamos nada do que falavam, mas notamos que começou uma discussão dentro da van, que quase acabou em feridos, pois um dos envolvidos estava com um tipo de punhal na mão. Depois desse pequeno episódio, em um trecho com algumas curvas, quatro pessoas começaram a vomitar simultaneamente. Imaginem o cheiro. Abriram as janelas, mas fazia um frio de doer – estamos a mais de 2.000 metros de altitude. Uma coisa que me impressionou é que nos 178 quilômetros de estrada asfaltada, não vimos nenhum carro, somente vans, ônibus e caminhões. Claro, avistamos muitos animais, carroças e gente conversando. Tudo isso no meio da estrada.

A Etiópia tem 85 milhões de habitantes. A maior cidade é Adis Abeba, que tem três milhões de habitantes. A segunda é Dire Dawa, com 350.000 habitantes. Todas as outras são cidades pequenas. Pergunta que não quer calar: onde está o resto da população? Resposta: 85% da população vive no meio rural e trabalha no campo. Cada família tem uns dez filhos, mas como a taxa de mortalidade infantil é alta, nem todos sobrevivem. As famílias precisam de muitos filhos para ajudar na agricultura, que é 100% manual. Por aqui, dizem que a Etiópica é o país com a maior taxa de natalidade no mundo.

Bahir Dar

Bahir Dar fica à beira do Lago Tana e é chamada de Riviera da Etiópia. A cidade até que tem seu charme. A avenida principal tem um canteiro central com muitas palmeiras. Mas ela tem em comum com outras cidades da Etiópia o seguinte fato: basta ir para rua de trás, que a situação muda; logo aparece muita pobreza e muitas moradias precárias.

Ontem à tarde, fomos ver uma cachoeira chamada Cataratas do Nilo Azul. Ela fica a 35 quilômetros daqui. Fomos no final de tarde, pois a van tinha que encher de gente para pegar a estrada. Resultado: caiu um toró daqueles e resolvi ficar no carro, pois seria um programa muito chato. Andar meia hora na chuva e na lama, tirar algumas fotos e mais meia hora para voltar. Ainda bem que Leo foi, tirou várias fotos e, assim, fiquei conhecendo. Na volta, o toró virou dilúvio e foi difícil até para a van chegar ao hotel. Não parou de chover mais.

Felizmente, estamos em um hotel à beira do lago e com muito verde. Contudo, pela precariedade do país, o hotel não via reformas há alguns anos. Só ficamos nesse hotel porque fomos checar as condições e vimos duas funcionárias limpando o quarto por mais de meia hora. Psicologicamente, achamos o quarto limpo.

Hoje, acordamos cedo, tomamos café no restaurante à beira do lago e fizemos um passeio de barco por algumas ilhas do lago, onde ficam monastérios construídos no século XIV. Os monastérios são maneiros, uma construção circular, todos pintados por dentro com tinta natural, pinturas do cristianismo ortodoxo. São mais de 20, mas visitamos apenas dois, pois todos são muito parecidos. É a atração principal daqui. Estávamos em 11 no barco: nós dois e mais nove espanhóis. Batemos longos papos, pois o passeio durou umas seis horas. Em uma das ilhas, o monastério estava fechado e tivemos que voltar para o barco. Quando estávamos entrando no barco, disse ao Leo que senti algo estranho na barriga e talvez tivesse que ir ao banheiro. Antes mesmo de perguntar ao guia quanto tempo teríamos até a próxima ilha, dei meia volta e perguntei aos moradores locais onde ficava o banheiro. Eles me apontaram um mini barraco com um buraco no chão. Quase não deu tempo para chegar ao barraco. Ontem mesmo havia dito que a diarreia viria com certeza, só não esperava que chegasse tão rápido. Agora comprei umas bananas, tomei muita água e chá. E quero adquirir algumas velas, pois terei que rezar para que amanhã, na viagem de 11 horas de ônibus até Adis Abeba, não passe por nenhuma situação mais constrangedora.

Terminamos o circuito histórico pelo norte da Etiópia. Fizemos quase tudo o que planejamos. Faltaram apenas as Simen Mountains, mas, segundo nossos planos, passaríamos por lá apenas de ônibus. Descobrimos que para ir aos lugares com as melhores vistas, teríamos que ficar pelo menos dois dias dentro do parque. Isso não seria possível dentro do nosso plano de viagem. Agora, voltamos para Adis Abeba e, na sequência, vamos visitar o leste, a parte muçulmana da Etiópia.

Mercado de Bahir Dar e volta para Adis Abeba

Ontem à tarde, encerrei o capítulo de Bahir Dar. Pois é, foi precipitado. Eram quatro horas da tarde quando publiquei o post. Depois, fomos dar uma volta no mercado da cidade. O que poderia ser pior do que o Merkato de Adis? Resposta: o mercado de Bahir Dar. Em Adis Abeba, pelo menos, aquela pobreza terrível ocorria em ruas asfaltadas e nas ruas principais. Em Bahir Dar, eram ruas de terra. Com as chuvas que caem diariamente e com a sujeira excessiva, aquilo se transformou em um charco. Entre a rua principal e as "lojas", tinha um valão de esgoto in natura. Detalhe: as pessoas vendem alimentos ao lado, em cima de uma lona colocada no chão. É simplesmente chocante e impossível ficar indiferente.

Não há qualquer preocupação do poder público em qualquer nível em relação à higiene. Estava tomando todos os cuidados com a alimentação, mas quem sabe como a xícara de chá é lavada? Ou o prato de macarrão sem molho? Enfim, a contaminação pode estar em qualquer lugar. Ontem, encontramos um espanhol "ripongo" no hotel. Ficamos de papo com ele. No final, ele me deu um comprimido para diarreia que funcionou perfeitamente. Tudo bem que fiquei de castigo tomando chá, água, comendo banana e cream crackers.

A viagem de ônibus de Bahir Dar para Adis Abeba não deveria merecer nenhum comentário. Mas merece. Chegamos às 4h40 para pegar o ônibus, que saiu às 5h50. Detalhe: era a companhia de ônibus mais chique e cara. O ônibus tinha ar–condicionado (teoricamente) e estava cheio. Partimos ainda no escuro.

Logo começou a aparecer a resposta para a pergunta que eu tinha feito há alguns dias. Onde estão os mais de 80 milhões de etíopes que não moram nas cidades? O ônibus passa por centenas de vilarejos e em todos eles a situação é a mesma: pessoas, muitas pessoas andando na beira da estrada, na verdade na estrada (parece uma procissão, mas não é), vários animais e rebanhos mistos, isto é, cavalos, bois, cabritos, burricos, cachorros e afins. O motorista tinha um estilo agressivo de dirigir. Vinha como um louco, buzinando, quase atropelou pelo menos uns 100 animais e 200 pessoas. Parecia um vídeo game. No final da viagem, ele atingiu o último estágio. A maioria das pessoas anda carregando algo, muito peso. Em grande parte das vezes, é lenha.

A questão ambiental também merece outro parágrafo. Não há qualquer preocupação com ela. Vimos desmatamentos incríveis, vários deles acontecendo enquanto passávamos. Um super problema aqui é a erosão. Em todos os rios ou riachos que vimos desde o primeiro dia, há erosão e não é pouca. Conhecemos um grupo de estudantes que está trabalhando em um projeto para conscientizar a população com relação ao desmatamento. A situação é grave.

Depois de duas horas e meia, Leo foi perguntar sobre o banheiro (sim, o ônibus tinha banheiro, ainda bem) e o auxiliar do motorista disse para ele esperar um pouco. Achamos que ia dar a chave do banheiro, mas, quando o ônibus parou na beira da estrada (é isso mesmo!), percebemos que aquela era a parada para o banheiro. Que cena! Vários passageiros desceram do ônibus, uns para fazer o número um e outros para o número dois atrás das moitas, é claro. A caixa com o lixo do ônibus foi imediatamente atirada no mato. Como o motorista ia desviando das pessoas e animais abruptamente, comecei a ficar enjoado. Infelizmente, minha vizinha de trás também. Ela vomitou na mesinha que fica em frente à poltrona, na sua roupa e no corredor do ônibus. Ainda bem que tínhamos pegado aquela van onde quatro pessoas vomitaram simultaneamente. Assim, tiramos essa de letra.

A segunda parada foi em um vilarejo, em um lugar onde cabiam apenas dois ônibus. Não vou me ater às condições do restaurante e do banheiro, apenas ao fato de que havia várias pessoas querendo entrar no espaço em que estávamos para vender ou pedir algo. O que chamou nossa atenção foi um cara com um chicote enorme. Literalmente, ele espantando as pessoas com chicotadas. De verdade. Caraca!!! A terceira parada foi igual à primeira.

Outro detalhe: vimos pouquíssimos carros e, consequentemente, quase não há postos de gasolina. Impressionante é que quase não vi motos no país. A motocicleta, normalmente, é o primeiro veículo comprado por quem ganha algum dinheiro e precisa se locomover. Aqui não há. Outra coisa que reparamos: mais de 95% das pessoas desses vilarejos andam descalças e acho que não é por opção. Bem, a viagem durou 11 horas, chegamos bem a Adis Abeba. Passamos por um grande cânion, realmente lindo. Deve ter uns 800 metros de altura. Foi a parte mais bonita da viagem.

Miscelâneas

Aqui na Etiópia, para usar a internet tem que ser rápido. Se for usá–la no hotel de Adis Abeba, tem sempre uma fila de viajantes atrás fazendo pressão. Se for usar em algum cybercafé, a conexão cai e uns sites funcionam, outros não. Às vezes, acabo um post e, depois de sair do computador, me lembro de coisas que não escrevi. No texto do trajeto de ônibus de Bahir Dar para Adis Abeba, por exemplo, não disse que a programação cultural foi intensa. Durante nove das dez horas de viagem, a televisão mostrou videoclipes, novelas e até filmes em aramaico. O problema foi o volume, tão alto que impossibilitava qualquer outra atividade como dormir, ouvir música e conversar com Leo. A buzina do ônibus tem um volume compatível, mas, nesse caso, é usada para tirar os animais e as pessoas que ficam de bobeira no meio da estrada. Acho que eles vão à loja e começam escolhendo a buzina. Só depois, compram o restante do ônibus. Outro detalhe é com relação aos animais. Os etíopes simplesmente amarram a cabeça dos cavalos a uma das patas dianteiras para que não fujam. Ou eles ficam abaixados pastando ou, para levantar a cabeça, tem que ficar com a pata levantada. Uma tortura. E isso é geral, vimos em todo o país. Como a população é muçulmana ou cristã ortodoxa, não há porcos no país.

Sobre os aeroportos da Etiópia, alguns comentários. Os banheiros são horríveis, os piores que já vi. O pior de todos, por incrível que pareça, é o do terminal internacional de Adis Abeba. Não dá para entrar. Já os voos da Ethiopian Airlines foram impecáveis. Todos saíram na hora certa ou adiantados. Aliás, em Axum, ficamos de papo com aquele casal americano e quase perdemos o voo. Perguntamos várias vezes sobre o voo para Gondar e os funcionários sempre dizendo que não era hora ainda. De repente, a sala de embarque estava vazia, a porta de embarque trancada e todo mundo sentado dentro do avião. Fomos correndo pela pista do aeroporto alcançar o avião, que já estava com a porta fechada. Passamos um pouco de vergonha. Mas como atenuante, o avião estava 15 minutos adiantado. Foi erro de informação deles.

Aliás, há outra coisa que nos marcou aqui. Em todos os lados, os etíopes dão informação ERRADA com a maior convicção. É impressionante! Acho que de cada 20 vezes que perguntamos algo, em todas eles responderam com convicção e em 19 a informação estava errada. Com os motoristas de táxi, é ainda pior: 20 em 20.

Harar – a cidade que não estava no mapa

A Etiópia tem mais de 50% da sua população cristã ortodoxa e quase 40% de muçulmanos. Harar fica na área muçulmana. A cidade é pequena e tem uma medina, que é a Cidade Velha cercada por muralhas. A de Harar tem seis portões. Chegamos de avião em Dire Dawa, a cidade mais próxima com aeroporto, e de lá pegamos uma van que demorou uma hora para chegar até Harar. Novamente, eram 17 pessoas a bordo, mas dessa vez só uma pessoa vomitou.

A primeira coisa que notamos foi a ausência de turistas. Vimos pouquíssimos. Uns quatro na chegada à praça principal e depois uma meia dúzia à noite no ponto alto da visita, que vou descrever mais tarde. A cidade é uma mistura perfeita de África com Oriente Médio. Infelizmente, com o pior dos dois. A cidade murada é tipicamente árabe, com ruelas estreitas, subidas e descidas, labirintos. Dá para se perder rápido. Nas ruelas principais, é um verdadeiro mercado, com uma multidão, comida e lixo para todo lado. Vendem de tudo. Vimos até venda de garrafa pet vazia.

Sem falar nos mendigos. A higiene é muito precária, quase inexistente. Acho que já estamos ficando um pouco anestesiados ao ver tanta miséria e sujeira, mas sempre há alguma cena que nos surpreende. Chama a atenção o número de pessoas que ficam deitadas na rua, às vezes quase que totalmente cobertas. Dá para ver que é um ser humano, pois às vezes tem um pé ou uma mão para fora. Acho que eles são resignados com o destino, não há esperança de que suas vidas vão mudar. Por isso, tanta gente nos pede algo. Eles apenas veem uma oportunidade de ganhar dinheiro, alimento, caneta ou qualquer coisa.

Hoje é sexta–feira, que é o domingo dos muçulmanos. Além do mais, estamos em pleno Ramadan, o mês sagrado do Islamismo, quando não se come nada do nascer até o pôr do sol. Pensei que fosse esse o motivo para as ruas estarem vazias, sem comércio e movimento. Tolinho eu. Um super movimento. Dizer que Harar ainda não está no século XXI é uma injustiça com o século XX. A única coisa que lembra o século XXI é a telefonia celular. Dentro da cidade murada sim, parece o século XV ou XVI. Eu me recordo da cidade murada de Fez, no Marrocos, acho que a mais tradicional ou original de todas as medinas. Mas lá é bem mais limpo e organizado se comparado à Harar.

À noite veio o ponto alto. Daniel, nosso guia local, veio nos buscar às 18h30. Cruzamos a cidade murada, saímos pelo outro lado, passamos por mais ruas que pareciam favelas e chegarmos a um terreno baldio, onde outros turistas já estavam de pé. Veio um morador local com uma cesta na mão, colocou um pano no chão e se ajoelhou nele. Começou a dar gritos estranhos. Logo apareceram três hienas. Ele deu pedaços de carne na boca das hienas. Depois, vimos que eram, na verdade, seis hienas. O show continua um pouco mais até que um dos turistas é chamado a se ajoelhar no pano. Ele mesmo alimenta as hienas. Usa um pedaço de madeira com a carne na ponta. Elas chegam e pegam a carne. Depois, ele botou o pedaço de madeira na boca, com a carne na ponta, e continuou a alimentá–las. Tudo isso regido pelo mestre de cerimônias.

O próximo da lista foi Leo, que cumpriu bem seu papel. Só que o mestre de cerimônias colocou um pedaço de carne nas costas do meu amigo. A hiena veio com tudo, com duas patas nas costas do Leo. Foi um super susto. Para terminar, foi a minha vez. Tudo documentado com fotos. Não adianta dizer que usamos *Photoshop*, pois não há isso aqui na Etiópia. Na verdade, já sabíamos desse show. Já tínhamos visto fotos, filmes na televisão e relatos no blog do Guilherme Canever. Então, estava meio que preparado. As hienas pareciam bichos de estimação, mas sempre me recordava que eram hienas de verdade. Acho que está no top três dos programas da Etiópia até agora, junto com Lalibela e o castelo de Gondar.

Não vai faltar gente perguntando por que estou aqui, com tanta miséria, sujeira e perrengues. Acho que nossa cabeça é constituída por informações que recebemos dos pais, da escola, dos amigos, dos livros, da televisão, dos filmes e, claro, das experiências pessoais. Para mim, esta viagem é um complemento. Sou curioso para ver como vivem e como pensam outros povos. Tem sido uma lição de vida. E o povo etíope é super pacífico, conformado, educado e simpático, considerando as circunstâncias em que vivem.

O título deste post se refere ao fato de que Harar não estava no meu mapa de viagem. E não está no mapa da maioria dos viajantes, que preferem o circuito histórico do Norte (o mesmo que fizemos no começo) e o do Sul (que não fizemos), cuja marca é a visita às tribos locais.

Etiópia – considerações finais

Hoje passamos um domingo tranquilo, bem light. Saímos para trocar dinheiro e fomos visitar os dois melhores museus de Adis Abeba. Primeiro o Etinological Museum e depois o National Museum. Bem interessantes, com bastante história da Etiópia (inclusive vimos a Lucy[25]). Nesse ponto, a Etiópia é bem rica. Pela posição geográfica, foi alvo de vários invasores durante a História. Não à toa, parte da população é cristã ortodoxa, parte é muçulmana e existe uma minoria de judeus etíopes (muitos foram para Israel em 1999). O espírito pacífico é antigo. Por isso, em cada invasão, o invadido (perdedor) não foi expulso nem teve sua fé abafada. O resultado é uma convivência supertranquila entre religiões diferentes, que em outros países dá margem a vários conflitos.

Depois, passeamos pela cidade, fomos andando de norte a sul, quando a chuva permitiu. Aliás, choveu em todos os dias que estivemos aqui, mas devo admitir que não atrapalhou muito. Houve algum desconforto somente naquele passeio das cataratas em Bahir Dahr. Hoje, pegamos um pouco de chuva na rua. No mais, tudo OK. A cidade é bem espalhada. Fora a região em que ficamos que é bem central e confusa, a outra parte ao

[25]Fóssil raro com 3,2 milhões de anos encontrado na Etiópia, em 1974. Foi batizado de Lucy em homenagem à música dos Beatles *Lucy in the Sky With Diamonds.*

sul é mais agradável, com avenidas largas e prédios melhores.

Jantamos no hotel, que, aliás, é bem maneiro. Tem uma área externa bacana e um restaurante bem tradicional. Experimentamos a comida etíope, que é feita à base de enjeira, um pão meio esponjoso, verde, que acompanha carnes, vegetais ou qualquer outro prato. Nada demais para o meu gosto, mas tínhamos que provar. Principalmente agora que estou 100%! Tomei as pílulas que o espanhol me deu duraram quatro dias e funcionaram.

Saímos daqui com uma ótima impressão do país. Apesar da miséria e da sujeira, o povo é espetacular, muito simpático. Claro que têm aqueles que nos cansam pedindo tudo, outros que só querem tirar vantagem. Mas isso é comum em vários países pobres. Aqui não seria diferente. A índole do povo é superpositiva, todos querem ajudar os turistas. O sentimento de segurança é geral, não tivemos medo em momento algum. A parte da história, como já disse, é riquíssima. A impressão foi melhor do que imaginávamos. O custo é bem baixo, seja em relação aos hotéis e passeios, seja em relação à alimentação e ao transporte. Outra coisa é que encontramos gente interessante. Para estar aqui, tem que ter pelo menos um parafuso a menos (como nós). Muitos estão envolvidos em trabalhos voluntários, outros escolhem a Etiópia porque querem um destino bem exótico e diferente, sem abrir mão da segurança. É isso aí, dá para levar bons papos de vez em quando.

Aqui termina o diário de viagem na Etiópia. Porém, continuamos em terras africanas. O nosso próximo destino é Uganda.

Uganda: o longo caminho para Kampala

A viagem para Uganda foi longa. Primeiro, um voo de Adis Abeba para Nairóbi. Incrivelmente, o voo saiu uma hora adiantado, situação que ainda não tinha visto. Chegando à Nairóbi, tínhamos duas opções: procurar um hotel na cidade e, no dia seguinte pela manhã, pegar um ônibus para Kampala; ou pegar um ônibus noturno no mesmo dia e chegar à Kampala pela manhã. Do aeroporto mesmo checamos que o ônibus da melhor empresa estava cheio para aquele dia e o próximo. O funcionário do setor de informações do aeroporto orientou o motorista de táxi para nos levar a três empresas no centro de Nairóbi. A ideia era conferir se haveria passagem para aquele dia. Já na saída do aeroporto veio o choque cultural. Comparado com a Etiópia, o Quênia parece um país europeu. A avenida para o centro tinha muitos e novos empreendimentos comerciais e residenciais, ampliações e muito tráfego. Aliás, o aeroporto de Nairóbi está sendo ampliado. No meio do trânsito, o motorista decidiu cortar caminho por um posto de gasolina. Nesse momento, Leo viu entre as lojas de conveniência e farmácias um posto de venda de passagens para Kampala. Por incrível que pareça, não só vendiam a passagem (e tinha lugar) como o ônibus sairia de lá mesmo. Ficamos de bobeira, comendo e esperando o ônibus, que estava vindo da Tanzânia. Ele chegou na hora marcada.

A primeira impressão do ônibus foi que parecia estar de cabeça para baixo: o teto era atapetado. Antes de pegar a estrada, fomos ainda para o centro de Nairóbi para buscar a maioria dos passageiros. O ônibus saiu lotado às 21h. Éramos os únicos estrangeiros. Passamos por uma região de Nairóbi bem chique, parecia um bairro nobre do Rio de Janeiro ou de São Paulo. Que diferença! O único problema da viagem foi o som do ônibus. Botaram a música no volume dez e, de novo, não dava para dormir. Só às 5h da matina tiraram a música. O ônibus era confortável e os trâmites de fronteira foram bem simples e rápidos. Chegamos a Kampala às 9h.

O que vimos de Uganda de dentro do ônibus foi verde, muito verde, só verde. Chegamos ao Centro Velho de Kampala, que mais parece a Rua 25 de Março africana, sem fiscalização alguma. Uma bagunça completa. Achamos um hotelzinho lá mesmo e ficamos, pois logisticamente seria o ideal. Fomos dar uma volta pela cidade e mais surpresas. Andamos pelos bairros das embaixadas, dos hotéis chiques, dos restaurantes. Incrível como tem lugares agradáveis. Claro que o país é pobre (nada comparado à Etiópia), mas a impressão foi boa. Fomos a uma grande e nova mesquita. O chefe abriu para nós e nos levou ao alto do minarete. Uma vista incrível da cidade. Valeu à pena. Como ficamos no centro, não demos bobeira, e voltamos para o hotel antes de escurecer. Aquela sensação de segurança que tínhamos na Etiópia acabou. Não dá para andar de pochete pela rua.

Hoje, decidimos procurar o *Uganda Wildlife Authority*, local em que vendem a permissão para ver os gorilas das montanhas. É permitida a entrada de oito turistas por dia para cada família de gorilas que vive no parque. Incrível que conseguimos ingressos para o dia 5 em um grupo que já tinha seis pessoas. Custa US$ 500 só a entrada, fora acomodação e transporte para o parque. Acaba com o orçamento de qualquer mochileiro. Aliás, mochileiro que se preza não faz esse passeio. Ele manda o cara do *Photoshop* montar umas fotos dele junto com os gorilas. Mas, vamos encarar essa. A viagem de Nairóbi para cá à noite nos deu um dia extra, que usaremos para esse passeio. Vir aqui e não ver os gorilas equivale a... sei lá. Só sei que esse é o ponto alto de Uganda, não dá para perder. Ah, vai ser a despedida da minha bota, que por sinal ainda está de quarentena.

Lago Bunyonyi – paraíso escondido

A viagem de Kampala para Kabale foi mais uma daquelas complicadas! O ônibus para viagens domésticas em Uganda tem cinco poltronas por fileira (uma fileira de três de um lado e uma fileira de dois do outro), mas tem a mesma largura dos ônibus convencionais. A mágica é diminuir o tamanho das poltronas e a largura do corredor. Eles diminuem também a distância entre as fileiras e, assim, a certa altura da viagem contamos 70 pessoas sentadas no ônibus. Tudo bem que algumas delas estavam sentadas em banquinhos de madeira no corredor. Choveu durante todo o percurso de pouco mais de 400 quilômetros. Bem, nada demais para nós, né?

Chegamos à Kabale, uma cidade no sul de Uganda. Lá, tomamos um táxi para Lago Bunyonyi , um lago que fica a 2.400 metros de altitude e tem 29 ilhas. Pegamos uma canoa e remamos por uma hora com um morador local nos ajudando. Aí chegamos à ilha onde ficaríamos. Para quem acha que esta viagem está sendo somente de sofrimento e perrengues, aqui vai uma ótima notícia: o lugar é maravilhoso.

O local em que ficamos hospedados é uma pousada ecossustentável, com placas de energia solar. Importante: só é utilizada a energia dos painéis, não tem nem gerador. Na pousada há quartos duplos, onde ficamos na primeira noite. Quase morremos de frio, pois a temperatura cai muito à noite e o quarto não tem uma das paredes para que os hóspedes vejam o lago. No dia seguinte, nos mudamos para o dormitório com quatro camas e fechado. Assim, melhorou muito. O restaurante e área social ficam no alto de um morro e têm uma vista maravilhosa. O pessoal que se hospeda por lá é mochileiro, sobretudo aqueles que leram muito sobre o local. O cardápio tem pratos variados de todas as origens. A comida é ótima e barata. Para não dizer que o lugar é perfeito, tem duas coisas para atrapalhar: a primeira é que o banho é frio; a segunda é que a bebida é quente (por não ter energia suficiente). Para os europeus não era problema, mas para nós foi dose tomar cerveja quente. Tivemos que tomar muito chá.

Nadei no lago (me disseram que era o único lago de Uganda sem crocodilos), fizemos passeios pela ilha, conhecemos outra comunidade, socializamos com outros turistas e pegamos muitas dicas para as próximas etapas de nossa viagem. Infelizmente, não havia qualquer acesso à internet. Não pude acessar meus e–mails nem atualizar o blog. Mas agora já está atualizado. Enfim, foram dias de reis. Mais do que merecidos! Estamos com nossas baterias recarregadas.

Hoje, contratamos um motorista para nos levar a Kisoro. Amanhã, partiremos de lá rumo ao Parque Nacional Bwindi. Vamos visitar os gorilas. Quem já fez essa visita diz que é imperdível. E quem não fez, admite que deve ser muito boa. Alguns não fazem a visita por filosofia. Outros não querem gastar US$ 500 em um passeio, mesmo tendo dinheiro. E há quem não tenha dinheiro para isso.

Existe outro parque nacional aqui perto, que tem sua área dividida entre três países: Uganda, Ruanda e República Democrática do Congo. Os gorilas que vivem no lado ugandense vão às vezes fazer "turismo" nos outros países. Esse parque tem ainda seis vulcões. Os do lado de Uganda são escaláveis. Esse era o plano inicial para fazermos amanhã, em vez dos gorilas. Talvez façamos na terça, mas aí teríamos que retirar um dia de nossa viagem à Ruanda.

Um dia para não ser esquecido

Há aproximadamente 700 gorilas nas montanhas de Uganda, Ruanda e RD Congo. Em Uganda, um dos parques é o Parque Nacional Bwindi. Para chegar lá, saímos às 6 horas de Kisoro. Uma hora e meia de carro para percorrer 36 quilômetros por uma estrada de terra horrível. Ao chegarmos, nos registramos na entrada do parque. Por esse acesso, entram três grupos de turistas para visitar três famílias diferentes de gorilas. Nosso grupo tinha três argentinos, três noruegueses e nós dois.

Os gorilas se movimentam rápido. Não é possível prever quanto tempo será necessário para encontrá–los. Há grupos de turistas que voltam para a entrada do parque somente à noite. Levamos comida e água para o dia todo. Fomos preparados para chuva, sol, frio, calor etc. Um suíço, gente finíssima que conhecemos em Lago Bunyonyi, me disse que encontrou os gorilas depois de uma hora de caminhada. Já soubemos de um grupo que, ontem às cinco da tarde, de baixo da maior chuva, ainda não os tinha encontrado.

Os funcionários do parque seguem os gorilas até o anoitecer. Dessa maneira, no dia seguinte pela manhã, têm a noção de qual lado do parque deverão estar. Então, nos mandaram pegar o carro e ir para outro lado do parque. Quando estávamos chegando aos carros, avisaram por rádio que nosso grupo de gorilas estava neste lado e que podíamos ir a pé. Os outros dois grupos foram de carro mesmo.

Caminhamos pelo meio da mata. À princípio, avançamos por uma trilha que subia e descia, passava no meio de um lamaçal. Enfim, nada diferente do que esperávamos. Estava de papo com um dos argentinos quando o guia principal nos avisou que tinha avistado o grupo de gorilas. Tínhamos caminhado por 1h20. Deixamos as mochilas perto de uma árvore e partimos pelo meio da mata.

Imediatamente dei de cara com um dos gorilas. A partir daí, foi uma festa de fotos. O problema é que eles cismam de brincar de pique esconde no meio da mata cerrada e temos que ir atrás. Os guias vão com suas foices cortando os galhos para que possamos caminhar e tirar fotos melhores. Sabíamos que teríamos somente uma hora a partir do momento que os encontramos.

É incrível ver aqueles animais monstruosos, tão calmos, no habitat deles, sem ser em uma jaula. Houve uma hora que atravessamos um riacho atrás de um gorila macho. Subimos um pequeno barranco, os dois guias na frente e eu logo atrás em busca de uma boa foto. Eles subiram o barranco e foram para a esquerda. Sem querer, me virei para a direita e me deparei com um gorila supermacho a menos de dois metros. Quase tive um ataque do coração. Ele passou por nós rapidamente e foi atrás dos outros. Descobri, ainda, por que esse parque tem no nome Impenetrable. A mata é bem fechada mesmo.

É realmente difícil tirar boas fotos. É necessário ter uma boa câmera ou equipamento profissional, o que não é o meu caso. Mesmo assim, tenho fotos suficientes para guardar de recordação desse dia tão especial. Pela quantidade de gorilas e pela demanda, eles podiam cobrar até US$ 1.000 que mesmo assim teria gente às pencas para vê–los. É realmente um programa especial. São somente nove famílias de gorilas em Uganda. Ou seja, mesmo na altíssima estação, só 72 pessoas podem ver os gorilas por dia.

Foi tudo muito rápido, especialmente para nós que voltamos para a entrada do parque às 13h. Um outro grupo também já estava voltando. O terceiro grupo teve que andar 45 minutos de carro até começar a caminhada. Não choveu em momento algum, não fez frio nem calor. Foi um dia de sorte. Logo que chegamos à entrada do parque, começou a chover. Parecia que estava tudo combinado.

Voltando cedo para Kisoro, tivemos tempo para ir ao mercado. Como tinha chovido muito durante o dia, estava um verdadeiro charco, não dava para andar. Mas deu para tirar algumas fotos. Era um dia especial no mercado, cheio de gente com roupas bem coloridas.

Amanhã pela manhã, vamos de ônibus para Ruanda. Terminou nossa visita à Uganda. Poderíamos fazer amanhã a escalada a um dos vulcões, mas o tempo está horrível e achamos que não vale a pena. Aliás, uma coisa constante dessa viagem foi a chuva.

E o que dizer de Uganda? É um país pobre e com um povo supersimpático. Aqui a saudação não é Hi ou Hello, e sim How are you today? Fácil de viajar, barato e com muita coisa para se ver. Há dez parques nacionais, muitos lagos, muita natureza. Para quem gosta, é realmente um prato cheio. Depois de Lago Bunyonyi e dos gorilas, vai ser difícil outro país bater Uganda na nossa preferência nessa viagem. Tomara que eu queime minha língua.

Gisenyi

Depois que publiquei o post de ontem, começou a chover e não parou mais. Acordamos às 4h30 e fomos pegar o ônibus das 5h30 para Gisenyi. O ônibus saiu às 6 horas. Pensei que seria mais uma viagem daquelas comuns da África e que não mereceria nenhum comentário. Contudo, de novo, houve fatos inusitados.

Kisoro fica a oito quilômetros da fronteira, portanto, chegamos lá às

6h15. O pessoal da imigração de Uganda simplesmente não apareceu para trabalhar. Ficamos todos os passageiros esperando por uma hora até que eles chegaram. Passamos, então, para o lado de Ruanda e eles gastaram uma hora e meia revistando TODAS as bagagens. Estavam à procura de sacolas plásticas. É proibido entrar em Ruanda com elas. A ideia é até boa, mas a fiscalização é bem falha e muita gente entra com algumas delas. Existe gente vendendo sacolas de papel para àqueles que precisam substituir as sacolas de plástico. Para encerrar, tocou duas músicas evangélicas brasileiras no ônibus.

Da estrada em si, deu para ver que Ruanda é bem diferente de Uganda e Etiópia. A pobreza parece ser bem menor e o país demonstra possuir um pouco mais de recursos e de organização. Os campos e montanhas são todos cultivados. As casas são bem melhores. Chegamos à Gisenyi, uma cidade pequena à beira do Lago Kivu. Descemos até as margens do lago. Do lado esquerdo, começa o hotel Lake Kivu Serena, um tremendo cinco estrelas. Há uma avenida costeando o lago, lindíssima, sem um papel na rua, cheia de mansões espetaculares, hotéis boutiques, bares e restaurantes. Não parece a mesma África em que estávamos antes.

Dois quilômetros depois, a avenida acaba na fronteira com a República Democrática do Congo. Um tremendo choque, pois esse é um país super pobre, muito mais do que Uganda. Conversamos com turistas que vinham de lá. Eles disseram que é uma pobreza só, as pessoas pedindo tudo na rua. Não tem nada para ver, só o lago é igual. Teríamos que pagar por um visto para entrar na República Democrática do Congo e, depois, outro de Ruanda para voltar, se quiséssemos conhecer. Fica para próxima.

Outras coisas: há permissões para ver os gorilas em Ruanda em qualquer dia e aqui é bem menos procurado do que Uganda; a cidade do outro lado da fronteira, na República Democrática do Congo, é Goma. Goma é uma cidade onde todo tipo de tragédia possível acontece. Na época do genocídio em Ruanda, milhares de ruandeses cruzaram a fronteira todos os dias. Mais de 1 milhão de pessoas ficaram em campos de refugiados por anos (mais do que a população local). Com a guerra civil na DR Congo, o exército de Ruanda apoiou os rebeldes liderados por Laurent Kabila. Assim, fez o favor de se intrometer e matar milhares de pessoas em Goma. Parece que foi um "puxadinho" do conflito mal resolvido entre tutsis e hutus. Os conflitos seguem acontecendo desde então, sem parar. A cidade é dominada por rebeldes, que hoje querem depor o próprio Kabila, que está no poder. Para completar o ciclo trágico, uma epidemia de ebola se abateu na cidade há poucos anos.

Ruanda, no entanto, parece o Uruguai da África. Tudo aqui é mais organizado. É um país pequeno com apenas dez milhões de habitantes. O povo é bem sério, ninguém cumprimenta ninguém na rua, como em Uganda. E temos que nos virar com meu francês primário (e do primário). Por enquanto, não morremos de fome nem pegamos o ônibus errado.

Nos nossos planos, hoje passaríamos o dia viajando até chegarmos aqui. Ainda teríamos mais dois dias para conhecer melhor o lugar. Mas, achamos que não vale a pena, pois a cidade está sem turistas (é baixa estação), o tempo não está bom e talvez seja melhor irmos para Kigali amanhã. Vamos decidir ao acordar.

Algumas palavras sobre a malária. Quase todos os mochileiros tomam pílulas contra a malária. Elas não são garantia de imunidade. Porém, por eles estarem tomando, acabam não se cuidando muito para não serem picados. Nós estamos tomando cuidado, dormindo com mosquiteiros e passando repelente. No mais, só nos resta rezar. Só após um ano depois de voltarmos é que teremos certeza de que não pegamos. Há 20 anos, eu tomei essas pílulas e me fizeram muito mal, pois há vários efeitos colaterais.

Ruanda – um exemplo?

Eu tinha prometido que faria uma viagem de ônibus que não merecesse nenhum comentário. E de novo não foi desta vez. À tarde, fomos ver o transporte para Kigali, a capital de Ruanda. Nos surpreendemos com um micro–ônibus quase novo e ficamos com água na boca. Acordamos cedo, o tempo estava nublado. Como tinha dito, resolvemos antecipar nossa ida para Kigali em dois dias. Quando chegamos para pegar o micro–ônibus, ele já estava saindo e restou me sentar no último banco (na direção do corredor) com uma mãe e um bebê de colo de um lado e um casal do outro. Só que na minha frente sentou–se um cara em um banquinho extra, cujo encosto amassava minha perna. Também não tinha mais espaço no bagageiro. Minha mochila foi debaixo do banquinho e a mochila de mão no meu colo. Ah, a bota. Depois de uma atuação brilhante no *trekking* com os gorilas, ganhou uma sobrevida e veio passear em Ruanda. Só que na mão, pois ainda está sob suspeita e não havia saco plástico para carregá–la. Leo viajou em outro daqueles banquinhos extras, com o mochilão nas costas e a outra mochila (que pesa mais do que a minha maior) no colo.

Tudo ia bem até a primeira parada. Saiu o casal, eu pulei para o canto. Entraram dois caras. Um se sentou ao meu lado e o outro no banquinho da frente. Só um detalhe: a estrada parece a Serra das Araras, uma sucessão de curvas sem parar. O motorista faltou ao teste psicotécnico e dirigia como um louco. Depois de dez minutos, meu vizinho sacou um pano todo sujo e fedorento, colocou–o no seu colo e vomitou até as tripas em cima dele. Só que metade caiu no chão. Eca!!!! Seu companheiro da frente fez o mesmo. Eu tive que botar toda a minha bagagem para cima, no meu colo, pois com aquelas curvas, o rio de vômito andava de um lado para o outro. Só para encurtar a história, mais duas pessoas repetiram a cena. Por que não deixam usar as sacolas plásticas pelo menos nos ônibus?

Para completar, decidi deixar a famosa bota no micro–ônibus. Era hora de aposentá–la, pois não teria mais uso na viagem e não queria carregá–la. Então, deixei a bota no último banco. Depois que saímos do micro–ônibus, comecei a olhar no mapa para nos localizarmos e decidirmos para que lado deveríamos andar. Buscávamos um hotel. Após algumas dezenas de metros, alguém me cutucou. Quando olhei para trás, tinha um cara sorridente segurando a minha bota. Disse que eu a tinha esquecido no micro–ônibus. Fiquei com vergonha de falar que tinha abandonado de propósito, agradeci e a levei comigo. Leo riu muito e disse que era o destino que tinha feito aquilo e que a bota deveria voltar comigo para o Brasil.

Se Ruanda é conhecida por ser o país das mil colinas, em Kigali há pelo menos metade delas. É uma cidade estilo Belo Horizonte, só tem ladeira. Não tem uma rua plana. É um tal de sobe e desce. O centro é bem concentrado e está em cima de um morro. Tem até shopping. Só que em Kigali, tudo é bem carinho. Tudo, no caso, é hotel, comida, transporte etc. Conseguimos trocar os bilhetes para o Quênia apenas para o sábado, portanto vamos ficar um dia a mais do que queríamos por aqui. À tarde fomos visitar o Hotel des Milles Colinnes. Foi lá que aconteceram os fatos do filme Hotel Ruanda, que trata do genocídio. O filme foi feito na África do Sul, mas os fatos aconteceram nesse hotel em Kigali. Hoje, é o hotel mais chique da cidade e não há nada que lembre o fatídico episódio.

Ruanda, assim como a maioria dos países africanos, é composta por várias tribos. Elas conviviam normalmente (com um conflitinho aqui, outro acolá) até que chegaram os alemães para colonizarem. Na Primeira Grande Guerra, eles foram expulsos pelos belgas, que se tornaram os reis do pedaço. Eles determinaram que quem tivesse pelo menos dez cabeças de gado seria tutsi. Os demais seriam hutus. Óbvio que os hutus eram maioria. Os tutsis, que já eram mais ricos, ganharam várias regalias. Claro que essa era a receita para o fracasso. Com o passar do tempo, o ressentimento foi aumentando e um novo ditador começou a privilegiar os hutus, com o apoio de belgas e franceses. Foram criadas milícias treinadas pelos franceses. A Organização das Nações Unidas (ONU) pouco fez para impedir. Começaram alguns massacres de tutsis e a imprensa comprada incentivou a rixa. Todos eram incentivados a delatar onde havia tutsis, sejam esposas, filhos, vizinhos, amigos etc. O assassinato do presidente em um atentado ao seu avião foi o estopim para o genocídio. Foram 100 dias de massacres, estupros e tudo de mais horrível que o ser humano pode fazer. Hoje, visitamos o Memorial do Genocídio, que está muito bem documentado, inclusive com imagens, fotos e depoimentos de sobreviventes. É de revoltar qualquer um.

O mais incrível é que isso ocorreu em 1994, há pouco tempo. Hoje, aparentemente, o povo vive como se nada tivesse acontecido. Não se vê nenhum traço de violência, rancor, nada que transpareça sentimento de vingança. Mas, como as pessoas não querem falar sobre o assunto, é uma ferida mal curada. Claro que os tutsis, que foram massacrados e já formavam minoria, são mais minoria ainda. Cerca de um milhão de pessoas foram mortas. Talvez por um agudo sentimento de culpa, a comunidade internacional começou a despejar dinheiro no país e hoje Ruanda é uma ilha de paz e prosperidade no leste da África. Possui várias construções novas, estradas ótimas e ainda sendo reformadas. Enfim, um corpo estranho por aqui. Já ouvi que eles usam Ruanda como laboratório para qualquer ação de ajuda. Como é um país pequeno e em melhores condições, fica mais fácil para testar uma nova tática de auxílio.

Como quase todos os países da África, Ruanda é governada por um presidente que não quer largar o osso. Isso eu chamo de ditadura, pois eles simplesmente atropelam a democracia sem dó nem piedade. A diferença de Ruanda para os outros países é que parece que o presidente governa para melhorar a vida do povo. Os impostos são altos, mas os serviços existem (nos outros países eles inexistem). A corrupção é baixa e bem castigada. Por isso, vimos ruas limpas, estradas em bom estado, povo pacífico, que na verdade é o resultado de muita repressão e polícia nas ruas. Os hutus e tutsis parecem conviver bem, mesmo depois do genocídio tão recente. A sensação é que foram forçados a isso. Podemos ver o lado positivo ou negativo. Eu vi pelo lado positivo, principalmente comparando com os países vizinhos. Talvez por isso é que Ruanda não esteja mais presente nos noticiários.

Mombaça – terra de contrastes

Conseguimos ao apagar das luzes e pagando uma multa antecipar nosso voo para Mombaça, no Quênia, para a sexta–feira. Acabamos ficando apenas três dias em Ruanda. É uma injustiça julgar o país por isso. Kigali é um ponto de apoio muito melhor do que Kampala, pois é bem mais agradável e está muito mais perto dos parques, mesmo os de Uganda. E ainda mostrou ser bem mais fácil para se conseguir os ingressos para ver os gorilas. Bem, já os tínhamos visto em Uganda e não havia mais nada para fazer por aqui.

Voamos para Mombaça na sexta–feira. Chegamos à noite, o que não é muito bom. Chegar a uma cidade sem hotel, sem conhecer nada e à noite é o caminho mais fácil para ficar em um lugar ruim ou caro. No nosso caso foram os dois. O quarto do hotel dava para uma esquina bem movimentada e barulhenta. O mosquiteiro da minha cama tinha um rombo do tamanho de uma bola de basquete. Nem me dei o trabalho de colocá–lo. No sábado pela manhã, nós já trocamos de hotel e saímos para conhecer um pouco da cidade. Há um forte construído pelos portugueses no século XVI, mas, depois foi só colonização árabe. Tudo o que vimos tem vínculo muçulmano. Há muitos árabes também.

Fomos conhecer uma praia ao sul de Mombaça. Tivemos que pegar um ferry, já que Mombaça fica em uma ilha. O ferry parece aqueles que atravessavam do Rio para Niterói antes de construírem a ponte. Entram carros, caminhões, depois bicicletas e por último as pessoas (que não pagam). Não preciso dizer que é uma tremenda superlotação. Eu ainda comentei com Leo que se acontecesse um acidente, até para quem sabe nadar bem ficaria difícil de sobreviver, pois é gente demais. Na volta, tinha um grande navio manobrando e tivemos que esperar para ele atracar do outro lado. Acumulou tanta gente do outro lado que, quando o ferry que estava na nossa frente atracou, as pessoas o invadiram antes mesmo de os veículos e as pessoas saírem. Foi uma confusão só. No final, saiu todo mundo e o ferry foi tomado somente por passageiros. Acho que tinha ali cerca de cinco mil pessoas. Ainda bem que tirei uma foto para mostrar, pois fica difícil até de imaginar. Depois é que ficamos sabendo que no mesmo dia um ferry que ia de Zanzibar para Pemba, na Tanzânia, virou e mais de 200 morreram afogados.

Mombaça é uma cidade muito pobre, uma confusão só. Ao norte e ao sul, há muitos hotéis de luxo, muitos estrangeiros vêm para cá gozar as delícias das praias e a influência do Oriente. O centro é bem caótico e pobre. Pegamos um ônibus e depois de sete horas chegamos a Lamu.

Lamu é uma ilha, no litoral norte do Quênia. Não tem carro. O modo de transporte mais comum é o jumento (isso mesmo...). As ruelas são estreitas, todo mundo muçulmano, bem típico mesmo, parece que estamos voltando para o século XVIII. O que nos liga à realidade, assim como na Etiópia, é o celular. A vida segue bem devagar, mais ainda agora que estamos na baixa estação.

Ficamos super bem instalados: um hotel só para mim e Leo, pois não há mais hóspedes. Hoje pela primeira vez fomos à praia, apenas apreciar. Ficaremos mais dois dias por aqui. Depois iremos para outra praia, chamada Malindi.

África – por mim

Hoje, faz 30 dias que saímos do Brasil. A viagem está terminando. Faltam quatro dias. Estava esperando esse momento para fazer um balanço, uma análise, uma visão minha sobre o que eu vi, ouvi, li e aprendi sobre a África. Não sou nenhum professor, nem tenho pretensão de ensinar a História da África. Esse texto é apenas um apanhado de pensamentos.

Analisar a África como um todo é um erro monumental. Um continente com mais de um bilhão de pessoas, 54 países, não pode ser tratado como um corpo único. No entanto, há uma série de fatores que permitem uma análise, que se por um lado é superficial, por outro dá a entender por que esse ainda é o continente esquecido (menos para os chineses).

Por sua localização estratégica, a África sempre foi passagem por terra e depois por mar da Europa para o Oriente. Várias tribos viviam por aqui, cada uma com seus líderes, seu espaço, enfim, com certo equilíbrio. Óbvio que guerras e conflitos sempre aconteceram, mas com a chegada dos colonizadores tudo mudou.

O Tratado de Berlim de 1885 simplesmente dividiu o continente entre as potências colonizadoras. Inglaterra e Franca ficaram com os maiores nacos. Portugal, Espanha, Alemanha, Bélgica e Holanda também tiveram seus pedaços. O resultado não podia ter sido pior. Países foram criados onde havia várias tribos que conviviam bem e passaram a fazer parte de uma mesma nação. Claro que não havia nem democracia, quanto mais espaço para dividir o poder entre elas. Aliás, entre ninguém. As colonizações foram, em geral, apenas para explorar os recursos naturais ao máximo, sem concessões a ninguém.

Quando a onda de independência chegou, parecia que tudo iria melhorar. Mas foi exatamente o contrário. Países foram declarados independentes sem que houvesse quadros preparados para governá–los. Não havia classe política, administrativa, econômica. Quem tomou o poder foram ditadores que queriam se aproveitar, beneficiando a si, suas tribos e amigos. Aí está outro fator muito comum por aqui – presidentes que não querem largar o osso de jeito nenhum. Com a iminente queda do Muamar Kadafi[26], o mais antigo passará a ser o presidente de Angola, que foi eleito em 1979 após a morte de Agostinho Neto[27], líder da independência do país. Quase nenhum deles se mostrou competente para gerenciar os conflitos tribais ou para criar as bases para o futuro de seus países.

A realidade que já é triste tende, infelizmente, a piorar. Salvo algumas exceções (já falei sobre Ruanda), as elites continuam a enriquecer e a querer se perpetuar no poder, deixando o povo cada vez mais pobre. Nos países visitados, os serviços em geral são muito precários em relação à saúde, educação, infraestrutura e limpeza. Onde há investimento, geralmente

---

[26] À época da redação desse texto, Muamar Kadafi ainda era o líder da Líbia.

[27] Após a independência de Angola, em 1975, Agostinho Neto assumiu a presidência e governou o país até sua morte, em 1979. Na sequência, foi eleito José Eduardo dos Santos. Foi sucedido por João Lourenço em 2017, que, por sua vez, foi reeleito e empossado em 2022 para mais cinco anos de governo.

tem a presença chinesa, mas sempre com contrapartidas, uma espécie de nova colonização. Recursos naturais continuam sendo explorados pelos antigos colonizadores, por meio de contratos totalmente parciais, lesivos aos países que, na maioria das vezes, nem tentam alterá–los. Ademais, a corrupção é outro mal endêmico. E o povo, com precária formação escolar e profissional, segue sua vida duríssima, na maior parte dos países, sem forças para reivindicar melhorias. Onde há novas descobertas de petróleo, ou outro mineral, há sempre companhias estrangeiras prontas para explorar, mas a contrapartida é sempre voltada para os dirigentes. Se tivesse que apostar no futuro desse continente, teria minhas dúvidas. A explosão populacional, o descaso com o meio ambiente, o esquecimento da comunidade internacional, tudo me desanima. Por outro lado, muitos investimentos estão chegando de fora, da China de novo! E muitos países já estão em paz. Nesse aspecto, a globalização também ajuda muito.

Viajar durante este mês serviu para enxergar com nossos próprios olhos tudo isso que a maioria das pessoas já sabe. Não há qualquer novidade. Mas, estando aqui, vendo o dia a dia do povo, é de entristecer e nos deixa sem muitas esperanças. Por isso, não é nenhuma surpresa a quantidade de gente que emigra, principalmente para a Europa, e não tem qualquer intenção de regressar.

No entanto, há sempre outro lado. Primeiramente, e mais importante, o povo. Salvo as diferenças culturais, que não são poucas, o povo é super hospitaleiro. Eles querem de coração que os turistas se sintam bem. Claro que há os pedintes, os que querem empurrar algum produto ou passeio, mas esses existem em qualquer lado. Às vezes, ficamos confusos se as pessoas estão sendo genuinamente simpáticas e receptivas ou se há segundas intenções. Na maioria das vezes não há.

As atrações turísticas sejam históricas ou relacionadas à natureza (paisagens e animais) são riquíssimas. Os custos são bem mais baixos, as pessoas que encontramos são bem interessantes e permitem conversas mais profundas, cada um com a sua visão (essa é a minha). Todas as pessoas que encontramos, sem exceção, já vieram outras vezes e/ou querem voltar e conhecer mais esse continente. Esse é o meu caso, quem sabe no futuro.

A viagem cumpriu até mais do que o esperado, foi mais rica. Claro que a companhia de uma pessoa como Leo, que está na mesma sintonia, ajuda muito. Mas o planejamento, pouco mais do que superficial que fizemos antes da viagem, foi base para um roteiro que teve um pouco de tudo. Atrações históricas (Etiópia), naturais (Uganda), políticas (Ruanda) e de lazer (Quênia). Para todos os gostos. Não dá para escolher o melhor, mas acho que Uganda ficou mais presente nos nossos corações. Se tivesse que escolher, esse seria meu favorito.

Mas, é injusto com os outros, cada um com suas atrações, suas possibilidades. Um detalhe sobre Uganda: tinha me esquecido completamente que durante a final da Copa de 2010, houve um atentado triplo a bomba que matou 86 pessoas. Foi em Kampala. Como nem me lembrava, não tive a menor preocupação com segurança quando estava por lá. Só depois é que li uma reportagem criticando a falta de segurança pouco mais de um ano após os atentados. O que os olhos não veem, o coração não sente.

Soubemos ontem que um turista inglês foi morto e sua mulher sequestrada por piratas somalis aqui perto de Lamu, no domingo, o dia que chegamos. Eles estavam, na verdade, em um resort mais ao norte, bem próximo da fronteira com a Somália. O episódio não alterou em nada o dia a dia da ilha, até onde notamos.

Lamu – *happy ending*

Lamu é uma ilha com uma vila, como a Vila do Abraão, na Ilha Grande, que também se chama Lamu. Tem muitas vielas estreitas, é repleta de mesquitas e lojinhas e reúne 3.000 jumentos, nativos que levam uma vida bem devagar e bastante turistas, é claro. Mas os turistas não eram muitos naquele momento já que estamos em baixa estação. Chato são os barqueiros querendo vender passeios o dia (e noite) inteiro. E os camelôs, querendo vender quinquilharias.

Andando três quilômetros para o leste, chega–se à outra vila, chamada Shela. Parece que mudamos de continente. As ruas são limpíssimas, casas maravilhosas, barcos lindos, hotéis boutique e, logo depois, quilômetros de praias desertas e paradisíacas. Ninguém pode nos culpar pela nossa decisão de passar cinco dias aqui. Todos os dias fomos à praia!

Realmente, é um destino mágico que, no entanto, também tem seus problemas. O maior deles é o sanitário: ruas sujas, com caca de jumento para todo lado, valas a céu aberto correndo pelos cantos, todo o lixo indo direto para o mar. Como disse antes, ficamos em um excelente hotel, o melhor da viagem, enfim, o perfeito final para esta viagem maravilhosa. Mas, para quem quer vir com mais estilo, basta ficar em Shela que não passa pelos problemas sanitários. Definitivamente, vale a pena. Achei mais legal do que Zanzibar, na Tanzânia. É bem maior, porém menos típica. De novo, os celulares e a internet são as únicas coisas que nos ligam ao nosso século.

Um detalhe insólito: nesse ambiente islâmico, quase não se acha cervejas para comprar em restaurantes e mercados. Um dos lugares preferidos é a Police Canteen, que é uma cantina da polícia! Isso mesmo. E o mais diferente é que para se chegar lá, tem que passar num caminho estreito entre um lixão cheio de jumentos se alimentando de tudo e um cemitério muçulmano. E de noite é um super breu.

Hoje iniciei minha viagem de volta ao Rio. Aliás, longuíssima viagem. Vamos a ela:

7h45 = barco para o continente (30 minutos).

9h = ônibus para Mombaça, de onde vou pegar o ônibus noturno para Nairobi. Esse ônibus deveria chegar por volta das 5 da tarde, e eu ainda teria que comprar a passagem do ônibus para Nairóbi. Leo, que não volta para o Brasil no mesmo dia que eu, decidiu ficar os dois últimos dias dele em Malindi, uma praia que fica no caminho para Mombaça. De lá, ele voa para Nairóbi, na segunda–feira. 25 quilômetros antes de Malindi, acabou o diesel do ônibus, e ficamos a pé na estrada. Em dois minutos, já havia dois *tuk–tuks*, um táxi e duas vans oferecendo transporte para Malindi. O motorista disse que em cinco minutos o diesel chegaria, mas depois de 30 minutos me lembrei da piada do cara que morre afogado esperando ajuda de Deus em um dilúvio. Ofereceram ajuda pra ele, mas sempre recusava, achando que Deus ia salvá–lo. E quando chegou no céu, Deus perguntou–lhe o porquê não tinha aceitado nenhuma ajuda que Ele havia enviado. Embarquei na primeira van que passou para Malindi.

Lá, peguei outra van para Mombaça e cheguei à empresa de ônibus as 5h30. Quase perdi o ônibus, mas consegui uma poltrona na última fileira. É muita emoção para uma pessoa só. O ônibus me deixaria dentro do aeroporto de Nairobi.

Cumpri o prometido de fazer uma viagem de ônibus sem comentários (foi a da ida para Lamu). Mas, hoje, não deu para segurar. A viagem de volta de Lamu foi uma repetição da viagem da ida, porém mais "divertida". O ônibus partiu cheio, com várias pessoas de pé. Dois minutos depois, parou, saíram oito pessoas e entraram quatro. Até aí tudo bem. Um minuto depois, ele parou de novo, entraram dez pessoas, sendo que oito mulheres, sete delas com bebês de colo. Eles simplesmente vão distribuindo os bebês e as crianças de colo entre os outros passageiros, já que não conseguem andar de pé com eles no colo. E, assim, seguimos viagem, parando a cada cinco minutos em um entra e sai sem fim. Muito engraçado. Tinha até uma caixa cheia de pintinhos vivos, piando a viagem toda. Infelizmente, acabou no meio da estrada, sem diesel. Isso é África!

Leste da África – resumo final

Pobreza: infelizmente medalha de ouro para a Etiópia. Fora de Adis

Abeba, a grande maioria da população não tem sequer sapato. E olha que faz frio onde estivemos. A preocupação parece ser com o dia seguinte e não com o futuro. Não há perspectiva alguma. A explosão populacional só agrava o problema. Quem paga a conta é o meio ambiente. Já quase não há florestas originais.

Uganda vem em seguida, com uma impressionante densidade populacional. Mas parece que está melhor do que a Etiópia. As perspectivas também são melhores já que houve recentemente importantes descobertas de petróleo. O país tem muitos atrativos e potencial turístico que, infelizmente, é pouco explorado.

O Quênia vem na sequência. Suas grandes vantagens: posição geográfica, porte e passado relativamente mais tranquilo do que o dos vizinhos. Assim, o país é o queridinho das diferentes organizações internacionais que querem se estabelecer no Leste da África. Nairóbi é um hub não só aéreo, mas é sede dessas organizações. O potencial turístico é o maior em relação aos demais países, sendo o Parque Nacional Masai Mara a joia da coroa. Seus safaris são espetaculares. Seu litoral é também muito explorado (especialmente por italianos endinheirados). Pena que há apenas 3% de florestas nativas e o descaso com o meio ambiente é assustador. Nesse contexto, a população continua crescendo muito mais do que deveria.

No último posto (o que é uma coisa boa neste quesito), vem Ruanda. Sendo o menor dos quatro países, tem a vantagem de ser mais administrável. Porém, com o recente genocídio, ocorrido em 1994, houve uma reviravolta em sua trajetória. Recursos polpudos da arrependida comunidade internacional, mais um governo com mão de ferro, porém bem–intencionado com relação ao progresso e ao combate à corrupção, vem alçando Ruanda no ranking africano. O país apresenta indicadores superiores aos demais países visitados por qualquer critério, menos um: a densidade populacional, que é alarmante. Não há mais espaços vazios no país, fora dos parques nacionais não há mais florestas nativas e a pressão só aumenta com o aumento da população.

Povo: nesse quesito, a medalha de ouro vai para Uganda. O povo é, disparadamente, o mais simpático e, como contei, as pessoas se cumprimentam com "How are you today?". Todos parecem querer receber bem o turista. No Quênia, onde estivemos somente no litoral, destaca–se Lamu, onde mesmo quem não tem "negócios" com os turistas faz questão de cumprimentar dizendo "Welcome". As crianças são encantadoras.

Na Etiópia, pela carência aguda de tudo, todos cumprimentam pedindo algo. As crianças, por exemplo, querem dinheiro para tirar fotos. No final, acaba sendo um pouco cansativo. Porém, temos que entender que eles nos encaram como uma chance de conseguir algo, qualquer coisa mesmo.

Já em Ruanda, no último posto, o povo é muito mais sério, ninguém se cumprimenta espontaneamente, talvez preocupados em tocar suas vidas.

Comida: esse quesito é muito difícil de julgar. Depende de cada restaurante, de cada prato escolhido e, claro, do gosto de cada um. Leo é quase vegetariano (come peixe) e teve suas limitações. Eu não como manteiga e, por precaução, quis me comportar. Acabamos não ousando muito, o que significa comer muito peixe, massas e poucos pratos típicos, que via de regras levam muita carne, frituras e pimenta pesada. Admito que a comida não foi o ponto alto da viagem. Por outro lado, salvo uma única exceção, não tive qualquer problema.

Hotéis: procuramos ficar em hotéis, sempre em quartos duplos com banheiro dentro. Só isso já diminuiu o perrengue. Alguns lugares e hotéis são ruins mesmo. Se paga os tubos e os hotéis continuam ruins. A Etiópia tem disparado os piores hotéis. Não há qualquer investimento em melhoras como pintura, limpeza, iluminação e manutenção de qualquer tipo. Às vezes, demos sorte. O de Lamu merece medalha de ouro e o de Lago Bunyonyi a de prata. Acho que não dou medalha de bronze para ninguém.

Transporte: esse quesito mereceria um post à parte. As viagens de ônibus são uma aventura por si só. Ou se leva na esportiva, e se diverte a valer em cada uma delas, ou desiste. Não há qualquer viagem de ônibus convencional. O que dizer das vans? Só saem quando estão cheias, aliás, cheias não, entupidas. E aí acontece de tudo. Na van dos espanhóis que conhecemos na Etiópia, uma galinha botou um ovo no meio da viagem! E os *tuk–tuks*, hein?! Só de andar neles dá vontade de rir. Os motoristas são umas figuras. Em Axum, o motorista queria passar uma mensagem no meio de uma estrada toda esburacada. Em Mombaça, o cara não sabia o caminho para o hotel, a estrada era horrorosa e achei que o *tuk–tuk* dele ia literalmente desmontar. Na volta acabou a gasolina em plena estrada, tivemos que empurrar, nós e o motorista; levamos na maior esportiva. Demos até gorjeta. Enfim, para quem quer uma experiência africana de verdade, tem que passar por tudo isso, ou então fica faltando algo.

Limpeza: definitivamente, a África não é para amadores. Salvo as ruas de Ruanda, não existe QUALQUER preocupação com a limpeza ou com o meio ambiente. Esse foi disparado o ponto mais baixo da viagem. Além do desconforto de caminhar em lugares imundos, fedorentos e em meio a dejetos, a constatação de que isso parece não incomodar a população local foi chocante.

Custos: dormindo onde dormimos, pegando os transportes que pegamos, comendo o que comemos, é impossível gastar muito. Olha que pegamos vários voos internos, que são baratos. E não dormimos em espeluncas, só pegamos ônibus das melhores categorias disponíveis e só comemos em restaurantes, nunca em camelôs. Para gastar mais, tem que mudar de categoria de hotel, restaurante etc. Aí a viagem muda de classificação também.

Vistos: só por curiosidade, dá para tirar TODOS nas fronteiras. Não precisa providenciar qualquer um deles com antecedência. Além do que, saem mais barato do que quando feitos em outro país.

Polícia: dizem que na África os policiais podem ser mais perigosos do que os bandidos. Não tivemos nenhuma experiência ruim com polícia, nem com corrupção. Não dá para falar nada deles. Não sei se foi sorte nossa, mas parece que a coisa está melhorando.

Segurança: no início, na Etiópia, eu andava com a pochete, pois tinha sensação de segurança total. O que me incomodava mais era saber que dentro dela havia mais dinheiro do que tinha a maioria daquelas pessoas na sua vida toda (e não era tanto assim que levava comigo). Quando chegamos à Nairóbi para pegar o ônibus até Kampala, aposentei a pochete e passei a usar o cinto interno. Fui assim até o final. Mas continuei não tendo qualquer sensação de insegurança. Passamos por inúmeros lugares escuros e comentávamos que se estivéssemos no Brasil não passaríamos de jeito nenhum. Já mencionei o caso das bombas de Kampala, que não lembrávamos, portanto não tivemos qualquer receio. Houve o caso do turista inglês assassinado em um resort perto de Lamu no dia em que chegamos. Só descobrimos depois.

Outros viajantes: em uma viagem como a nossa, eles são tão ou mais doidos do que nós. Isso significa muito papo sobre outras viagens, muitas dicas, muitas opiniões diferentes, geralmente interessantes. A grande maioria desses viajantes tem idade para serem nossos filhos, mas parecia que não se importavam com isso. Sempre há algum assunto interessante, sempre vale a pena puxar papo. A cada conversa sempre aprendemos algo novo. Claro que há as exceções, mas não podemos reclamar. Lembro que a viagem foi feita em 2011, antes da era das redes sociais. Então, os jovens ainda interagiam entre si e com outros fora do grupo. Após alguns anos, isso não existiria mais. Em um grupo de jovens viajando juntos, acho que ficariam sentados em um bar, cada um com seu celular, mergulhados no seu próprio mundo e totalmente alheios aos próprios amigos, o que dirá de desconhecidos. Definitivamente, o mundo começou a mudar.

Companhia: não há o que reclamar. Não teria feito essa viagem sozinho. Não basta dizer isso, porque para fazer essa viagem, tem que ser com alguém que está a fim de ter esse tipo de experiência. Mesmo com seu jeito reclamão de ser, Leo curtiu tanto quanto eu e queria ter a mesma experiência. Nunca evitamos encarar uma van lotada, um mercado cheio e fedorento etc. Quando a coisa piorava, eu sempre lembrava que estávamos pagando em dólar por aquilo e logo dávamos risadas. Foi muito bom.

Cinco semanas na África e no final, em vez de cansados um do outro, já estávamos planejando a próxima. Ui!

35. O tal frio na barriga

Ainda em 2011, fiz uma rápida viagem para a Europa com minha filha, que faria 15 anos no mês seguinte. Ela me pediu essa viagem de presente de aniversário. Fiquei bastante orgulhoso de ter sido escolhido para a sua estreia internacional no Velho Continente. Foram apenas dez dias de roteiro, que começou em Milão, depois Roma, Florença, Veneza e culminou com quatro dias em Paris. Muito corrido, mas deu para ver o principal de cada lugar. Óbvio que estava contando que ela retornaria várias vezes. Aí teria a oportunidade de visitar as atrações mais profundamente, o que já aconteceu.

Mas o que me chamou atenção naquela viagem foi o fato de eu não ter sentido um frio na barriga antes de sair de casa. Tendo morado na Bélgica por dois anos e tido várias oportunidades de visitar Paris e a Itália, acho normal não ficar ansioso. Aí me lembrei da última viagem à África, onde o que não faltou foi frio na barriga antes de sair de casa. E é isso que me motiva a viajar mais: o tal frio na barriga, a expectativa de conhecer algo novo. Hoje em dia, com tanta informação disponível na internet, a maioria dos lugares pode ser "visitado" do conforto da sua casa. Isso significa que são poucos os que dão aquele frio na barriga. São justamente esses os que me atraem.

Estive conversando com Guilherme, do excelente blog saiporai.com. Comentei que, quando eu fui à Índia em 1988, não havia internet, guias turísticos nem qualquer informação sobre hotéis, restaurantes, transportes etc. Fui para lá sem qualquer ajuda. Não faltou o frio na barriga, a sensação de não saber o que se vai encontrar nem a adrenalina de encarar a novidade no sentido mais puro da palavra. Incrível! Até hoje me orgulho de ter feito a viagem daquela forma.

Só para completar: tem gente que detesta esse frio na barriga. Tenho respeito por todos que pensam assim. Preferem viajar com tudo esquematizado, parece que já curtiram a viagem antes de sair de casa. Hoje, dá para ir para a Índia tendo comprado de casa os bilhetes de trem, avião, quartos de hotéis e/ou albergues, listado as atrações, buscando no Google as localizações exatas em cada cidade. Por outro lado, também dá para viajar para a Europa com o frio na barriga. Depende de qual lugar, como será a viagem, com quem, quando, quanto gastar e outras características mais.

36. China – uma reflexão

Vou falar um pouco sobre a China. Eu já tinha feito o comentário de que a China está presente no processo de uma nova colonização do continente africano. Mas vamos lá, vou começar esta reflexão lá de trás, da minha primeira ida à China em 1987.

Visitei Hong Kong, que na época nem era considerada parte da China e só foi devolvido ao país em 1997. Resolvi comprar um desses pacotes de um dia para ir até Cantão, hoje chamada Guangzhou. Era uma cidade grande, tinha mais de um milhão de habitantes. O veículo predominante era a bicicleta. Apesar de estarmos na década de 1980, parecia estarmos nos anos 1930. Um atraso só. Esse era inclusive o motivo pelo qual as pessoas pagavam US$ 100 só para ver como a China era atrasada e diferente do resto do mundo. Equivale ao que as pessoas fazem hoje ao visitar a Coreia do Norte ou Cuba.

Hoje, Guangzhou tem mais de 15 milhões de habitantes e tornou–se a principal cidade da província de Guangdong, que possui 83 milhões de habitantes e conta com outras sete cidades com mais de um milhão de habitantes cada uma. Foi lá, alguns anos depois da minha viagem, o primeiro experimento capitalista da China. Eles criaram uma Zona de Proteção Econômica (ZPE), um tipo de Zona Franca de Manaus, só que obviamente com muito mais sucesso do que aqui.

A minha segunda ida à China ocorreu em 1991. A nova visita durou quase um mês. Saí de Hong Kong e fui até Pequim por etapas e utilizando vários meios de transporte: barco, trem, ônibus e avião. Tudo ainda era muito parecido com o que eu vi em 1987. Isto é, muito atraso, muita pobreza, pouca infraestrutura. Eu me lembro que em Pequim aluguei uma bicicleta e com ela pude visitar a cidade quase toda. Havia poucos carros nas ruas – as bicicletas mandavam no trânsito. Havia pouquíssimos prédios, todos antiquados. A infraestrutura era precária, os trens eram antigos e as estradas horrorosas. O Brasil parecia um país de primeiríssimo mundo quando comparado aos padrões chineses da época.

A terceira vez que fui à China, em 1995, foi bem diferente. Fui ao Nepal e visitei o Tibete, que é considerado pela China uma província como qualquer outra. O Tibete foi invadido em 1950 e até hoje não reconquistou sua independência, tendo o status de província autônoma da China. E, parece que nem vai conquistar sua independência tão cedo. Primeiro, porque nunca houve motivo econômico para que alguma potência estrangeira enfrentasse a China sobre esse caso. Agora então, que a China se transformou em uma potência mundial, econômica e militar, as chances de isso acontecer são nulas. O que eu vi lá foi uma política sistemática de eliminar um povo e uma cultura, e substituí–los pela presença de chineses e por sua cultura. O que ouvi na época, lá no Tibete, é que enquanto no resto do país existia a política do filho único, no Tibete as famílias chinesas eram recompensadas se tivessem mais filhos. Havia também uma política de incentivo à migração de chineses de qualquer parte do país para o Tibete. Isso foi o que ouvi, mas pela situação que presenciei, fazia sentido.

Naquele ano, 1995, Lhasa, uma cidade tibetana onde está a sede do Dalai Lama, já era praticamente uma cidade chinesa. Vista de cima, lá do Palácio Potala, o mais lindo do mundo visto de fora, via–se claramente um bairro tibetano cercado por um mar de bairros chineses. Os mais de 3.000 mosteiros tibetanos foram reduzidos a menos de dez, que só permaneceram de pé para incentivar a indústria do turismo, mas nada que atrapalhe o projeto de tornar o Tibete uma província irremediavelmente chinesa, o que que já aconteceu. O ponto final desse projeto foi a construção de uma ferrovia que liga o Tibete ao resto da China. Tive a oportunidade de ler bastante sobre a História do Tibete quando estava por lá.

Quando fui à Europa nas primeiras vezes, na década de 1980, me impressionava quando via a quantidade de japoneses em todos os pontos turísticos. Isso antes da longa estagnação da economia japonesa, quando o país estava bombando. Todos brincavam que o Japão era tão superpovoado, que os japoneses tinham que viajar para fora pois não cabiam na pequena ilha. Ou que tudo estava tão caro por lá que era mais barato viajar para o exterior. Esse quadro remete, de certo modo, à situação no Brasil em determinadas épocas, quando era mais barato passar férias nos Estados Unidos do que no Nordeste.

Voltando ao ano de 2011 e ao que constatei na África, acrescento o que eu vi nesta última ida à Europa com minha filha. Em todos os pontos turísticos, os chineses eram a maioria, nos trens principalmente. Sei identificar a diferença dos chineses para outros orientais, pois reconheço o idioma e, às vezes, a maneira espalhafatosa e inusitada com que se posicionam para tirar fotos. Eu me lembro de ter tirado fotos dos chineses tirando fotos, pois, para mim, eram mais interessantes do que as próprias imagens da paisagem que estava sendo fotografada. Eles substituíram os japoneses da década de 1980 como principal público viajante. A tendência é que essa situação não se reverta tão cedo.

Tudo isso para fazer algumas constatações.

Os chineses, em pouco mais de 30 anos, saíram da idade da carroça para se tornarem a segunda economia do mundo. Em breve, serão a primeira. Hoje, eles são considerados a locomotiva da economia mundial. Se diminuírem sua taxa de crescimento, o mundo inteiro entra em recessão, Brasil inclusive, já que se tornaram nos últimos anos o nosso maior parceiro comercial. Por essa razão, são temidos em todo mundo. Como tem um real poderio econômico, o país está efetivamente conquistando vários projetos mundo à fora e colocado os pés em várias regiões de uma forma tão clara e enfática que é praticamente inviável que ocorra retrocessos.

Suas políticas de ocupação territorial e de Direitos Humanos são toleradas mais do que deveriam, já que por muitíssimo menos os Estados Unidos e a Organização do Tratado do Atlântico Norte (OTAN) já invadiram e/ou declararam guerras a outros países menos musculosos. Aí vem o dilema: é para ficar chateado com os chineses ou com o governo chinês? Afinal, nem protestar o povo chinês pode, quanto mais escolher seus governantes. Na época em que fiz o MBA na Bélgica, tive um colega chinês, Li Lei, gente finíssima. Quando fui à Pequim em 1991, a família dele me recebeu no aeroporto, me acolheu em sua casa (até sermos expulsos pela polícia secreta chinesa) e me deu toda a atenção possível. Foi muito legal mesmo. Na época, criei um carinho especial pelo povo chinês. Isso antes de ir ao Tibete, claro.

Como estive na África várias vezes, onde fiz safaris e me interessei pela vida animal, não consigo deixar de mencionar três espécies que têm sido foco de reportagens na mídia, com alertas para o decréscimo dramático em suas populações. São elas: o rinoceronte, o tubarão e o tigre. É de conhecimento público que o chifre do rinoceronte, os testículos do tigre e as barbatanas do tubarão se tornaram mercadorias de alto luxo, com preços que ultrapassam as dezenas de milhares de dólares por quilo, o que torna extremamente atraente para caçadores e contrabandistas. Isso tudo por conta da cultura chinesa, que privilegia tradições milenares e ignora aspectos ambientais. São questões que precisam ser debatidas.

Escrevo isso para meter o pau nos chineses? Não é bem assim. Eles não são os únicos com telhado de vidro. É só nos lembrarmos dos impactos do período colonial em diferentes regiões do mundo. As grandes potências europeias simplesmente dividiram grande parte do planeta em colônias e as exploraram (e ainda exploram) como puderam (podem). Os Estados Unidos, que passaram de colonizados a colonizadores, também são responsáveis por vários conflitos mundo à fora, sempre com interesses econômicos por trás. Só estou fazendo essa reflexão porque é um processo que está acontecendo diante dos nossos olhos e que tive a chance de presenciar. A presença chinesa claramente se alastrou para além da África e por toda a América Latina. Há ainda a questão de Taiwan, que é uma situação pendente e bem delicada. Estive recentemente na China pela quarta vez e tenho novas considerações a fazer. Mas isso é assunto para outro momento. Portanto, não se trata de uma crítica isolada à China, apenas uma constatação do aumento significativo da influência deles no mundo contemporâneo.

Todas estas considerações acima foram escritas em 2011. Hoje muitas coisas mudaram e outras evoluíram exatamente conforme eu escrevi, deixando, portanto, o texto bem atual. Hoje eles dominam a infraestrutura em vários países, construindo ou comprando portos, ferrovias, aeroportos, emprestando dinheiro para países sem condições de investir. Depois estes países acabam se tornando dependentes financeiramente dos chineses. Nada disso é novidade, pois os europeus e norte–americanos fizeram e ainda fazem o mesmo.

37. O Haiti é aqui[28]

Em 2013, depois de um intervalo, caí na estrada de novo. Antes, me encontrei com Guilherme e sua esposa Bianca em Curitiba em dois finais de semana. Já os citei neste livro em capítulos anteriores. Nossos encontros foram intensos e falamos de viagens quase o tempo todo, exatamente como gostamos.

Depois da ida à capital paranaense, ficou aquela vontade de um dia quem sabe a gente fazer uma viagem juntos. Aí surgiu a oportunidade de

[28] O título desta seção remete à música Haiti de Caetano Veloso e Gilberto Gil. Lançada em 1993, a canção tem um poema musicado com forte crítica social. Sua letra traça comparações com a história do Brasil e a escravidão.

eu tirar uma semana de férias e juntar com um feriadão, o que daria 11 dias no total. Conversando com Guilherme, surgiu a ideia de irmos para a República Dominicana. A GOL Linhas Aéreas tinha voos diretos para lá. Além disso, havia a possibilidade utilizarmos nossas milhas. Resultado: garantimos nossas passagens. Aí ficou no ar aquele sentimento de que seria inevitável um dos dois puxar o assunto de cruzar a fronteira para visitar o Haiti. Então o Guilherme puxou a conversa e eu imediatamente aceitei a proposta.

Dessa forma, chegamos em uma quinta–feira à tarde à Santo Domingo. Na sexta às 8 horas da manhã, rumamos para Porto Príncipe. A travessia da fronteira foi fácil, durou uma hora e não teve muita burocracia. Às três horas da tarde, já estávamos na capital haitiana, isto é, nos arredores dela, pois o ônibus (de luxo, diga–se de passagem) nos deixou ao lado da Embaixada Americana. Não tínhamos ideia de onde estávamos e, na realidade, estávamos fora da cidade. Barganhamos com um motorista de táxi para nos levar até a pousada que havíamos reservado pela internet. O motorista nos pediu US$ 60. Resistimos muito e, depois, fechamos o preço da corrida por US$ 30. Não tinha ideia do que viria pela frente.

A "viagem" durou 90 minutos, isso porque o motorista era um lunático, que literalmente não perdeu nenhuma "dividida" no caótico trânsito de Porto Príncipe (PAP). Até de um trator ele levou a melhor. Isso sem falar na bronca que deu dentro do carro de polícia, que poderia andar mais uns metros para frente e dar passagem para ele. Até na contramão de uma avenida com canteiro central ele andou. Subiu algumas vezes na calçada, sentando a mão na buzina para os pedestres saírem da frente. Ah, faltou falar que éramos seis passageiros e as bagagens dentro do carro. Quase morremos asfixiados. Detalhe: não era uma van, era um carro de passeio!

Não sei como chegamos inteiros. Para nossa surpresa, a pousada era incrível! Na verdade, ele nos deixou na avenida principal do bairro e a pousada era no meio de um morro. Tivemos que subir a pé (com as mochilas), o que levou uma meia hora. O quarto era tão bom que dava vontade de ficar por uma semana. Não tinha mais nenhum hóspede por lá. Saímos para explorar o bairro antes de entardecer e deu para perceber o que é o Haiti. Comércio na calçada, quase todo informal. Nenhuma lei no trânsito, vale tudo. Consciência ecológica igual a zero, zero mesmo! Uma tristeza ver tanto lixo por todo lado. Não vi caminhões de coleta de lixo, somente algumas latas de lixo na cidade toda. O atendente da pousada era bem fechado, mas nos levou a um restaurante de um hotel próximo para jantarmos. A mesa ao lado era ocupada por missionárias americanas. Desde que chegamos, dava para contar nos dedos quantos estrangeiros vimos. Não sabíamos se eram turistas, mas acho que malucos como a gente não deviam ter muitos.

No sábado, fomos para o centro e tivemos uma aula de Haiti. Para quem leu o capítulo sobre o Merkato, de Adis Abeba, na Etiópia, pode–se ter uma ideia do que vimos. Só que ali é um Merkato gigante. Talvez sem algumas das cenas de degradação extrema do ser humano como vimos na África. Contudo, a escala aqui é muito maior, praticamente abrange todo o centro de Porto Príncipe. É mais chocante ver isso do que a devastação do terremoto de 2010, que ainda é muito notada no centro, mas concentrada em alguns prédios.

À tarde, fomos a uma região chamada de Pétion-Ville, local onde se encontram os hotéis de luxo (deve ser, pois não chegamos a ver nenhum), as embaixadas e mansões. Fica no alto de um morro e a subida para chegar lá é longa. Sim, vimos tudo isso, mas até lá a sujeira, o caos e a desordem chegam. É sufocante. Andamos de ônibus local, de táxi coletivo, tivemos uma experiência completa. Isso sem falar no calor que oficialmente era de 36 graus, mas com sensação térmica de 45 graus.

Algumas outras observações são necessárias. Não tivemos em momento algum a sensação de medo. O povo é muito hospitaleiro, sempre querendo nos ajudar. Para quem não tem praticamente nada, a proporção de gente pedindo dinheiro é mínima, fato que chega a chamar atenção. Quase ninguém olha para gente, a maioria nem nos nota. Em 2023, o caos se instalou em PAP e creio que não teríamos a mesma tranquilidade de transitar pela cidade sem sermos importunados ou até assaltados (quem sabe sequestrados). A situação deteriorou mesmo. Uma pena.

Não conta lá em casa

Depois de um dia superintenso em Porto Príncipe, deixamos a cidade rumo à Cabo Haitiano, que fica no litoral norte do Haiti. Achei que a viagem em si já seria uma aventura. Foi para isso que viemos, né? Tudo indicava um dia tranquilo, se não fosse o nosso "amigo" pouco prestativo da pousada, que garantia saber onde se pegava o ônibus até lá. Ele pediu que pagássemos apenas pela gasolina (três galões, algo como 11 litros) para nos levar até o local. Só que depois de cinco quilômetros de estrada, parou em um posto de gasolina, falou com um haitiano em crioulo (o idioma local) e nos disse para entrarmos em uma van. Ela nos levaria a uma cidade a quatro quilômetros de Cabo Haitiano. De lá, seria fácil chegar ao destino.

Como não sabíamos exatamente o que fazer, topamos. Tínhamos lido que a viagem demoraria umas sete horas e seria meio tenebrosa. Então, achamos que estava tudo certo. Porém, não estava. Logo vi uma placa onde se lia Cabo Haitiano na CN1 (Carretera Nacional 1) e, alguns quilômetros depois, vi que estávamos na CN3. Como a van parecia uma lata de sardinha, eu estava sentado com uma banda num banquinho lateral e outra no ar e estava encostado literalmente na mala do meu vizinho de trás, achei melhor tratar somente da minha sobrevivência. Deixei para lá.

Em uma parada rápida, conheci o Pascal, um simpático haitiano que estava sentado no banco da frente. Ele nos disse que a van ia para uma cidade a 50 quilômetros de Cabo Haitiano. Lá, teríamos que pegar outro transporte, mas que ele iria conosco. O mais incrível é que a estrada passa por dentro de um cemitério. Isso mesmo, por dentro. Tiveram que abrir o portão para a van entrar. Essa foi uma situação inédita até para mim. Logo estávamos em uma estrada de terra no meio do mato (devia ser a CN249), quando a van parou e o motorista informou que ali era o ponto final. Todo mundo desceu. Nosso amigo Pascal disse que teríamos que ir de mototáxi por uns dez quilômetros até a vila mais próxima para pegar um ônibus. E assim fomos, eu na garupa de um cara que não falava qualquer língua que eu sabia e Guilherme na garupa do Pascal, que estava na garupa de outro mototaxista. Ainda bem que fiz seguro de viagem!!!

Dez quilômetros depois, Pascal parou uma caminhonete. Saímos das motos e fomos para a caçamba da caminhonete. Tudo ótimo se não fosse meio–dia, o sol estar de rachar o coco, e a condição péssima do nosso veículo. A camionete andava um quilômetro, parava, o motor morria. Os caras abriam o capô, mexiam em algo no motor, e conseguiam religá–lo. Andávamos mais um quilômetro e morria de novo. Cruzamos alguns rios onde os moradores locais lavavam roupas, motocicletas, tomavam banho e a vida seguia. Depois de enguiçar umas cinco vezes, o próprio Pascal perdeu a paciência e conseguiu pegar um mototáxi. E nos deixou lá. Uma roubada.

A roubada só aumentou. Começou a entrar gente e carga até não poder mais. Eu fiquei tão espremido que nem um ano de pilates combinado com acupuntura resolveria o problema. Não sei se foi sorte ou azar, mas a caminhonete parou de vez. Dali não saímos mais. Passou quase uma hora até que chegou outra caminhonete. Um carinha saiu da nossa cabine e foi para a outra caminhonete. Quando resolvemos fazer o mesmo, nosso motorista disse que tínhamos que pagar a corrida. Achei um absurdo, já que não tínhamos andado nem dez quilômetros e a caminhonete estava enguiçada. Pensei: "Estão explorando os turistas!".

Conversei com Guilherme e ele me disse que viu o carinha pagar a viagem da primeira caminhonete. Resolvemos que quando passasse a próxima caminhonete, pagaríamos e nos livraríamos daquela roubada. E assim foi. Só não esperava que aqueles haitianos bem humildes que estavam na nossa caminhonete e que também resolveram não pagar quase apanhassem do motorista e de seu ajudante. Na verdade, eles não estavam explorando somente os turistas e sim qualquer um.

Depois disso, andamos mais 50 quilômetros. De novo espremidos como sardinha, chegamos a Cabo Haitiano. O "amigo" da pousada, que quis se livrar de nó nos deixando numa van errada, mal sabe o favor que nos prestou. Isso porque nos divertimos a valer, apesar de toda a roubada vivida. Conversamos com muitas pessoas e conhecemos o Haiti rural. Enfim, tivemos mesmo uma experiência única.

Ao chegarmos em Cabo Haitiano em pleno domingo à tarde, outra surpresa: hotéis supercaros e horríveis. Como tínhamos ouvido falar de uma praia chamada Labadie, distante uns 15 quilômetros dali, decidimos ir para lá. Assim, pegamos um mototáxi. Repito: UM só mototáxi. Éramos dois passageiros com mochilas na garupa. Fomos até uma praia, de onde pegamos um barco até Labadie. O local só não é indescritível porque traz muitas semelhanças com Ilha Grande ou Parati. Um verdadeiro paraíso. Havia um hotel um pouco afastado, mas obviamente era caro e meio sem vida. Nosso amigo barqueiro nos levou até uma vila onde encontramos hospedagem barata. Claro que não havia nenhum outro turista no local. Ficamos em dois quartinhos na casa da dona de um restaurante, com banho de caneca disponível. Rapidamente conhecemos metade da vila, tomamos cerveja e fomos nadar ao entardecer. Caraca, depois de um dia de cão, terminamos com chave de ouro. Desde Porto Príncipe, pegamos sete transportes até chegarmos a Labadie. Não dava mesmo para contar lá em casa onde eu estava. Só na volta que eles iriam saber.

Labadie

A noite não foi propriamente agradável. Como escrevi, ficamos em dois quartos disponíveis em um bar–restaurante, o que significou que a música estava altíssima até as 23h30. Mas não deu para reclamar. No dia seguinte, acordamos cedo, pois o dia estava lindo e o mar maravilhoso. Passamos o dia entre caminhadas pelo litoral, mergulhos no mar cristalino e bate–papo com os nativos, todos muito simpáticos. Tinha um mega navio da Royal Caribean parado em frente e a galera andando de jet ski, caiaque, tirolesa e outros esportes aquáticos. Essa empresa tem uma praia particular em frente de onde estávamos. De todos os passageiros, somente seis visitaram a vila. A sensação é ruim quando soubemos que a empresa paga ao Governo do Haiti US$ 10 por passageiro e nenhum dinheiro vai para a população. Uma pena. Passamos mais uma noite tranquila. Pela manhã, voltamos para Cabo Haitiano para recomeçar o turismo cultural. Labadie é um diamante em estado bruto, precisa ser um pouco lapidado, mas não da forma como estão fazendo.

Cabo Haitiano

Na volta para Cabo Haitiano, compramos rapidamente a passagem de ônibus para o dia seguinte. Itinerário: Cabo Haitiano – Santiago (República Dominicana). Depois arrumamos um hotel, bem ruinzinho e bem carinho.

Daí, fomos visitar a Citadelle Henry. Pegamos um matatu (van–caminhonete) e andamos uns 25 quilômetros até Milot, onde está a subida até a Citadelle. São 8,5 quilômetros de subida em um desnível de 970 metros. Lá embaixo, na entrada, fica o Palácio de Sans-Souci. Está em ruínas, mas é um bom aperitivo, pois, originalmente, deveria ser bem bonito. Demoramos 90 minutos, subindo em um ritmo forte sem paradas. Chegamos lá em cima encharcados de suor, com as pernas bambas de cansaço. Desde o início do caminho, um sem–número de haitianos nos ofereceram caronas de motos ou a cavalo (pagas, é claro). Mas para mochileiro–raiz, seria antiético não subirmos a pé.

Lá em cima, uma surpresa: o lugar é simplesmente fantástico, super conservado, com uma vista espetacular. Descansamos e passamos um bom tempo por lá. A 500 metros do topo, estão construindo um estacionamento e lojas para turistas, o que significa que algo pode mudar, embora hoje não haja demanda para esse investimento. Faltam turistas,

Na hora de descer, pegamos carona em uma caminhonete particular (o cara parou sem perguntar nada) que nos levou de volta até Cabo Haitiano. Fantástico! Uma atração turística excelente e para mim impensável. Ela deveria fazer parte do pacote dos navios (quem sabe não seja essa a tendência).

Cabo Haitiano é uma cidade com estilo colonial, bem mais agradável do que Porto Príncipe (o que não é muito difícil, pois PAP pode ser tudo, menos agradável). No entanto, quando visitamos o mercado, ficamos bem tristes. É um supermercado no sentido literal da palavra, um mercado enorme, parte ao ar livre e parte dentro de um galpão de ferro. No entanto, as condições sanitárias são horrorosas, dá medo. Foi uma decepção.

Haiti – resumo

O que dizer do Haiti? Não vamos nos prender ao estereótipo de que é um país falido, sem infraestrutura, sem governo, com um PIB inexpressivo, sem turista etc. Isso é o que ouvimos e vemos nos noticiários da TV. Do mesmo jeito que um belga que conhecemos em Cabarete (República Dominicana) nos disse que não vai ao Rio de Janeiro por causa dos arrastões na praia, que acontecem, mas não com a frequência com que eles pensam, muita gente tem uma visão distorcida de Porto Príncipe. Pensam que ao pisar na cidade, serão agarrados e atacados por uma turma de desesperados. Não é bem assim.

Mas, infelizmente, a realidade não fica longe disso. O país é pobre, as ruas estão em estado de calamidade, com muita sujeira. Quase não há coleta de lixo. Isso realmente incomoda e afasta os turistas. Os governantes deveriam cuidar mais deste ponto, ainda que saibamos que essa não é a prioridade em um lugar onde falta literalmente tudo. Ou quase tudo.

Vale ressaltar que o que não falta é disposição do povo para seguir em frente. A vida não acabou no terremoto de 2010. As pessoas estão lá e têm que continuar, ainda que a rotina seja de luta constante pela sobrevivência. Não há espaço para lamentos, depressões, preocupações com limpeza, organização e respeito a algumas leis. Por exemplo: apesar de tudo, a criminalidade é baixa. Quem é pego roubando é preso, se não for linchado antes. Isso tudo tem mudado. O trânsito é caótico mesmo, já descrevi um pouco sobre isso. Há alguns motoristas alucinados, como o do táxi que pegamos na chegada a PAP. Porém, a maioria espera pacientemente nos engarrafamentos. Hoje a situação em PAP piorou muito, gangues tomaram conta da cidade, e ficou impraticável para turistas.

Chama a atenção Pétion-Ville, que fica nos arredores de PAP. Este é o bairro dos bacanas. Dizem que há 11 famílias que controlam a economia do país. Não sei se é verdade, mas sei que vimos alguns exemplares de Porsche, BMW e Mercedes em Pétion-Ville, quase todos dirigidos por haitianos. O lugar é quase que uma ilha da fantasia. É inacreditável a diferença de vida entre Pétion-Ville e Porto Príncipe, apenas a alguns quilômetros de distância.

Outra coisa que chama a atenção é a ojeriza que os haitianos sentem dos gringos das organizações não–governamentais (ONGs) e de outras agências de ajuda. Em geral, são pessoas jovens que vêm para o país ganhar salários altos, ter uma vida cheia de mordomias aos olhos dos locais (às vezes, o conceito de mordomia pode ser relativo – só de ter roupa limpa, comida e uma boa cama já é considerada privilégio) e que não se misturam com o povo. Estão lá quase que por obrigação. Isso não passa despercebido. Entretanto, não dá para generalizar. Dentro desse tema, um detalhe importante: a organização Viva Rio foi muito bem comentada, passando longe do que acabei de descrever. Os brasileiros são em geral muito bem–conceituados, tanto pelo futebol, claro, como pela participação efetiva no processo de pacificação. Ponto para nós.

Fora de Porto Príncipe, a vida pode ser mais difícil ou fácil. Difícil por ficar quase que totalmente fora do radar dessas organizações, que focam muito mais na capital e em Cabo Haitiano. Quando estávamos parados na estrada de terra com a caminhonete quebrada, passou uma SUV com dois americanos de camisa social e gravata (era domingo) e três adolescentes no banco de trás também de camisa social e gravata. Eram missionários. Isso mostra que os enviados estão sim mais próximos do povo e fora dos grandes centros. E pode também ser mais fácil por ficar longe da confusão da capital, por não ter sido atingido pelo terremoto e pelo povo ter uma vida muito mais simples, sem miséria, apenas viver com muitos poucos recursos. Por não terem acesso às informações, as pessoas que vivem em regiões fora de Porto Príncipe parecem mais felizes e não sentem falta do que não sabem que existe. E conta bastante o fato de que em alguns lugares que passamos não havia turistas. Em Cabo Haitiano é um pouco diferente. Há poucos turistas, mas muitos estrangeiros de agências internacionais. Então existe mais contato. Eu me lembro que o rapaz da pousada de Porto Príncipe disse que nós éramos os segundos turistas do ano que se hospedavam ali, fora o pessoal de missões religiosas.

Claro que não me cabe dissertar sobre qual seria a solução para o Haiti, nem tenho esta pretensão. Apenas lamento o que ouvi sobre as interferências externas (principalmente dos Estados Unidos, é claro) sobre a política e as decisões fundamentais para o país, como ocorreu com o resultado das últimas eleições.

Valeu a pena ter ido? Para um turista regular, é claro que não. Não se vive bem, não se desloca bem, a sujeira está em todo lado e a infraestrutura é precária. Mas para mim valeu muito à pena. Vi um país guerreiro, com um povo genuinamente simpático e hospitaleiro. Não senti medo em momento algum. Confesso que pelo que tinha lido antes de ir, estava apreensivo sobre Porto Príncipe. Por isso mesmo, não contei lá em casa que iria ao Haiti. Mas fui enganado. A experiência em Labadie mostrou o lado autêntico de um povoado que quase não recebe ajuda, nem mesmo visita. E que, em quatro ou cinco vezes por semana, vê um transatlântico ancorar bem em frente. Aí milhares de turistas milionários (comparados à realidade local) se divertirem o dia todo, sem se darem ao trabalho de descer dos navios para conhecer os haitianos. Como esse povo tratou dois turistas brancos e ricos (comparado com eles, éramos sim ricos) que ficaram dois dias por lá? Com cordialidade, gentileza, hospitalidade. Uma agradável surpresa!

República Dominicana

Ainda não escrevi quase nada sobre a República Dominicana. Afinal, chegamos à Santo Domingo em um final da tarde e logo na manhã seguinte partimos para o Haiti. Então, finalmente voltamos. Pegamos um ônibus de Cabo Haitiano para Santiago, a segunda maior cidade da República Dominicana. De lá, entramos em outro ônibus até Sossua e, de lá, uma van até Cabarete, nosso destino desse trecho da viagem. O deslocamento total durou mais ou menos cinco horas e foi tranquilo.

A cidade de Cabarete é uma mistura de Caiobá, no Paraná, com Cabo Frio, no Rio de Janeiro. Essa comparação foi minha brincadeira com Guilherme, mas que não está longe da realidade. É um super destino turístico de americanos que fazem esportes radicais, como kitesurf, windsurf e surf, ou querem simplesmente relaxar em frente à praia. Há vários condomínios de estilo americano e a língua local é meio a meio, espanhol e inglês. Há voos diretos de New York, Chicago e de várias grandes cidades dos Estados Unidos.

Obviamente, o ambiente não tinha muito a ver com o nosso estilo. O que salvou foi a pousada na qual ficamos, muito maneira. Para começar, ficamos em um bangalô que tinha piscina e um restaurante estiloso em frente a um laguinho que, inclusive, era muito frequentado por gente de fora da pousada. Por falar nisso, era um pessoal bem legal que transitava por lá. Conhecemos um belga chamado Patrick que tinha morado no Haiti, Guiné, Senegal e outros lugares menos turísticos. Ele tinha muitas histórias interessantes para contar, pena que era um pouco rancoroso e politizado demais. Mas os papos valeram e muito, até porque a gente começa a entender como funcionam as organizações de ajuda humanitária, que de ajuda humanitária têm muito pouco. Apenas uma pequena parcela do dinheiro chega até a população. O resto fica preso na burocracia, nos custos de manter esses funcionários com moradia e diversos auxílios.

Foram dois dias para relaxar (Guilherme até surfou) até a volta para Santo Domingo. Usamos nossas últimas horas na capital dominicana para passear pelo Centro Histórico. Santo Domingo foi meio decepcionante. Até tem prédios bonitos e bem cuidados, mas não há realmente nada de surpreendente. Talvez seja porque eu e Guilherme estivemos em várias outras cidades com estilo colonial, o que torna a experiência meio repetitiva. Fora do Centro Histórico, chamado Zona Colonial, é apenas uma cidade comum que mescla o estilo latino com o americano. Claro que a influência dos Estados Unidos é enorme, até pela distância. Há fast food para tudo quanto é canto e muito beisebol e basquete. Para quem inicialmente tinha a ideia de apenas passar dez dias descansando nas praias da República Dominicana, a viagem foi bem intensa. A experiência no Haiti foi especial. Não me arrependo de não ter contado lá em casa, e nem para os amigos. Quando voltei, ouvi várias histórias de como é violento, não se pode sair nas ruas sem risco de ser assaltado, sequestrado etc. Só que já tinha voltado e não vi nada parecido por onde passei. Será que foi sorte?

38. Próxima parada: Balcãs

Uma nova viagem ocorreu em 2013. Não foi longa, apenas 16 dias. Há cerca de 20 anos, esta viagem me renderia apenas um novo país na minha lista, a Albânia. Nem mesmo a Iugoslávia contaria, já que a visitei em 1989. No entanto, coincidência ou não, estive apenas no território que hoje é a Croácia. Portanto, Eslovênia, Sérvia, Bósnia e Herzegovina, Montenegro, Albânia, Macedônia do Norte e Kosovo contaram como sete novos países, ainda que Kosovo não conste como país reconhecido pela

ONU. Com certeza foi rápido. O vapt–vupt não é o jeito que gosto, mas sempre é melhor do que não ir.

Logística e logicamente, seria melhor começar pelo Sul. Isto é, ir para a Macedônia do Norte e ir subindo até a Eslovênia. Isso porque a Macedônia do Norte é um dos lugares com menos infraestrutura e com um pouco mais de dificuldade de comunicação e transporte. Certamente, a Eslovênia é o oposto. Mas, então, por que fiz ao contrário? Porque até um mês antes da viagem, quem entrava em Kosovo antes da Sérvia tinha seu visto sérvio invalidado. Os sérvios ainda consideram Kosovo como seu território. A solução era ir para a Sérvia antes e depois entrar em Kosovo normalmente. Assim foi pensado na hora de comprar as passagens. Depois, a necessidade do visto para a Sérvia caiu, então o percurso poderia ter sido feito da outra forma, mas era tarde demais.

Fui com Khouri, um parceiro experiente em viagens com IFB – Índice de Frio na Barriga – de médio para cima. Estivemos juntos na Índia e no Nepal em 1988, quando nem existia Lonely Planet, e a Índia era identificada com a antiga União Soviética, isto é, não havia produtos ocidentais por lá. Os relatos a seguir estão em um tempo verbal diferente porque foram extraídos do diário de viagem que publiquei originalmente no meu blog. Apenas dei uma adaptada neles.

Ljubljana: a pequena que cresceu

Depois de mais de 24 horas de viagem e três voos, finalmente chegamos à Ljubljana. Khouri, que tinha ido de Air France, chegou antes à Eslovênia e foi me buscar no aeroporto. Aliás, do aeroporto até o Centro, não vimos uma viva alma nas ruas. Fomos para o albergue, que ficava em uma antiga prisão. Mas tudo estava limpinho e arrumado. Nosso quarto ficava em uma cela, literalmente, com grade e tudo E devidamente adequada para receber os hóspedes do albergue. Comemos uma pizza e tomamos umas cervejas locais (Lasko) lá mesmo. Nosso albergue ficava em Metelkova, uma área totalmente alternativa. O lugar parecia fazer parte de uma comunidade fora dos padrões, muito grafite, muitas boates underground, cafés, estátuas estranhas etc.

No dia seguinte, tivemos uma ideia melhor do lugar. A cidade era toda compacta, com um Centro Histórico pequeno, porém lindo. Tivemos a impressão de estar tudo no lugar certo. Impressionou a quantidade de cafés. Tomar café devia ser o esporte nacional.

Há na cidade um castelo no alto de uma colina com uma vista fantástica. A cidade, com 270.000 habitantes, é menor do que Taubaté e é a capital do país! Tudo era compacto, as ruas, os bares, as estradas... Detalhe: o idioma é ininteligível! À noite, o movimento acabava cedo, antes das dez, exceto em alguns bares e no nosso albergue. Lá, não soube que horas acabava, pois fomos dormir antes do fim.

Bled: paisagem de quebra–cabeças de 1.000 peças

No dia seguinte, fomos à Bled, que está a 90 minutos de ônibus da capital eslovena. Bled é uma cidadezinha (até aí nada demais, pois na Eslovênia só tem cidades pequenas) à beira de um lago cercado por montanhas. No meio desse lago, tinha uma ilha com uma igreja e algumas casas, super lindo. Além disso, há na cidade um rochedo de uns 100 metros de altura com um castelo no alto. Somando isso tudo, será que dá para imaginar a paisagem?

Fizemos tudo o que tínhamos direito: subimos o rochedo para ir ao castelo; demos a volta a pé no lago (são seis quilômetros) para tirar fotos; e subimos um morro do outro lado do lago, que tem aproximadamente 250 metros. Só vendo mesmo o visual, maravilhoso! Parece aquelas fotos de quebra–cabeças de 1.000 peças.

Isso nos fez usar o dia todo. Saímos às 7h30 do albergue e retornamos por volta das 18h. Valeu muito à pena. Lembrei muito da minha adorada mãe, que já esteve na Eslovênia, inclusive em Bled, e tinha me dito o quão lindo era o lugar.

A Eslovênia é um país superdesenvolvido. Era uma falha no meu currículo. O idioma é difícil, mas tivemos a impressão de que iríamos ficar com saudades do esloveno, pois viria coisa pior pela frente. A comida também era farta, tinha de tudo. Nesse dia, comemos peixe no almoço e pizza no jantar. No dia seguinte de manhã, tínhamos o trem para Belgrado.

Belgrado: a capital da noite?

Na Sérvia, infelizmente, só visitamos a capital Belgrado. Mas uma coisa é certa: Belgrado pulsa à noite. Depois de nove horas no trem, chegamos à Belgrado. Pegamos um mapa da cidade, trocamos dinheiro e compramos nossas passagens de ônibus para Sarajevo para dali a dois dias. Na sequência, fomos para o Spriti Albergue, que ficava no quarto andar de um prédio residencial. Tudo funcionava: o quarto e o banheiro eram limpíssimos. A recepcionista nos deu todas as dicas possíveis para a noite e para o dia seguinte. Antes mesmo de sairmos, já nos sentíamos experts em Belgrado.

À noite, basicamente, são duas as ruas principais com mais movimento. Uma delas é chamada de Silicon Valley, por causa das meninas siliconadas que ficam desfilando. E foi por ela que começamos, pois estava mais perto do albergue. São dezenas de bares também em uma rua secundária, todos super chiques e com mesas nas calçadas. Como o tempo ainda estava bom, o pessoal queria ficar do lado de fora. A maioria dos bares e restaurantes oferecia cozinha internacional, mas não era isso que queríamos. Observamos que havia um desfile só de carrões, mulheres e homens super bem–vestidos. Aí já viu: nós dois de calças jeans, t–shirts e tênis. Além disso, o Khouri saiu com a câmera fotográfica pendurada no pescoço. Não faltava mais nada.

Talvez uma camisa florida para cada um. Ou uma melancia pendurada no pescoço.

De lá, fomos para a outra rua, esta com os restaurantes locais. A recepcionista nos tinha indicado o 3 Hats, que era um super restaurante, com vários ambientes. Só na varanda cabiam mais de 200 pessoas. Umas três bandinhas tipo "mariachis sérvios" tocavam músicas típicas. Aonde elas iam, as pessoas se levantavam e começavam a dançar. Uma alegria só, parecia uma grande festa, quando na verdade era apenas o estado de espírito desse povo, super festeiro e alegre. Foi contagiante. Isso sem falar na comida que estava ótima e, para finalizar, barata. Uma noite perfeita. Voltamos para o albergue umas 23h30 e o movimento já estava diminuindo. Quando eu lia sobre Belgrado no Lonely Planet, só falavam bem da noite e diziam que não havia muitas atrações. Talvez por isso não tivéssemos muitas expectativas.

Na manhã seguinte, saímos para dar uma volta. Primeiro, fomos à Citadela Kalemegdan, que nada mais era do que um grande parque com uma igreja ortodoxa e com um forte no alto de um morro. Do forte se podia ver o encontro dos rios Danubio e Sava e se tinha uma vista linda de parte da cidade. Além disso, havia cafés, restaurantes, quadras esportivas, museus e até um zoológico. Um pouco malcuidado, é verdade, meio sujo, principalmente comparado com a Eslovênia, onde tudo era irritantemente perfeito.

De lá partimos para a Knez Mihailova, que é a principal rua de pedestre da cidade. Lá estavam todas as grifes internacionais, bancos, restaurantes chiques e o povo local, claro. Continuamos andando, visitamos o Hotel Moscou, uma joia da arquitetura, e duas igrejas ortodoxas, uma delas imensa, a Catedral de St. Sava. Tudo isso com algumas paradas para lanches. Esse passeio durou praticamente o dia inteiro. E quem disse que não tinha nada para fazer em Belgrado de dia? Foi um dia longo e proveitoso.

Para fechar (não sei se com chave de ouro ou de outro material), passamos por alguns prédios que foram bombardeados pela ONU durante a guerra do Kosovo. Os sérvios deixaram as construções com as marcas do conflito como símbolo da agressão sofrida. Não quero entrar no debate de quem estava certo ou errado no conflito, apenas comento uma triste constatação. Não estou defendendo os sérvios porque adorei Belgrado. E as imagens falam por si só.

Sobre os custos, posso dizer que um brasileiro que hipoteticamente ganhasse uma passagem para Belgrado e precisasse economizar, poderia viver lá por um tempo. O custo de vida é bem mais barato do que na Eslovênia e no resto da zona do Euro.

Resumo da ópera: a Sérvia é um país incompreendido. Já estive em praticamente todos os países vizinhos, e, até então, nunca tinha tido muita vontade de visitá–la. No entanto, essa visita mostrou o quanto eu estava errado ou desinformado.

Sarajevo: amor à primeira vista

Saímos de Belgrado cedo, pegamos o ônibus às 8 horas, passamos pelos subúrbios e logo entramos em uma rodovia que ia para Zagreb ou Budapeste. Logo viramos à esquerda na direção sul e, daí em diante, a rodovia virou estradinha de mão e contramão sem acostamento. O ônibus parou duas vezes para o motorista comprar pimenta e legumes. Nunca tinha visto algo parecido. Depois de quase quatro horas e apenas 160 quilômetros rodados, finalmente chegamos à fronteira com a Bósnia e Herzegovina. Após os trâmites de praxe da imigração, passamos para o outro lado do rio e a estrada tomava diferentes contornos. Primeiro, parecia a Estrada União Indústria que liga Petrópolis a Itaipava, com um rio de um lado e montanha do outro. Depois, ela passou a parecer a Estrada das Paineiras, na Floresta da Tijuca. Serpenteava no meio da montanha e, no percurso, até passamos em um lugar em que há uma estação de esqui no inverno.

Resumo: foram mais de quatro horas de uma paisagem estonteante até finalmente chegarmos à Sarajevo. Valeu muito à pena fazermos esta viagem de dia, a paisagem é deslumbrante. O preço a pagar é que viajando nesse horário, a parada final do ônibus ficava na estação Leste de Sarajevo, a 17 quilômetros do centro da cidade. Nada que um bom táxi não resolvesse. Assim, rapidamente chegamos ao nosso albergue.

Não sei se foi sorte ou competência, mas de novo o albergue era excelente. Tudo funcionava, tudo limpo, os recepcionistas nos deram todas as informações que queríamos. Basicamente estávamos hospedados a duas quadras da rua principal de pedestres. De cara, vimos a principal igreja católica de Sarajevo. A 50 metros, estava a igreja ortodoxa. Mais uns 150 metros, demos de cara com uma mesquita. Aliás, como a Bósnia e Herzegovina era majoritariamente muçulmana, havia muitas mesquitas na cidade.

A grande surpresa foi que, além desse monte de atrações, Sarajevo era frenética. Com muitos turistas (muito mais que Ljubljana e Belgrado) andando para cima e para baixo na rua de pedestres e outros tantos sentados nos cafés, bares e sorveterias. Havia muitos locais interessantes. Como toda boa cidade muçulmana, havia centenas de lojinhas que vendiam de tudo, bazares típicos, enfim um movimento e vibração que eu não esperava.

O lado bom é que nasceu um verdadeiro amor à primeira vista. Já era final de tarde, mas fiz questão de subir em um dos morros que cerca a cidade para ver a vista da Cidade Velha. Fiquei só imaginando como foi na época da guerra, já que a cidade é toda cercada por morros e ficou sitiada por anos. Descendo desse morro, fomos provar o famoso Ćevapi, que são pequenos pedaços de carne moída temperados com alho, sal e pimenta e grelhados em formato de salsicha servidos em pão árabe. Uma delícia!!! O certo é que ficamos maravilhados. E pensando que achei que teria sido melhor fazer a viagem invertida, pois o melhor ficaria para o final (a Eslovênia).

Sarajevo: um domingo especial

Vale a pena falar sobre a noite de Sarajevo. Logo de cara fomos comer burek, um prato típico. Trata–se de uma torta enroladinha, tipo folheada, que pode ter como recheio carne, espinafre, batata ou queijo. Os restaurantes faziam em grande quantidade e vendiam a quilo. É realmente deliciosa. Era sábado à noite, as ruas estavam fervilhando e parecia um feriado nacional ou coisa parecida. Como os bares, restaurantes, cafés e afins ficavam todos na mesma área, a impressão era que uma multidão tinha invadido a Cidade Velha. Muito movimentado mesmo, desde famílias, grupos de idosos, jovens e adolescentes, tudo junto e misturado. Claro que cada estabelecimento com sua tribo. O problema é que nós não nos encaixávamos em nenhuma dessas tribos (quase que nos enquadramos aos idosos). Por isso e pela temperatura que despencou, voltamos para o albergue cedo.

No dia seguinte, o tempo continuou bom. Ameaçava chover há uns três ou quatro dias, mas só pegamos umas gotas em Belgrado. Parecia que o tempo iria causar e à noite entraria uma grande chuva nos Bálcãs. O tempo ficaria assim por mais dois dias. Nesta viagem, eu tinha levado guarda–chuvas (uau!!).

Rodamos pela Cidade Velha. Dessa vez, paramos em cada ponto de interesse, andamos bastante e vimos a famosa Ponte Latina, perto do local do assassinato de Franc Ferdinand em 1914, estopim da primeira Guerra Mundial. Andamos por sete horas, repetimos o Ćevapi do dia anterior. Vale ressaltar que apesar de o país ser majoritariamente muçulmano, todos conviviam em paz. Notava–se nas ruas as diferenças entre as religiões, fora os turistas, é claro, convivendo em harmonia.

Para finalizar, quando estava com um astral lá para cima, fomos ver uma exibição sobre Srebrenica. Para quem não lembra, Srebrenica é uma cidade da Bósnia e Herzegovina que foi declarada zona neutra em 1994, durante a Guerra da Bósnia. A ONU enviou uma tropa holandesa para tomar conta da cidade até que o exército bósnio sérvio (isso mesmo, existiu um exército bósnio formado por sérvios) cercou a cidade por meses. Em 11 de julho de 1995, eles invadiram e, por uma semana, executaram praticamente todos os muçulmanos. Como era uma zona neutra, havia muitos refugiados de outras cidades. O massacre foi horrível e posteriormente considerado oficialmente um genocídio. Dois anos depois de ter visitado o Museu do Genocídio em Ruanda, lá estava eu de novo vendo as coisas mais cruéis que um ser humano (se é que dá para chamar de ser humano) pode fazer. Realmente deprimente.

Posso dizer que Sarajevo realmente me tocou. Recomendo para aqueles que desejam conhecer um lugar diferente, que certamente não é típico da Europa Ocidental, pois está longe de atingir os padrões de lá, mas nem por isso deixou de me marcar como um destino especial.

Mostar: a estrela da Herzegovina

A segunda noite foi bem mais calma, já que era domingo. Muita gente aparentemente estava se recuperando da noite de sábado. Tudo fechou mais cedo e para nós a noite também terminou cedo. Isto é, mais cedo na rua, pois quando chegamos de volta ao albergue, o Adi, o proprietário, ficou de papo conosco por quase uma hora. Foi um papo ótimo. Perguntei tudo o que queria e ele respondeu sem pestanejar. Vamos aos assuntos:

✓ Vida em geral: segundo ele, estava boa, melhor do que no pós–guerra. As pessoas eram muito descansadas já que quase todo mundo tinha um parente imigrante que mandava dinheiro mensalmente para casa. A remessa de dinheiro do exterior representava boa parte do PIB do país.

✓ Turismo: na sua avaliação, o turismo vinha crescendo bem mais do que no resto da Europa, algo que dava para ver claramente. As pessoas estavam descobrindo as atrações e iam passando para outros.

✓ Política: pelo que ele me disse, havia muita corrupção e o partido que estava no poder era o mesmo que levou o país à guerra. Essa situação atrasava o desenvolvimento e dava a impressão de que estavam perdendo o bonde.

✓ Guerra: ele lamentava já que não via motivo para tanta desunião. O problema começou porque o Marechal Tito, que governou a Iugoslávia com mão de ferro por 35 anos, morreu sem deixar um sucessor. Como ninguém se entendeu depois disso, começou a confusão, com as regiões que já tinham certa autonomia querendo independência. Primeiro foi a Eslovênia, praticamente a única que conseguiu a independência de modo pacífico. Houve também guerras com Croácia, Bósnia e Herzegovina e Kosovo. Adi era muçulmano, mas convivia super bem com seus vizinhos judeus, cristãos ortodoxos ou de qualquer outra religião.

Enquanto o papo rolava, a tão anunciada chuva começou a cair. Choveu a noite toda. Estava ótimo para dormir, mas não para acordar às 5h45 para pegarmos o trem até Mostar. O trem já tinha cumprido pelo menos duas vezes o tempo necessário para aposentadoria, estava bem cansadinho. Mas a viagem era qualquer coisa de imperdível. Apesar do tempo ruim, com chuva e neblina, deu para tirar várias fotos. A ferrovia ia margeando um rio, com montanhas nos dois lados. Boa parte do caminho era um verdadeiro canyon. Fora a enorme quantidade de túneis, alguns deles intermináveis. Não dava para piscar, tinha que ficar atento, pois a qualquer instante poderia aparecer uma oportunidade para foto. Eram apenas 128 quilômetros, mas que duraram 3h30.

Para continuar o dia, chegamos à Mostar. A grande atração da cidade era a Ponte Velha, uma ponte medieval de pedra datada da Idade Média. Nos dois lados dela, havia vielas com piso de pedra bem ao estilo do Oriente Médio, com muitas lojinhas para turistas, bares, restaurantes e cafés, sem falar nas mesquitas que são onipresentes.

Quando fomos para a cidade, estava caindo um dilúvio, uma verdadeira vingança do *Weather Channel* por eu ter duvidado de suas previsões. Saímos com casaco, capa de chuva, guarda–chuva etc. e usamos tudo ao mesmo tempo. Só que uma hora depois parou de chover. Às vezes, até aparecia um solzinho. E a coisa só melhorou, embora a previsão fosse de chuvas torrenciais até a madrugada do dia seguinte.

Poucas vezes, vi uma cidadezinha tão fotogênica. Tendo a ponte como referência, praticamente a cada três passos parávamos para tirar fotos. Só estando lá mesmo para entender o que quero dizer. E quando parou de chover, apareceu um bando de turistas. Não sabemos de onde eles vieram, mas o espaço ficou repleto de gente.

Mostar fica na região chamada de Herzegoniva, que também dá nome ao país, apesar de quase todos o chamarem apenas de Bósnia, o que está errado. Era hora de trocar de país, e fomos embora da Bósnia e Herzegovina. Foi uma surpresa agradável.

Quatro fronteiras em um dia

Pela manhã, pegamos o ônibus às 7h para Kotor, que fica em Montenegro. Há um pequeno detalhe: no meio do caminho entre Bósnia e Herzegovina e Montenegro havia a Croácia. E no meio da Croácia havia a Bósnia e Herzegovina. Deu para entender? Quando entramos na Croácia, tivemos que cruzar uma nesga de terra da Bósnia e Herzegovina que vai até o mar e quebra a Croácia em duas partes. Não vimos nenhuma cidade da estrada, mas na verdade há uma cidade e um porto nessa nesga de terra, que pertencem à Bósnia e Herzegovina. Essa nesga de terra tem cerca de 9 quilômetros de largura. Vamos fazer as contas de quantas fronteiras eu atravessei naquele dia, cada uma com duas checagens de passaporte (na saída e na entrada): Bósnia e Herzegovina para Croácia (uma); Croácia para Bósnia e Herzegovina (duas); Bósnia e Herzegovina para Croácia (três); e finalmente Croácia para Montenegro (quatro). Khouri, que nem conhecia a Croácia, entrou duas vezes. Antes, tinha entrado pela primeira vez quando fomos da Eslovênia para a Sérvia. Acho que dá para contar como mais um país para ele, não dá?

Acho que dá. Isso porque o ônibus pegou uma estrada que vai pelo litoral, parece a Rio–Santos. Uma sucessão de curvas, com o mar de um lado e montanha do outro, um mar azul caribe e um céu azul como há muito não víamos. Isso mesmo, no dia anterior choveu tudo que tinha para chover, e não havia mais nada de chuva para cair.

O ônibus fez uma parada rápida na Estação de Drubovnik, a estrela da Croácia. Depois, já estava costeando a cidade. Aí deu para tirar algumas boas fotos e lembrar como aquele lugar é muito lindo. Quando mandei uma foto que tirei de Dubrovnik do ônibus, me perguntaram por que não tínhamos incluído a Croácia no roteiro. A resposta era simples: tem tanta coisa bonita na Croácia, que vale uma viagem por si só. Claro que podíamos ter ficado pelo menos um dia, mas a falta de informação nos fez preferir não arriscar. Como estávamos em outubro, os ônibus já não tinham o mesmo horário e poderíamos nos atrasar.

Depois de cruzarmos a quarta fronteira, chegarmos à Montenegro e começamos a adentrar o maior fiorde da Europa. No final dele, fica Kotor. A paisagem é de cair o queixo. A estrada vai margeando o fiorde, às vezes entre a roda do ônibus e a água só há uma muretinha. São cerca de 40 quilômetros até chegar a Kotor.

A Cidade Velha de Kotor é cercada por altos muros de pedra. Aliás, tudo na cidade é de pedra: as ruas e TODOS os prédios. Havia dois navios de cruzeiro ancorados e, obviamente, milhares de turistas rodando pela cidade murada. Assim como em Mostar, esses turistas deveriam dormir em diferentes locais. Vinham de Dubrovnik, passavam o dia e voltavam.

Kotor: cartão postal

Vamos falar sobre Kotor, até porque ficamos o dia seguinte todo por lá. Na noite anterior, fomos jantar com Henk, um holandês que conhecemos no ônibus quando viemos de Mostar. Ele estava pedalando pela região. Ele tinha deixado a bicicleta em Kotor e foi passear pela Bósnia. Gente boa.

Acordamos cedo e, para nossa felicidade, estava um super sol, ótimo para passear e, principalmente, subir a montanha que ficava atrás do albergue. A ideia era apreciar uma das vistas mais bonitas que já conheci. A subida consistia em 1.366 degraus, fora os trechos em rampa, que eu não contei, mas deveria. Khouri tinha lido que eram 1.500 degraus, não deveria estar longe.

A subida foi demorada, pois a cada curva nós parávamos para tirar fotos. Quando chegamos lá em cima, foi mais de uma hora tirando fotos e babando quase que literalmente. A vista era da cidade murada, do mar azul esverdeado e das montanhas ao redor. Lembrem–se que se trata de um fiorde. Lá pelas tantas, chegou finalmente um navio de cruzeiro, não sei se para atrapalhar a vista ou para compor. O fato é que não combinava com aquela paisagem. Descemos tão devagar quanto subimos, pois já estava um sol de rachar. Como a luminosidade tinha mudado, acho que tiramos a mesma quantidade de fotos dos mesmos lugares.

Passeamos a tarde por toda a Cidade Velha, depois pelo cais e um pouco pelo restante da cidade. Vale ressaltar que a cidade estava vazia na noite anterior. Quase todos os turistas eram dos cruzeiros ou foram embora de carro. Não vimos grandes hotéis por lá, apenas alguns hotéis boutique na Cidade Velha. Acho que ainda há muito para evoluir. Mas, certamente Montenegro estava ganhando muito dinheiro com o turismo. Os navios de cruzeiro vinham e seus passageiros compravam (e como compravam!), comiam, bebiam e, por fim, jogavam nos casinos. Kotor era o paraíso das apostas. Vimos várias casas de apostas no futebol, tinha até a tabela da série B do Brasileirão. Engraçado como eles escreviam os nomes dos times brasileiros. Exemplo: Joinville para eles era Džoinvil, Chapecoense era Čapekonse.

Apesar de essa região ser mais desenvolvida do que a Bósnia e Herzegovina e a Sérvia, ainda havia muito a ser feito em termos de estrutura para o turismo. No entanto, acho que foi o lugar mais bonito da viagem até então. Um amigo meu, o Rene (aquele que mora na Costa Rica), esteve lá pouco tempo antes e disse que ficou mal impressionado com os vendedores de relógios falsificados. Claramente ele esteve lá na altíssima estação, o que não foi o nosso caso.

Tirana: o pacote surpresa dos Bálcãs

Fiquei inconformado com falta de transportes entre Kotor, em Montenegro, e a Albânia. Sobretudo porque eles ficam muito próximos da fronteira, a menos de 100 quilômetros. Para chegarmos a Tirana, teríamos que pegar quatro ônibus: um de Kotor para Bar às 7h38; outro de Bar até Uncijn, a última cidade de Montenegro antes da fronteira; depois um de Ulcijn até Skoder, primeira cidade albanesa; e por último de Skoder até Tirana. Em Skoder, existe uma fortaleza para visitar, mas não parecia ser nada imperdível. De qualquer forma, mesmo sem visitar a fortaleza, a previsão era de chegarmos à Tirana às cinco da tarde. Seriam quase dez horas de viagem para cobrir pouco mais de 220 quilômetros. Acho que esse é um dos motivos pelo qual os turistas que vem descendo pelos Balcãs param em Montenegro e não visitam a Albânia.

Mas, os planos podem ser alterados! Quando descemos para jantar com Henk, ele estava conversando com um esloveno. Esse esloveno, Marko, estava viajando de carro com a namorada rumo à Albânia. No dia seguinte, iriam para Tirana. Ele nos ofereceu carona, mas disse que pela manhã cedo ainda visitariam um local perto de Kotor e que só às 10h partiriam.

Grande dilema: seria ótimo pegar uma carona de carro até Tirana, mas tínhamos acabado de conhecer o cara. E se ele mudasse de planos de uma hora para outra? Só tínhamos aquele ônibus das 7h38. Qualquer opção representava um tipo de aventura. Decidimos correr o risco e esperá-lo. E não é que ele apareceu às 10h em ponto. Meia hora depois, pegamos a estrada. Ele era gente finíssima e sua namorada japonesa (que combinação!) também. Ficamos meio apertados no banco de trás pela quantidade de bagagem, mas acho infinitamente melhor do que na outra opção. Resumo da ópera: a viagem durou cinco horas, com direito à parada para fotos e um lanchinho.

A primeira impressão que tivemos da Albânia foi que era uma zona total, comparando com o desenvolvimento da Eslovênia e com os outros países que ficavam no meio do caminho. Ou seja, a Albânia estava longe disso. A estrada era uma bagunça, gente atravessando como se estivesse em uma rua de pedestres, carros que paravam em qualquer lugar. Enfim, lembrou um pouco algumas regiões do Brasil.

Chegando perto de Tirana, notamos várias lojas novas, sendo muitas delas de móveis. Isso chamou a nossa atenção. Durante décadas, a Albânia foi um dos países mais fechados do mundo. Mesmo na Guerra Fria, eles não se alinharam com ninguém. Assim, a qualidade de vida sempre foi a mais baixa da Europa. Claro que depois que caiu a Cortina de Ferro, as coisas mudaram. Mesmo assim, nossa expectativa era ver um país bem mais atrasado do que os outros.

Quando chegamos à Tirana, tivemos uma surpresa. Há na cidade muitas, mas muitas construções novas, inclusive no centro. Na Praça Skanderbeg, centro nevrálgico da capital, já se notava a construção de prédios enormes e modernos, que não combinavam em nada com os prédios e monumentos antigos. O trânsito lembrava muito o nosso, primeiro porque havia carros em excesso, e depois porque a galera na Albânia não era chegada a acompanhar as leis. Estacionavam em qualquer lugar, buzinavam sem parar, avançavam sobre os pedestres. Ou seja, nada do que já não estivéssemos acostumados.

Devo confessar que percebi que o padrão de vida tinha aumentado bastante. Além de muitas Mercedes e outros carros de marca, havia muita gente arrumada e muitas butiques ocidentais. Bons restaurantes, bares e cafés também. Enfim, uma grande cidade com tudo o que tinha direito. A queixa ficou por conta de não termos visto a Albânia de vinte anos atrás.

Demos uma volta pela cidade, visitamos os principais monumentos, que estão concentrados perto Praça Skanderbeg, e passamos pela Rua George W. Bush. Para completar, vimos a monstruosidade que é a pirâmide projetada pela filha do Enver Hoxha[29] para abrigar o Museu Enver Roxha

29 Edifício em forma piramidal dedicado à memória do falecido líder comunista Enver Hoxha (1908–1985), líder da Albânia que governou o país com punho de ferro por mais de quatro décadas.

que, claro, estava desativado.

A última noite no albergue de Tirana foi muito legal. Depois de jantarmos fora, voltamos para o albergue, onde estava rolando um tipo de sarau. A galera tocava todo o tipo de música (até Bossa Nova), com vários albaneses batendo ponto. O ambiente era mesmo especial. Foi de longe a noite com as menores temperaturas da viagem. Tive que me levantar de madrugada, no escuro, para botar calça jeans e o casaco, senão iria congelar.

Berat: uma volta ao passado

Pela manhã tomamos o ônibus para Berat. Na saída da cidade, deu para perceber que na véspera estávamos na parte mais rica e desenvolvida da capital. Logo ficou claro a grande quantidade de prédios novos, tipo Minha Casa Minha Vida (por isso a grande quantidade de lojas de móveis). Além disso, me chamou a atenção a sequência de postos de combustíveis e de lavagens de carros, mas não soube o motivo.

Na estrada, a paisagem era bem rural, e bem pobre. Decididamente, a Albânia fazia parte do Terceiro Mundo, ainda longe de ser qualquer coisa que lembrasse a Europa. Como a situação esteve muito ruim por muito tempo, uma quantidade enorme de albaneses morando fora e enviando dinheiro para o país contribuiu com a expansão das construções. Primeiro, porque havia uma grande quantidade de edifícios pela metade, com a construção parada mesmo. A recessão em outros países afetava o fluxo de dinheiro para a Albânia. Outra coisa que me chamou a atenção foi o número de hotéis novos construídos no meio do nada. Com certeza não havia demanda nem dinheiro para ocupá–los.

Após quase quatro horas, chegamos à Berat, uma cidade museu. Ela possui casas brancas construídas ao longo dos morros, ruas de pedra e um forte no alto de um dos morros, chamado Kalasa, com uma vista fantástica para o vale. É claro que subimos até o forte (subida bem pesada) para tirarmos fotos. Havia pelo menos três noivas tirando fotos à caráter.

No final da tarde, fomos para a rua principal ver um verdadeiro vai e vem, acho que de todos os moradores da cidade. Incrível!! Os mais velhos estavam de terno e gravata, pareciam que iam a algum evento especial. Os adolescentes em seus grupos, fofocando e azarando. As senhorinhas também bem–vestidas. O dono do nosso albergue nos disse que era assim mesmo, não havia nada demais para se fazer. E após o nosso excelente jantar, não havia mais uma viva alma na rua por volta das 21h. Por falar no jantar, uma sopa de legumes, um macarrão, um chopp e sobremesa: cinco euros. Sem comentários. Apesar do frio de Tirana, nada se comparou ao frio dessa noite. Além de eu ter saído até de luvas, dormi com tudo o que tinha de roupas quentes e mais três cobertores. Não havia calefação nessa região da Albânia.

Ohrid: Pérola dos Bálcãs

Gostaria imensamente de saber qual a razão de um ônibus ter o horário de 4h45. Ainda mais quando é o único do dia entre duas cidades. Pois esse foi o horário do nosso ônibus de Berat para Pogradec, última cidade da Albânia antes da fronteira com a Macedônia do Norte. Por isso, madrugamos às 3h50 com uma temperatura super agradável de quase zero grau. Fizemos um lanche rápido e fomos para a praça central de Berat a espera do ônibus, porque na Albânia não existem estações de ônibus. Em Tirana, por exemplo, dependendo da direção para onde o ônibus vai, o ponto de saída é diferente. Aliás, em Tirana tivemos sorte, pois chegamos às 9h45 para pegar o ônibus das 10h e ele já estava na rua. Isso mesmo, o ônibus saiu 15 minutos antes. No caso de Berat, chegamos às 4h35 e ele saiu às 4h38. Quase perdemos o ÚNICO ônibus do dia.

Uma coisa que faltou dizer sobre a Albânia é que o ditador Enver Roxha, que governou o país com mão de ferro por 40 anos, construiu cerca de 700.000 bunkers de concreto. A justificativa era o medo de que o país fosse invadido por uma superpotência. Era um bunker para cada quatro albaneses. Cada um pesava cinco toneladas e parecia um cogumelo. Para provar a eficiência do projeto, o engenheiro tinha que ficar dentro do bunker, que sofria um ataque de tanque como teste. Caso ele sobrevivesse, é porque estava aprovado. Vimos alguns desses perto das estradas. Hoje, eles são uma dor de cabeça para os agricultores, pois não há como removê–los.

A viagem correu bem. Às 9h, já estávamos em Pogradec. No nosso ônibus tinha uma neozelandesa, Gabriele, e um americano, Ben, que também estavam a caminho de Orhid. Dividimos um táxi até a fronteira e entramos na Macedônia do Norte a pé. Nessas horas é bom viajar com pouca bagagem, pois ajuda quando precisamos caminhar ou queremos visitar algum lugar no percurso, como ir ao mosteiro perto da fronteira. Sorte que o tempo estava bom e o papo também. Mas logo passou um ônibus que nos levou até lá.

O Monastério de Sveti Naum fica na beira do Lago Orhid. O lugar já era lindo sem o lago, colocando um lago com água azul claro no fundo, imaginem a fotografia. É para ganhar prêmio em concurso. Ficamos por lá por umas duas horas. No monastério propriamente dito não pudemos entrar, mas há uma igrejinha no pátio e mais duas nos jardins. Foi foto que não acabava mais. Depois arranjamos um táxi que nos levou até Orhid.

Orhid é uma cidade balneário super hiper arrumada, parece a Búzios da Macedônia do Norte. Há uma Cidade Velha, claro que com pisos e casas de pedra subindo o morro. Mas a costa é que nos chamou mais a atenção. Bares e cafés à beira do lago com água azul turquesa. Caminhamos pela beira do lago, passamos por uma passarela de madeira sobre a água e depois subimos por uma escada morro acima, onde tinha uma igreja super charmosa. Avançamos por uma minifloresta até culminar com o já tradicional forte em cima do morro. Não preciso nem dizer que, lá de cima, a vista era maravilhosa. Ohrid empatou com Bled pelo vice–campeonato do lugar mais bonito desta viagem. Só perdem para a imbatível Kotor, mas não é demérito nenhum.

Fomos jantar com Gabriele e Ben. Comemos em um restaurante tipicamente macedônio. O papo rolou mais solto com ele, pois ela era meia criançona. Ele já tinha ido ao Brasil, morou na Croácia e falava bem o idioma. Conversamos principalmente sobre política, história e cultura dos Bálcãs, mas passamos também por política brasileira e, como não podia deixar de ser, pela política americana.

Não poderia deixar de mencionar que o nosso albergue era excelente. O gerente era um verdadeiro viciado em apostas em jogos de futebol. Passava o dia com um olho na tela do computador e outro na televisão. Assistia a vários jogos ao vivo em sequência. O albergue ficava em segundo plano. Por isso, não tirou nota máxima, mesmo assim tivemos boas conversas sobre a vida nos Bálcãs entremeada por papos sobre futebol.

Viagem pela Macedônia do Norte e chegada a Skopje

Depois de um dia cansativo, merecíamos uma noite bem–dormida. Por isso, pegamos o ônibus das 10h15 para Tetovo. Lá visitamos uma pequena mesquita em estilo barroco chamada *Colorful Mosque*. Ela foi projetada por duas mulheres e tem um visual especial. Na verdade, a parada não valeu muito à pena, pois era domingo, a cidade estava morta e nós já estávamos mais era querendo chegar a Skopje, capital da Macedônia do Norte.

Pegamos outro ônibus e chegamos a Skopje às quatro da tarde. Fomos para o albergue. Cansados, resolvemos comer em um restaurante perto e nem saímos para ver coisa alguma. Mas deu para perceber que a cidade tinha avenidas largas e era super bem–organizada. No dia seguinte, nos dividimos pela primeira vez. Khouri sentiu o cansaço do ritmo da viagem e disse preferir não ir à Pristina, no Kosovo, como planejado. Ficaria em

Skopje. Decidi ir assim mesmo, já que estava curioso e desconfiava que tão cedo não teria outra chance. Um detalhe: o albergue era excelente e conseguiu bater o de Belgrado na linha de chegada, pois o café da manhã parecia o de um hotel quatro estrelas. Tinha até pudim de chocolate, Nutella e outros mimos, além do cardápio de praxe. O staff também era super prestativo, nos ajudava em tudo com informações, opiniões e dicas de restaurantes sem qualquer erro.

Kosovo: nasce um país

Acordei cedo e parti decidido a conhecer um pouco do Kosovo. Kosovo foi arrancado a fórceps da Sérvia em uma guerra sangrenta, que só acabou quando a ONU decidiu finalmente bombardear Belgrado. Aí teve fim um conflito que não tinha perspectiva de terminar bem. Kosovo foi reconhecido como nação em 2008. Em 2011, nasceu o Sudão do Sul, que tirou de Kosovo o título de país mais novo do mundo. Vale ressaltar que a Sérvia não reconhece Kosovo como país independente até hoje. Essa novela ainda vai durar um bom tempo. Nem vou entrar no mérito de quem tem razão, pois o assunto é bem complexo.

O ônibus de Skopje para Pristina gastou duas horas para percorrer 85 quilômetros. Isso porque tinha que passar por duas imigrações e ainda fez algumas paradas para pegar e deixar passageiros. Além disso, a estrada era estreita e o trânsito era intenso. Na região da fronteira, havia muitas montanhas, depois é bem plano. Aliás, o Kosovo é um país plano cercado por montanhas.

Chegando lá, imediatamente comprei meu bilhete de volta. Aí parti para o centro, sabendo que tinha cerca de três horas para passear. Passei pelo Boulevard Bill Clinton, em que há um monumento com a estátua do ex–presidente americano, e cheguei à Avenida Madre Teresa. Era um calçadão novo, espaçoso, cheio de bares, restaurantes e bancos, todos estalando de novos. As pessoas super bem arrumadas e alguns soldados da missão da ONU. Lá estava uma estátua de Ibrahim Rugova, herói albanês e primeiro presidente do Kosovo. Ela tinha sido inaugurada uma semana antes. Os kosovares faziam fila para tirar foto da estátua ou com a estátua. Em três horas, dava para ver tudo e mais um pouco do centro de Pristina. Notei que havia dezenas de grandes prédios em construção, resultado da entrada de dinheiro estrangeiro. Realmente o país estava passando por intensas mudanças. Em alguns anos, deve ter ficado bem diferente e foi interessante pelo menos presenciar uma fase dessa construção (ou reconstrução, como queiram). A grande maioria da população era de origem albanesa e a bandeira da Albânia estava por toda parte.

Retornei a Skopje às 4h15 e logo encontrei Khouri no centro da cidade. Surpresa: Skopje é uma espécie de Dubai. Eles simplesmente construíram monumentos grandiosos em volume, estátuas mais altas do que prédios de oito andares, museus, pontes, igrejas, mesquitas etc. Rodamos bastante, mas já estava escurecendo.

Um detalhe sobre a Macedônia do Norte: a República da Macedônia mudou de nome para República da Macedônia do Norte em fevereiro de 2019 após décadas de disputa com a Grécia. Os gregos se opunham ao uso do nome "Macedônia" por considerá–lo uma apropriação de seu patrimônio histórico e cultural. A resolução veio através do Acordo de Prespa (2018), seguido por um referendo na Macedônia e as ratificações parlamentares em ambos os países. Esta mudança encerrou um impasse diplomático e abriu caminho para a entrada da Macedônia do Norte na OTAN e para o avanço nas negociações com a União Europeia.

Skopje: a Dubai cultural dos Bálcãs

Chegava a hora do último dia da viagem. E deixamos para o momento final um passeio por Skopje. Nada mais emblemático para consolidar meu erro de avaliação inicial. Mas também porque Skopje vinha se desenvolvendo radicalmente, e com fontes desatualizadas por mais de dois anos, seria mesmo impossível saber de antemão o que era transitório.

Estava em curso um projeto de reconstrução do país e essa etapa foi batizada de Skopje 2014, porque tinha como prazo de conclusão o ano de 2014. E posso atestar que tinha boas chances de êxito. Tratava–se de uma verba aprovada de 208 milhões de euros que muitos diziam que facilmente chegaria a 500 milhões de euros (só 2,5 vezes??). Estavam construindo prédios governamentais, museus, hotéis, estátuas, pontes, teatros, casa de ópera e até um Arco do Triunfo. Tudo estava novinho em folha e em um raio de menos de um quilômetro. A maior parte já estava pronta. Destaque para a estátua de Alexandre, o Grande com 22 metros de altura no meio da Praça da Macedônia do Norte. Do outro lado do rio, uma estátua com a mesma altura de Philip da Macedônia, seu pai. Havia ainda duas pontes novíssimas com várias estátuas de bronze, prédios enormes no estilo neoclássico. Enfim, um verdadeiro arsenal de atrações para as lentes dos ainda poucos turistas que frequentavam a capital. O painel instrutivo feito para turistas informava 45 atrações do projeto, 31 delas já inauguradas e as outras em construção.

E por que a comparação com Dubai? Ora, quem admira em Dubai o que o dinheiro pode construir mesmo sabendo que é tudo artificial, não tem problema em admirar todas essas novas atrações. É fato que em 26 de julho de 1963 um forte terremoto atingiu Skopje, matou mais de 1.000 pessoas e destruiu mais de 80% da cidade. Então, alguma reconstrução era essencial e justificável, mas talvez não com esse montante de verba. Conversando com alguns macedônios, ficou claro que por um lado eles reclamavam que o dinheiro poderia estar sendo gasto em outras coisas, considerando que a Macedônia do Norte tinha outras prioridades. Mas deixavam escapar o grande orgulho em mostrar a história do país de uma forma grandiosa para os estrangeiros.

Apesar de todas essas considerações, o resultado era muito positivo. Independentemente da afobação, tínhamos que admitir que o andamento das mudanças era célere e, por isso, admirável do ponto de vista do ineditismo (cultural). Passando pelo centro, do outro lado do rio, havia um bairro turco que era bastante agradável e bem típico, com ruas de pedra, lojas de produtos árabes, cafés e restaurantes de kebabs. Não poderia faltar um forte no alto do morro, uma mesquita e uma igreja grandiosa. Outro fator que chamou bastante a atenção é que todas, todas mesmo, as avenidas tinham três faixas de carro de cada lado, com um canteiro florido no meio. São, portanto, avenidas bem largas. E para deixá–las ainda mais charmosas, ônibus de dois andares iguais aos de Londres se misturavam ao tráfego. Isso mesmo, ônibus de linhas regulares. Para fechar com chave de ouro, o Aeroporto Alexandre, o Grande, estalava de novo.

Será que Skopje poderia se reinventar como destino turístico? Depende do gosto do freguês. Gostei do que vi. É uma cidade segura, arrumada, cheia de atrações novas e antigas, povo acolhedor, enfim, um lugar para não deixar de ir em uma viagem aos Bálcãs. Desde a época da Iugoslávia, há uma rodovia que vai de Atenas até Viena. Ela passa por várias capitas dos Bálcãs, uma delas Skopje. Isso pode ajudar considerando as outras estradas que pegamos no caminho.

Bálcãs: um resumo da viagem

A primeira e mais importante coisa a escrever é que adorei esta viagem. Por ter ido à antiga Iuguslávia, tinha a ideia de era um só país. Nada mais equivocado. Excetuando a Albânia, que já não fazia parte da Iugoslávia, todos têm história, cultura, etnia e religião diferentes. Claro que havia interseções, como sérvios vivendo na Croácia, croatas vivendo na Bósnia e Herzegovina e assim por diante. A própria Bósnia e Herzegovina é um caldeirão de religiões e etnias que vivem (aparentemente) em harmonia. Em Kosovo, com mais de 90% de albaneses, só se viam bandeiras vermelhas (albanesas).

Outra coisa a ser destacada é que eu tinha a ideia de que deveria começar a viagem pela Macedônia do Norte e Kosovo e ir subindo até finalizar na Eslovênia. Outro erro. Primeiro, porque a Eslovênia esteve longe de ser o lugar mais interessante, mais inspirador, mais excitante. E, segundo, porque logisticamente teria sido bem mais difícil. As conexões são bem mais fáceis de serem feitas de cima para baixo. Por exemplo, a viagem de Kotor para Tirana. Se o trajeto fosse de Tirana para Kotor, acho que nem seria possível fazer em um dia. Outro exemplo: teria sido impossível fazer o percurso contrário de Berat para Ohrid em um dia. Além disso, depois de ter visitado todos os países, posso afirmar que terminar a viagem pela Eslovênia teria sido um anticlímax. Isso para mim. Sem nenhum tom de crítica, sei que para muita gente a Eslovênia teria sido o ponto alto. Depois de um pouco de sofrimento e cansaço, acabar em lugar lindo e bem-organizado seria um prêmio. Aliás, como escrevi, era exatamente assim que pensava antes de embarcar. Mas foi falta de informação mesmo. O que eu sabia sobre a Macedônia do Norte até então? Nada.

Considerando o curto espaço de tempo, apenas dezesseis dias, posso dizer que fizemos milagres visitando o melhor de cada país. Claro que faltaram as cavernas da Eslovênia, os monastérios perto de Novi Sad, na Sérvia, a cidade de Medugorje na Bósnia e Herzegovina, a própria Croácia, que pulamos, as montanhas de Montenegro e assim por diante. Mas ficou a certeza de que passamos pelos melhores lugares e tivemos uma experiência especial.

Não quis entrar muito na área histórica. Como disse, cada país tem seu ponto de vista. O fato é que os otomanos invadiram a região no século XV e lá permaneceram por quatro séculos. Houve líderes que resistiram, como Skanderbeg, o herói albanês, e áreas em que os otomanos não entraram, como Montenegro. Assim, testemunhamos as diferenças religiosas, com a salada de muçulmanos, cristãos ortodoxos e católicos. Quando a Iugoslávia foi criada, em 1929, estabeleceu-se uma unanimidade em torno do Marechal Tito. Sua política era do não alinhamento durante a Guerra Fria. Ele conseguiu unir o país todo e melhorar a qualidade de vida da população. Hoje, todos falam com saudosismo daquela época e lamentam o fato de ele não ter feito um sucessor. Agora temos vários países totalmente diferentes, com níveis de desenvolvimento distintos. Como disse um funcionário do albergue de Skopje: "É [verdade], nós somos muito hospitaleiros com os turistas, o problema é entre nós. Aí o bicho ainda pega".

A guerra foi muito sangrenta e estava recente para ser esquecida. Claro que a Macedônia do Norte que conseguiu sua independência sem luta não tinha o mesmo nível de animosidade com a Sérvia como Bósnia e Herzegovina e Kosovo, que foram os mais atingidos. Porém, as conversas sobre certos assuntos são arriscadas, pois nunca se sabe o histórico da pessoa, o que ela pensa, de que lado estava ou está. O melhor a fazer era ir devagar e tentar mostrar neutralidade.

Posso fazer um resumo por país. Vamos a ele!

Eslovênia: como escrevi, o país é puramente Europa Ocidental tradicional. Tudo perfeito, tudo funciona. Ljubljana é um brinco, mas falta um pouco de alma. Bled tem uma paisagem de sonho. Depois de tanta intensidade, teria sido quase que um anticlímax a deixar para o final. Por outro lado, é o país que tem maior infraestrutura em todos os sentidos. Não à toa, foi o primeiro a aderir à União Europeia.

Sérvia: para quem pouco esperava, foi uma bela surpresa. Belgrado surpreendeu pela qualidade da vida noturna, além de ter mostrado algo interessante durante o dia. Ajudou termos ficado no segundo melhor albergue da viagem.

Bósnia e Herzegovina: acho que esse foi o país que mais me tocou. Sarajevo, por sua complexidade, sua história, sua mistura e por termos estado lá num sábado à noite, quando todos estavam nas ruas, foi o ponto alto da viagem. A cidade de Mostar também impressionou positivamente, apesar da chuva e do albergue ruim.

Montenegro: Kotor é uma cidade que também tem uma paisagem de sonho. Foi o lugar mais bonito e, também, o mais turístico. Felizmente estivemos lá na baixa estação.

Albânia: Infelizmente, segundo meu olhar, não podia ainda ser considerada Europa Ocidental. Ainda há muito a ser feito, mas considerando como era até recentemente, já evoluiu muito. Em pouco tempo os turistas irão descobri–la. E se não tiver infraestrutura adequada, será uma grande confusão. Mas, definitivamente, foi interessante. Berat é charmosa e permite um passeio ao passado.

Macedônia do Norte: Ohrid foi uma tremenda surpresa, quase no nível de Kotor. Um balneário lindo à beira do Lago Ohrid, parece uma cidade da Riviera Francesa, ainda mais enfeitada por um forte no alto do morro. Uma graça. Já Skopje talvez tenha sido a maior surpresa da viagem. Isso porque não tinha informação alguma. Ou melhor, tinha a impressão de que era uma cidade sem atrativos e a visita foi muito melhor do que a encomenda. Proporcionou o fechamento da viagem com chave de ouro e me contradisse mais uma vez sobre a ordem dos países. Em um campeonato de pontos corridos, acho que a Macedônia do Norte ultrapassou a Bósnia e Herzegovina na rodada final e ficou com o troféu.

Kosovo: só fui mesmo para ver como estava o até então segundo país mais novo do mundo. Valeu o passeio, mas tem que ter disposição para uma viagem de um dia (ir e voltar de Skopje).

39. Parada para troca de aeronave

Se você conseguiu chegar até aqui, saiba que ainda tem muito mais pela frente. Parei a minha saga em 2013, mas há mais viagens para contar.

Quando decidi escrever *Com os dois pés no mundo*, não tinha noção do tamanho que ele teria. Só no final, descobri que tinha material para dois volumes. De 2014 em diante, fui para vários destinos que sequer sonhava em conhecer – e que depois de conhecidos, pensei em como não tinha planejado visitá–los antes. Exemplos? Coreia do Sul, Cáucaso, Ásia Central, mais África e outros tantos.

Mas já posso tirar algumas conclusões. Sem minha mãe, que me inspirou a viajar a lugares novos e pouco conhecidos e me ajudou tanto com as passagens mais baratas, e sem minha esposa Mônica, que sempre me apoiou a continuar viajando, não estaria aqui escrevendo este livro. Não só em termos de me liberar, mas também sabendo que eu estava gastando um dinheiro que era da família. Graças a Deus, pude conciliar tudo. Ao mesmo tempo, graças também por ter tido sucesso nos negócios e conseguir gastar nas viagens. Não posso me esquecer dos meus filhos, que ainda pequenos já tinham ido para a Disney e desenvolveram com o tempo o gosto por viagens. Claro que vivendo em uma família de viajantes, esse gosto por viagens fica mais aguçado.

O jeito de viajar mudou bastante e eu tive que me adaptar. Os perrengues dos anos de 1980 e 1990 não existem mais. Hoje, temos a facilidade do acesso à internet, da consulta e compra *online* de passagens e passeios, dos sites de reservas de hotéis, dos cartões tipo Wize ou Nomad, que minimizam a necessidade de carregar dinheiro em espécie e de fazer câmbio, e, finalmente, do Google Tradutor, que permite a comunicação rápida entre pessoas que não falam uma palavra em comum. Para os mais jovens, tudo isso é normal, mas para quem começou a viajar na Idade da Pedra, foi um avanço monumental. Em compensação, hoje é mais que necessário planejar a viagem inteira, o dia a dia, pois se corre o risco de dormir na rua, de não ter transporte de uma cidade para outra ou de não conseguir visitar uma atração turística, por estar toda reservada. Para mim que sou dinossauro do turismo, é apenas uma nova maneira de se viajar.

Para quem gosta de números, até o fim deste livro (volume 1 de *Com os dois pés no mundo*), eu já tinha visitado 86 países reconhecidos pela ONU e mais dez não reconhecidos. A marca centenária foi ultrapassada com facilidade e foi apenas uma consequência do meu estilo de vida, mas nunca um objetivo.

Enfim, tenho muito mais para contar. São várias histórias, várias viagens. Mas isso será tema para o que vem pela frente.

Até logo mais!!!

CADERNO DE FOTOS

África

2006 | Tanzânia

Zanzibar

Tribo Massai com minha mãe

2010 | Angola

Feira de Artesanato

Luanda – Banco Central de Angola

2011 | Etiópia

Adis–Abeba – Merkatto

Lalibela

Lalibela – Mercado de animais

Axum

Castelo de Gondar

Bahir Dar

Lago Tana – Monastério Kibran Gabriel

Harar – Alimentando uma hiena

Harar

2011 | Uganda

Kampala – Centro

Kampala – Mesquita

Lago Bunyonyi – Vista do restaurante

Lago Bunyonyi – Galera no restaurante

Lago Bunyonyi – Nadando no lago

Kisoro – Mercado

Gorila Safari – Vestidos a caráter

Nshongi, nossa família de gorilas

Perto dos gorilas

2011 | Ruanda

Orla de Gisenyi

Kigali

Kigali – Memorial do Genocídio

2011 | Quênia

Forte de Mombasa

Mombasa – Ferry lotado

Mombasa – Praia

Mombasa – McDonald's queniano

Transporte no Quênia

Lamu

Transporte em Lamu

Lamu – Cantina da Polícia

Shela

Lamu – Crianças

Quênia

América do Norte, Central e Caribe

1978 | USA

George, Carol, Tony e Jason

Nepper, nosso cachorro

Nosso trailer nas montanhas

1987 | USA

Waikiki, Havaí

1993 | Guatemala

Ruínas de Tikal

1993 | México

Pirâmides de Teotihuacán

Deborah, Marisa e Enrique

2009 | Cuba

Havana

Varadero – Alessandro, Zeca e Ivan

Havana

2013 | Haiti

Porto Príncipe – Catedral de Notre Dame

Porto Príncipe – Centro

Porto Príncipe – Local onde ficava o Palácio do Governo

Porto Príncipe – Bonecos de vudu

Ida para o norte – Na caçamba

Ida para o norte – Atravessando o rio

Ida para o norte – Transporte alternativo

Caminhonete quebrada

Labadie – Paraíso

Labadie – Eu e Guilherme

Labadie – Pescador

Labadie – Contraste

Cabo Haitiano

Cabo Haitiano – Estilo colonial

Cabo Haitiano – Palácio Sans–Souci

Cabo Haitiano – Cidadela Henry

2013 | República Dominicana

Cabarete – Nosso bangalô

Santo Domingo – Colonial

Santo Domingo – Castelo de Ozama

América do Sul

1999 | Peru

Cusco – Festa do Sol

Machu Picchu

1999 | Bolívia

Copacabana

Puno – Lago Titicaca

2011 | Colômbia

Bogotá

Cartagena

2011 | Uruguai

Punta del Leste

Ásia

1987 | Japão

Nikko

1987 | Tailândia

Bangkok – Palácio Real

1987 | Indonésia

Bali

1988 | Índia

Delhi – Tuktuk

Srinagar – House boat

Cachemira

Jaipur – Palácio dos Ventos

Agra – Taj Mahal

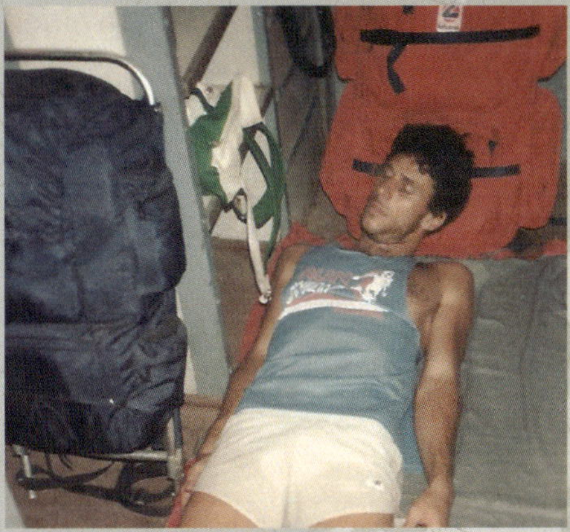
Khouri dormindo no chão do trem

Varanasi

1988 | Nepal

Trekking *nos Himalaias*

1988 | Maldivas

Maldivas

1988 | Hong Kong

Hong Kong

1991 | Bangladesh

Dakha

1991 | Tailândia

Chiang Mai – Bambu rafting

Koh Samui

1991 | Indonésia

Sumatra – Lago Toba

Gili Trawangan

1991 | China

Estrada chinesa para Yangshuo

Yangshuo

Pequim – Trânsito

Pequim – Meio de transporte

Muralha da China, só para nós

Transsiberiano – Pequim– Moscou

1991 | União Soviética

Troca de bitolas na fronteira China – URSS

Festa com os holandeses

Expresso da ONU

Primeira neve da estação

1995 | Tailândia

Koh Pangan

1995 | Vietnam

Campos de arroz

Halong Bay

1995 | Laos

Vientiane

1995 | Tibet

Chegada em Zhangmu

Iaque no interior do Tibet

1995 | Nepal

Rafting *com os franceses*

Gyantse

5.220 metros de altitude

Lhasa – Palácio de Potala

Monastério Drepung – com os monges

Balcãs

2013 | Eslovênia

Ljubljana – Ponte tripla

Ljubljana – Ponte do Dragão, símbolo da Eslovênia

Castelo de Bled

Foto de quebra–cabeça

2013 | Sérvia

Catedral St. Sava

Cidadela de Kalemegdan

2013 | Bosnia e Herzegovina

Lembranças da Guerra

Sarajevo – Igreja Ortodoxa

Sarajevo – Monumento às crianças mortas na guerra

Sarajevo – Ponte Latina

Café típico

Sarajevo – Cemitério muçulmano

Burek – Comida típica bósnia

Trem para Mostar

Ponte Velha Mostar

Mostar – Ruela de pedra

2013 | Croácia

Litoral Croata

Dubrovnik – Vista da janela do ônibus

2013 | Montenegro

Contornando o fiorde, a caminho de Kotor

Kotor

Kotor – Centro

Kotor – Vista do fiorde

Sveti Stefan – Ilha chique

2013 | Albânia

Fortaleza de Shkodër

Tirana – Praça Skanderbeg

Tirana – Galera subindo na Pirâmide

Tirana – Museu Nacional de História

Berat

Berat – Cidadela Kalasa

2013 | Macedônia do Norte

Monastério Sveti Naum

Skopje – Arco do Triunfo

Skopje – Monumentos, ponte de pedra e fortaleza

Skopje – Estátua de Alexandre, o Grande

Orhid

Orhid – Vista do alto

Tetovo – Mesquita Colorida

2013 | Kosovo

Estátua do Bill Cilnton

Europa

1986 | Suíça

Turma da Petrobras na viagem

1989 | Grécia

Ios

1990 | Bélgica

Leuven – Festa com amigos

Shots de ouzo com Marco Antônio

1991 | Noruega

Bergen

Fiorde de Aurland

Oslo

Narvik – Círculo Polar Ártico (distâncias)

2007 | Lituânia

Vilnius

Castelo de Trakai

2007 | Estônia

Tallin

2007 | Letônia

Riga

Castelo de Turaida

2009 | Bulgária

Sofia – Catedral de Alexandre Nevsky

Monastério de Rila

Veliko Tarnovo

2009 | Romênia

Bucareste – Palácio do Parlamento

Castelo de Peleş

Braşov

2010 | Espanha

Caminho de Santiago – Distância desde Roncesvalles

Caminho de Santiago – Ponte la Reina

Caminho de Santiago – Catedral de Burgos

Logroño

Caminho de Santiago – Catedral de Astorga

Caminho de Santiago – Com José

Vista do Cebreiro

Tropa de Elite

Caminho de Santiago – Catedral de Santiago de Compostela

Oceania

2004 – Austrália

Sydney – Opera House e Bay Bridge

2004 – Nova Zelânida

Queenstown

Wellington

Milford Sound

Oriente Médio

1989 | Israel

Mar Morto

1997 | Líbano

Byblos

1997 | Síria

Palmira – com Marcos

Aleppo

2008 | UAE

Dubai

Dubai – Com minha mãe no deserto

2008 | Omã

Centro de Muscat

Este livro foi composto nas fontes Calibri e Century Schoolbook.